中国政治发展范式的选择

史卫民 张小兵 著

中国社会科学出版社

图书在版编目(CIP)数据

中国政治发展范式的选择／史卫民，张小兵著．—北京：中国社会科学出版社，2013.10
 ISBN 978－7－5161－3316－3

Ⅰ.①中… Ⅱ.①史…②张… Ⅲ.①政治制度—研究—中国 Ⅳ.①D621

中国版本图书馆 CIP 数据核字(2013)第 229393 号

出 版 人	赵剑英	
责任编辑	郭沂纹	
特约编辑	郭沂涟	
责任校对	李小冰	
责任印制	张汉林	

出　　版	中国社会科学出版社	
社　　址	北京鼓楼西大街甲 158 号（邮编 100720）	
网　　址	http://www.csspw.cn	
	中文域名：中国社科网　010－64070619	
发 行 部	010－84083685	
门 市 部	010－84029450	
经　　销	新华书店及其他书店	

印　　刷	北京市大兴区新魏印刷厂	
装　　订	廊坊市广阳区广增装订厂	
版　　次	2013 年 10 月第 1 版	
印　　次	2013 年 10 月第 1 次印刷	

开　　本	710×1000　1/16	
印　　张	12.75	
插　　页	2	
字　　数	217 千字	
定　　价	46.00 元	

凡购买中国社会科学出版社图书，如有质量问题请与本社联系调换
电话：010－64009791
版权所有　侵权必究

目 录

导　言　如何看待"中国发展道路" …………………………（1）

第一章　可供选择的政治发展范式 ……………………………（4）
　　一　政治发展涉及的多种因素 ……………………………（4）
　　二　基于主导性因素的不同政治发展范式 ………………（6）
　　三　民众对影响国家发展因素的看法 ……………………（8）

第二章　"经济决定论"与"经济诱导型"范式 ……………（10）
　　一　"经济决定论"政治发展范式的理论解释 …………（10）
　　二　"经济诱导型"政治发展范式涉及的理论问题 ……（12）
　　三　对中国经济发展的基本认识 …………………………（14）
　　四　中国经济发展的"不可复制性" ……………………（18）
　　五　政策的关键性作用 ……………………………………（19）
　　六　与中国经济发展相关的政治发展范式选择 …………（21）

第三章　"制度化"范式 ………………………………………（25）
　　一　"制度化"政治发展范式的理论依据 ………………（25）
　　二　"威权体制转型"与"政治体制改革" ……………（27）
　　三　中国制度体系的三个"不变" ………………………（30）
　　四　"政府转型"体现的中国制度体系的调适性 ………（33）
　　五　制度变化的政策诱因 …………………………………（37）
　　六　中国未选择"制度化"范式的理由 …………………（39）

第四章 "民主化"范式 ………………………………………… (43)
  一 对民主与"民主化"的理解 …………………………… (43)
  二 改革开放以来的"选举民主" ………………………… (46)
  三 "组织型民主"的发展 ………………………………… (48)
  四 "协商民主"的扩展 …………………………………… (50)
  五 对"网络民主"的不同看法 …………………………… (52)
  六 "充权民主"的重要性 ………………………………… (53)
  七 中国"民主化"的三种思路 …………………………… (55)

第五章 "法治化"范式 ………………………………………… (59)
  一 法律与法治 …………………………………………… (59)
  二 当代中国的宪政诉求 ………………………………… (61)
  三 "先政策,后法律"的经验模式 ……………………… (63)
  四 "依法治国"与"文件治国"的关系 ………………… (65)
  五 作为努力方向的"法治化"范式 ……………………… (66)

第六章 "文化决定论"范式 …………………………………… (68)
  一 研究政治文化的意义 ………………………………… (68)
  二 百年来的中国"文化转型" …………………………… (69)
  三 "两个不彻底"带来的问题 …………………………… (77)
  四 五种文化范式的选择 ………………………………… (79)
  五 当代中国政治文化的矛盾性及政策的影响 ………… (82)

第七章 "公民社会"范式 ……………………………………… (85)
  一 "公民社会"研究涉及的主要问题 …………………… (85)
  二 公民权利保障:社会转型的基础 …………………… (87)
  三 多种形式的公民参与:社会转型的动力 …………… (88)
  四 与政府合作的社会组织:社会转型的重要载体 …… (89)
  五 臣民向公民的转换:社会转型的表征 ……………… (92)
  六 发展"公民的社会":社会转型的阶段性目标 ……… (94)
  七 "公民社会"范式:理想与现实的差距 ……………… (96)
  八 政策对社会转型的影响 ……………………………… (100)

第八章 "社会冲突"范式 ……………………………………… (103)
  一 社会冲突研究的几个重要理论视角 ……………………… (103)
  二 反映认同与危机关系的政治发展范式 …………………… (105)
  三 当代中国社会不同种类的冲突 …………………………… (110)
  四 "积极冲突"与"消极冲突" ……………………………… (114)
  五 中国社会需要的七种安全 ………………………………… (115)
  六 注重社会"安全阀"的作用 ……………………………… (118)
  七 社会冲突影响政治发展的基本认识 ……………………… (121)

第九章 "全球化"范式 …………………………………………… (124)
  一 政治发展的外力影响 ……………………………………… (124)
  二 "全球化"理论对中国的影响 …………………………… (125)
  三 "华盛顿共识"与"北京共识" ………………………… (128)
  四 国际压力下的中国发展道路选择 ………………………… (130)
  五 应对国际压力的政策范式 ………………………………… (134)

第十章 政党与政策 ……………………………………………… (136)
  一 "政策"与"公共政策" ………………………………… (136)
  二 公共政策的分类 …………………………………………… (138)
  三 政策在政治发展中的关键性作用 ………………………… (141)
  四 中国共产党的绝对政策主导权 …………………………… (143)
  五 中国共产党决策理念的转变 ……………………………… (148)
  六 自觉意识与精英体制 ……………………………………… (150)
  七 政策的"合法性"和"认授性" ………………………… (153)

第十一章 "政策主导"范式 …………………………………… (157)
  一 中国民众的"政策依赖性" ……………………………… (157)
  二 "政策主导"政治发展范式 ……………………………… (163)
  三 "政策主导"政治发展范式与其他范式的不同 ………… (167)
  四 "政策主导"政治发展范式的积极意义与消极意义 …… (170)
  五 维系"政策主导"政治发展范式的重要条件 …………… (174)

第十二章 "政策民主"与政治体制改革 ……………………（177）
  一　"政策民主"的基本定义 …………………………（177）
  二　"政策民主"与"选举民主"之间的优先选择 ………（180）
  三　中国政策模式的基本特征 …………………………（182）
  四　中国公民的政策参与 ………………………………（185）
  五　"政策民主"导向的政治体制改革 …………………（187）

主要参考书目 ………………………………………………（193）

导言　如何看待"中国发展道路"

在 2012 年的全国性"中国公民政治文化"问卷调查中，曾向被调查者提出这样一个问题："您是否同意中国在全球化背景下已经找到了适合本国发展的道路。"在做出有效选择的 6158 名被调查者中，164 人选择"非常不同意"，占 2.66%；525 人选择"不太同意"，占 8.53%；1813 人选择"不确定"，占 29.44%；2521 人选择"比较同意"，占 40.94%；1135 人选择"非常同意"，占 18.43%。从选择情况看，59.37% 的被调查者对于"中国在全球化背景下已经找到了适合本国发展的道路"持的是基本肯定态度，11.19% 的被调查者持的是基本否定态度，29.44% 的被调查者持的是不确定态度。[①] 这样的调查结果，代表的应是一般民众的看法，显示在"中国发展道路"问题上，还没有形成"一边倒"的共识，因为毕竟有略高于 40% 的人抱的是质疑和不确定态度。

学者对"中国发展道路"的看法也是有分歧的，大致可以分为三类态度。第一类是认为中国经过多年的摸索，已经找到了适合本国国情的发展道路，甚至已经形成了"中国模式"。第二类是认为中国虽然自改革开放以来一直在探索一条适合中国国情的发展道路，并且有了一定的收获，但是还难以说已经找到了这样一条道路，更没有所谓的"中国模式"。第三类是认为中国在某些方面已经找到了适合中国发展的道路或模式，尤其是在经济方面，已经摸索出了一条道路，甚至可以称之为"中国经济发展模式"，但是在其他方面还在继续摸索；作为一个包含政治、经济、社会、文化等完整的"中国发展道路"是否已经成为现实，还不是很确定。

---

① 见《中国公民政治参与报告（2013）》，社会科学文献出版社 2013 年 7 月版，第 16 页。

在这三类态度中，第二类和第三类比较接近，都对已经形成"中国发展道路"持怀疑态度，但第三类态度显然比第二类积极一些，至少不否定局部的道路选择已经形成。

中国共产党已对中国发展道路有全面的解释，如在中国共产党第十八次全国代表大会的报告中，不仅强调要"独立自主走自己的路"，还对中国共产党所坚持的"中国特色社会主义道路"作出了以下定义："中国特色社会主义道路，就是在中国共产党领导下，立足基本国情，以经济建设为中心，坚持四项基本原则，坚持改革开放，解放和发展社会生产力，建设社会主义市场经济、社会主义民主政治、社会主义先进文化、社会主义和谐社会、社会主义生态文明，促进人的全面发展，逐步实现全体人民共同富裕，建设富强民主文明和谐的社会主义现代化国家。"这样的解释显然是在宣示一个远大的目标或未来努力的方向，在同一份报告中也明确指出"发展中不平衡、不协调、不可持续问题依然突出"，要求继续进行改革开放的探索，并且没有提及"中国模式"，至少表明在这一问题上还有一定的保留，重点还是要继续摸索如何"独立自主走自己的路"。

对于中国发展的不平衡性，中国民众同样有深刻的体会。以中国的几项重要"建设"为例，可以看出普通民众眼中的发展"不平衡"是什么样的状态。2011年全国性的"中国公民政策参与"问卷调查要求被调查者为政治建设、经济建设、社会建设、文化建设、生态建设"五大建设"（这"五大建设"都是"中国特色社会主义道路"所倡导的内容）的满意度打分（每项建设的分值均为5分），得分最高的是经济建设（3.68分），其次是社会建设（3.67分），再次是文化建设（3.61分），第四是政治建设（3.58分），得分最低的是生态建设（3.49分）。① 2012年的全国性"中国公民政治文化"问卷调查将"五大建设"增加为"六大建设"（增加了"党的建设"），请被调查者选出最满意的一种建设。调查结果显示，满意"经济建设"的被调查者最多，占35.62%；其次是"党的建设"，占21.08%；再次是"社会建设"，占16.72%；第四是"文化建设"，占12.01%；第五是"生态建设"，占10.30%；满意"政治建设"

---

① 见史卫民、郑建君、李国强、涂锋《中国公民政策参与研究：基于2011年全国问卷调查数据》，中国社会科学出版社2013年3月版，第151—152页。

的被调查者最少，只占 4.27%。① 除去"党的建设"，两次调查反映的基本状况应该是比较一致的，即民众满意程度比较高的是经济建设和社会建设，满意程度比较低的是生态建设和政治建设。换言之，中国的经济建设、社会建设发展速度较快，文化建设、生态建设、政治建设的发展速度相对较慢，民众对各种"建设"满意程度的高低，正是发展不平衡的一种真实反映。

"发展不平衡"现在已经成为一个继续发展需要解决的问题，但是作为中国改革开放三十余年的结果，"发展不平衡"可以揭示一个重要的发展"秘密"，即中国采用的应是"选择性"发展的策略，具体而言首先选择的是经济发展，在经济发展到一定程度后开始注重社会发展，然后循序渐进地关注文化发展、生态发展乃至政治发展等。那么这样的"选择"是如何作出的，或者进一步说，这样的"选择"是否与中国政治发展的"范式选择"有关，这正是本书所要讨论的问题。应该承认，在国家的现代化进程中，尤其是面临"发展困局"时，需要进行重要的选择，并且很可能是在多种发展范式中作出自己的抉择，这样的抉择既可能涉及经济发展范式、社会发展范式、文化发展范式，也可能涉及政治发展范式。本书虽然主要讨论政治发展范式的选择，但也会涉及其他发展范式的选择问题，主要是希望用较广泛的视角，将读者带入"发展研究"涉猎的多种问题的讨论中，共同探讨中国人是如何为自己作出了重大的选择，这样的选择又如何影响着所有的中国人。

---

① 《中国公民政治参与报告（2013）》，第 17 页。

第一章　可供选择的政治发展范式

如果说经济发展需要在"计划经济"、"市场经济"等发展范式中进行选择，社会发展需要在"福利国家"、"公民社会"等发展范式中进行选择，那么政治发展同样需要在一些不同的发展范式中进行选择，因此首先需要说明的是，自改革开放以来，有哪些主要的政治发展范式可以供中国人选择。

一　政治发展涉及的多种因素

"政治发展"是20世纪50年代由西方学者提出来的概念，但是对这一概念的定义，无论西方学者还是中国学者，都有不同的解释。美国学者派伊（Lucian W. Pye，又译白鲁恂）就曾归纳出西方学术界对"政治发展"的10种不同定义：（1）政治发展是经济发展的前提。（2）政治发展是工业社会的典型政治形态。（3）政治发展是政治现代化。（4）政治发展是民族国家的运转。（5）政治发展是行政和法律的发展。（6）政治发展是大众动员和大众参与。（7）政治发展是民主制度的建立。（8）政治发展是一种稳定而有序的变迁。（9）政治发展是动员和权力。（10）政治发展是多元社会变迁进程的一个方面。[1]

"政治发展"的定义不同，可能使研究者的侧重点有所不同，但是政治发展作为一种综合性研究，应用政治学以及相关学科的各种可能的研究

---

[1] ［美］鲁恂·W. 派伊：《政治发展面面观》，任晓、王元译，天津人民出版社2009年4月版，第49—62页。

途径和方法，解释和说明政治体系变化的方向和条件，①应该是相同的。对某一国家的政治发展，既可以是"描述性"的研究，把政治发展理解为一个单一的或一组过程，着重于过程的探讨；也可以是"目标性"的研究，将政治发展设想为达到某个目标的运动，着重于目标的探讨。②

需要注意的是，无论哪一种研究，都会涉及影响政治发展过程或者达到政治发展目标的多种因素而不是单一因素。派伊列出的政治发展的10种不同定义，实际上显示的就是对不同因素的侧重：第一种定义重在解释有利于经济增长的政策条件，侧重的应是政策因素；第二种定义假定工业生活产生了一种具有很大共性和普遍意义的政治生活类型，侧重的是经济因素；第三种定义以发达工业国家为社会与经济生活方面的旗手和标兵，侧重的是国际因素尤其是西方国家的影响因素；第四种定义认为政治发展是在国家制度范围内的民族主义的政治，侧重的是政治文化因素；第五种定义认为行政发展是与合理性的传播、世俗法律概念的加强以及促进人类事物的技术和专门知识的提高并驾齐驱的，侧重的是制度和法治因素；第六种定义重点关注公民的角色定位以及新的忠诚与参与标准，侧重的是公民社会因素；第七种定义假设名副其实的政治发展的唯一方式就是民主政治的建立，侧重的是民主因素；第八种定义把注意力集中在以有目的的和有序的变迁能力为基础的政治稳定的概念上，侧重的是社会冲突因素；第九种定义认为可以按照体系所能动员起来的绝对权力的水平和程度来衡量一个政治体系，侧重的是体系或制度因素；第十种定义认为持续不断的政治发展只能是在一个社会变迁多元过程的背景前提下进行，其中任何社会部分和方面都不能长期落后，侧重的是社会因素。③

参照派伊对政治发展定义的归纳，对中国改革开放以来的政治发展，可能主要需要注意十一个因素所起的作用。这十一个因素应该是经济因素、制度因素、民主因素、法治因素、文化因素、社会因素、冲突因素、国际因素、政党因素、政策因素、发展方式因素。④

---

① 燕继荣主编：《发展政治学》（第二版），北京大学出版社2010年版，第1页。
② 同上书，第39页。
③ [美]鲁恂·W. 派伊：《政治发展面面观》，第49—62页。
④ 对这些因素如何影响中国的政治发展，已有一些具体的研究，史卫民：《"政策主导型"的渐进式改革——改革开放以来中国政治发展的因素分析》，中国社会科学出版社2011年10月版。

二 基于主导性因素的不同政治发展范式

尽管影响政治发展的是多种因素而不是单一因素,但以某种因素作为主导性因素,可以产生不同的政治发展范式。所谓"主导性因素",就是某种因素如果作为核心因素,对发展能够起到决定性和方向性的作用,影响或制约其他因素,并构成一种独特的政治发展范式。依据"主导性因素"的不同,上文提到的十一个因素,可能产生十一种政治发展范式。

(1)"经济决定论"范式或"经济诱导型"范式。以"经济因素"作为政治发展的主导性因素,重点讨论的可能不是政治发展需要什么样的经济条件或者政治发展能否带来经济发展等问题,而是突出强调"经济至上"或者"经济引领政治"的发展范式。

(2)"制度化"范式。制度变化是政治体系变化的重要指标,并且既可能涉及国家政权的变化,也可能涉及政治制度或政治体制的变化,但关键性的问题是如果以"制度因素"作为政治发展的主导性因素,所带来的发展范式往往要以牺牲既有的制度形态作为必要的代价。

(3)"民主化"范式。民主既可以作为政治发展的内容,也可以作为政治发展的方向或目标;尤其是将"民主因素"作为政治发展的主导性因素,所带来的发展范式一定是带有前提性的,即发展什么样的民主,是发展社会主义民主,还是发展其他民主。

(4)"法治化"范式。以"法治因素"作为政治发展的主导性因素,不仅涉及政治与法律或行政与法律的关系问题,以及如何将"人治"变为"法治"的问题,还需要在相应的发展范式中对是否发展宪政给出明确的回答。

(5)"文化决定论"范式。政治发展不是泛泛的关注政治与文化的关系问题,而是有针对性地对政治文化展开研究,主要涉及政治发展的价值判断以及与之相关的文化取向、政治观念、政治情感、政治态度、政治认识等问题,以及因互联网发展带来的政治文化发展与变化等问题。强调文化尤其是政治文化的主导性作用,既可能导出"传统文化型"或"意识形态型"的发展范式,也可能导出"多元文化型"或"网络文化型"等发展范式。

(6)"公民社会"范式。社会与政治的关系也是发展研究中不可缺少的内容，不仅涉及政治发展需要什么样的社会基础以及政治发展会带来什么样的社会变化等重大问题，还会涉及利益多元性、社会组织发展、公民平等和自由、公民权利保障、公民政治理性等具体问题。但是以"社会因素"作为主导性因素，与之相应的政治发展范式强调的往往是公民社会的发展范式。

（7）"社会冲突"范式。各种形式的冲突，可能改变既有的政治秩序，影响政治稳定，甚至出现政治危机，因此"冲突"成为政治发展不能不认真关注的问题，并且需要对政治稳定状态下的政治发展范式和政治危机下的政治发展范式等作出不同的解释。

（8）"全球化"范式。一国的政治发展，既有国内因素的影响，也有国际因素的影响，尤其是在"民主化"的进程中，不仅西方国家特别是美国起了重要的"推手"和"标杆"作用，经济全球化、政治全球化、文化全球化等也会产生一定的影响，甚至直接植入某种政治发展范式。对于强调"走自己路"的国家，往往会十分警惕，希望这样的植入不会在本国发生。

（9）"威权性政党"范式。不同的政党政治带来的是不同的政治发展范式，尤其是将共产党与"威权性政党"联系在一起，已经被描绘为以"党国体制"为特征的政治发展范式。这样的描绘不一定都带有贬义，并且应该注意的恰是"政党因素"对政治发展的主导性作用。

（10）"政策主导"范式。政策是政治运行的重要载体，政策的好坏以及政策执行的效力和效率，在一定意义上代表政治发展水平的高低，所以研究政治发展不能不高度重视政策问题。以"政策因素"作为主导性因素，彰显的应是政策决定发展的关系，与之相应的发展范式不仅涉及政策过程本身，亦涉及因政策变化带来的一系列变化。

（11）"激进"或"渐进"范式。以"发展方式因素"作为主导性因素，需要在革命、改革、改良等方式中进行选择，并且会产生相应的"激进"、"渐进"甚至"倒退"等范式。

这十一种政治发展范式应该是可供中国选择的主要范式，我们并不否认还有其他的政治发展范式，如"宗教化"范式、"乌托邦"范式、"极权主义"范式等，但是这些范式显然不适应于改革开放后的中国，因此不用做更多的讨论。我们也不否认在这十一种发展范式中，有的范式可以与其他范式合并，我们也会做这样的合并，当然关键的问题是什么样的合并是比较合理的，并且有助于对政治发展范式选择的解释。

三 民众对影响国家发展因素的看法

中国的普通民众如何看待影响发展的各种因素，对政治发展范式的解释有重要的参考价值。在2011年进行的全国性"中国公民政策参与问卷调查"中，设计了"中国改革开放以来取得了重要的成就，您认为主要原因是什么"的问题，并给出了八个选项，请受访者选择三项并根据选项的重要性排序。这八个选项实际涉及了可能影响中国发展的八个因素：（1）中国社会主义制度的优越性——制度因素；（2）中国社会主义民主有了较大发展——民主因素；（3）中国走上了依法治国的道路——法治因素；（4）中国文化具有巨大的包容性——文化因素；（5）中国已经有了比较成熟的公民社会——公民社会因素；（6）中国的社会冲突导致变革——社会冲突因素；（7）中国的成就是国际压力和全球化影响的结果——国际因素；（8）中国共产党和中国政府采用了符合民意和适合中国发展的政策——政策因素。

问卷调查之所以选择制度、民主、法治、文化、公民社会、社会冲突、国际影响、政策八个因素，而没有涉及经济、政党、发展方式三个因素，主要出于以下的考虑：一是国家发展当然要涉及经济问题，不能不考虑经济因素，但问卷调查之所以不把经济因素放进去，是因为经济快速发展作为改革开放以来的一项"重要成就"或者是一种"结果"，需要解释的是什么原因导致了这样的结果，而不是经济与发展的关系。二是国家发展必然会涉及"政党因素"，但"政党因素"与制度等八个因素应该不是简单的并列关系，既可以将"政党因素"看作是一种"统领性"的要素（尤其是在中国现行的政治体制中，政党的"统领性"极强），也可以将"政党因素"看作是一种"内在性"要素，分植在影响国家发展的各因素之内；因此在问卷调查中并没有专门列出"政党因素"，只是在政策因素中突出了政党的位置。三是国家发展与发展方式有密切的关系，但发展方式与制度等八个因素也不是并列关系，而是八个因素相结合产生的结果，所以在问卷中没有将"选择了与中国国情相适应的渐进式改革道路"列为选项。

调查结果显示，受访者对影响中国发展因素的看法，按第一选择由高到低进行排序,排在第一位的是"制度因素"(43.16%),排在第二位的是"法治因素"(17.62%),排在第三位的是"政策因素"(11.12%),排在第四位的是"民主因素"(11.07%),排在第五位的是"公民社会因素"(5.98%),排在第六位的是"国际影响因素"(4.25%),排在第七位的是"文化因素"(4.22%),排在末位的是"社会冲突因素"(2.58%)。受访者的总提及频率(各因素在三个选项中的选择频率)排序与第一选择相同。在列出的八个因素中,提及频率最高的是"制度因素"(20.31%),其次是"法治因素"(19.21%),再次是"政策因素"(15.37%),第四是"民主因素"(14.35%),第五是"公民社会因素"(11.07%),第六是"国际影响因素"(7.64%),第七是"文化因素"(7.20%),提及频率最低的是"社会冲突因素"(4.85%)。[①]

也就是说,在普通民众看来,制度因素、法治因素、政策因素、民主因素对于国家发展的重要性,要高于公民社会因素、国际影响因素、文化因素和社会冲突因素。这样的看法是否会影响中国政治发展范式的选择,在后面的各章我们将作出具体的解释。

---

① 见史卫民、郑建君、李国强、涂锋《中国公民政策参与研究:基于2011年全国问卷调查数据》,第36—39页。

第二章 "经济决定论"与"经济诱导型"范式

"经济因素"对政治发展的影响,既可以被解释为具有决定性的作用,也可以被解释为只具有诱导性或诱发性的作用。对"经济因素"在政治发展中的作用认识不同,与之相应的政治发展范式也会有所不同。

一 "经济决定论"政治发展范式的理论解释

以"经济因素"作为影响政治发展的决定性或主导性因素,或认为政治发展最终都是由经济发展决定和推动的,注重的是经济与政治的辩证关系、生产力与生产关系的辩证关系等,既强调经济发展对政治发展的决定性作用,也强调政治发展的最终目的是为经济发展服务,不仅要求政治发展的基本方向与经济发展的方向相一致,还认为真正的政治发展都将为经济发展提供新的可能。[①]

着重以"经济因素"解释中国改革开放以来政治发展的,已经出现一些有代表性的看法。如在近年兴起的关于"中国模式"的讨论中,已有中国学者提出了以下基本看法:一是"中国模式"的形成既体现了经济现代化和市场经济发展的一般规律,又反映了中国特殊的制度、国情和历史阶段的要求。二是中国模式包括了经济改革模式、逐步融入经济全球

---

① 王沪宁主编:《政治的逻辑:马克思主义政治学原理》,上海人民出版社1994年12月版,第526—535页。

化的开放模式、经济发展模式和中国特色社会主义经济理论与实践。三是中国模式的主题是从传统的计划经济体制向市场经济转型、从传统的农业社会向现代工业社会转型、从封闭半封闭向全面开放和融入全球化转型及社会主义制度转型的四个转型。四是在中国"转型"中，社会生产力对政治、法律、意识形态和文化氛围等因素起的是基础性作用。①

在这样的解释中，"经济因素"无疑是最重要的，因为它可以主导其他因素，可能形成"经济决定论"的政治发展范式，这样的范式应包括以下重要内容：

第一，"经济因素"扮演"经济高于一切"的重要角色，以创造和维系"经济奇迹"为一切发展的前提。

第二，在"经济高于一切"的主导下，实现政党与政策的结合，即政党经常处于巨大的经济发展压力之下，必须经常调整政策（包括宏观政策和具体政策），为经济发展创造有利的政策环境并提供直接的政策支持。由于经济政策始终处于高于其他政策（社会政策、文化政策等）的位置上，凸显了执政党"领导经济"的作用。

第三，经济发展必须克服既有的制度性障碍，一方面需要进行一定范围的政治体制改革，使政治体制适应经济体制尤其是市场经济体制，彰显制度变革服务于经济变革的基本逻辑关系；另一方面需要一定程度的民主和法治，为经济发展提供必要的民主环境和法治环境，并主要以经济需求来限定民主与法治的发展。

第四，经济发展可能带来各种社会问题，引发不同的社会矛盾，甚至造成局部的冲突与不稳定，但这样的问题都是经济发展过程中的枝节问题，只要保持经济高速发展，这些问题都可以得到解决。也就是说，社会及社会冲突因素相对于经济因素而言，不仅不够重要，而且还应自觉地相信一切矛盾都可以用经济手段来解决，或者被经济发展所障蔽。

第五，经济发展改变了中国人的思维方式和行为方式等，并在重塑中国文化中起了决定性的作用。研究中国的政治文化，最合理的途径就是将一切变化都归因于经济发展。

第六，经济发展需要有利的国际环境，尤其是在"全球化"的大背

---

① 张宇主编：《中国模式：改革开放三十年以来的中国经济》，中国经济出版社 2008 年 9 月版，第 1—10 页。

景下，主要着眼于"经济全球化"带来的各种机会和好处，并时刻警惕"全球化"可能带来的负面影响，尽可能将来自国际的各种影响制约在中国经济发展之下。

第七，以经济发展目标限定发展方式，强调经济发展的渐进性（如先达到"小康"水平，再达到"中等发达国家"水平等）主宰政治发展的渐进性，并由此形成经济发展与政治发展方式的合一，彰显经济主导或经济决定的"渐进式"改革的政治发展范式。

这样的解释是否符合改革开放以来中国的实际情况，在后面我们再作讨论，因为还需要引入另一种与经济因素有关的政治发展范式。

二 "经济诱导型"政治发展范式涉及的理论问题

如果只是以"经济因素"作为政治发展的诱导性或诱发性因素，而不是主导性或决定性因素，尤其是将经济与民主两大因素放在一起，形成"经济诱导型"的政治发展范式，需要重点讨论两个问题。

第一个问题是经济能否决定民主的发展？对于这一问题，已有西方学者抱否定态度。如美国学者亨廷顿（Samuel P. Huntington）认为经济发展使得民主成为可能，政治领导使民主成为现实，[①] 注重的就是"经济因素"对政治发展的诱发性作用而不是决定性作用。在对全球性的"第三波民主化"的研究中，亨廷顿对政治发展中的"经济因素"有如下看法："经济发展的实质程度与短期的经济危机或失败相结合是最有利于威权政权向民主政府过渡的经济公式。经济因素以三种方式影响民主化，一是经济滑坡削弱威权政权，二是经济发展为民主提供经济基础，三是经济成长破坏了威权政权的稳定性"；"经济因素对民主化有着重大的影响，但是这些因素不是决定性的；在经济发展的程度与民主之间存在着一种全面的相关性，然而没有一种经济发展的格局自身对导致民主化是必不可少的，或是充分的"。[②] 美国学者霍华德·威亚尔达（Howard J. Wiarda）也提出

[①] ［美］塞缪尔·P.亨廷顿：《第三波——20世纪后期民主化浪潮》，刘军宁译，上海三联书店1998年版，第380页。

[②] 同上书，第68—83页。

了与亨廷顿接近的看法:"有人认为,经济发展和社会变化最终会带来民主,事实上这些学者也很小心地指出,教育水平的提高不一定就会导致民主。民主并不必然会自发地、普遍地产生于经济发展和社会变迁之后。由此出现了两个问题。第一个是民主通常需要一个最低的社会、经济和制度基础,只有一个国家的人均收入达到 3000—4000 美元,它才最有可能实现稳定、民主的发展。第二个是一些国家和文化区域比其他国家和地区更适合发展民主。"① 也就是说,"经济诱导型"政治发展范式的重要前提是经济发展能够影响民主发展(是"影响"而不是"决定"),否定或质疑这一前提,可能使这样的政治发展范式难以成立。

第二个问题是民主能否促进经济发展?这一问题由于涉及经济权力与政治权力的关系、经济自由与政治自由的关系、经济民主与政治民主的关系等,西方学者有较大的意见分歧。如威亚尔达持的是基本肯定观点:"民主在某些时候也就意味着经济增长速度的放慢,但正面地看,民主能够帮助改善人权,提供解决冲突的机制,并帮助适应变化和日益增长的多元性;长期来说,民主还能够提供经济增长所需的稳定。"② 美国学者萨托利(Gioanni Sartori)则对民主能够促进经济发展提出了完全否定的观点,他认为民主是"经济上的优胜者"的论点很容易被这样的论证驳倒:只要有相同的市场机制,承受着阻力和来自民众的压力的政府跟受民众的需求和民众的分配拖累的政府比较起来,在促进增长方面的境遇要更为有利。要知道,只要人民富足起来,民主是他们可能要求的东西之一。但在这个论证里,增长必然需要民主,但民主不造就增长。③ 民主能够促进经济发展,是"经济诱导型"政治发展范式的重要反证,在这个问题上出现的争论,也反映了一些学者对这样的政治发展范式的质疑。

将经济与民主的关系扩展到"经济因素"与其他发展因素的关系,更应该关注的是,如果"经济因素"成为政治发展的诱导性或诱发性因素,出现"经济诱导型"的政治发展范式,可能出现以下变化:

第一,经济发展需求(包括提高经济发展水平的需求、遏制经济危

---

① [美]霍华德·威亚尔达:《新兴国家的政治发展——第三世界还存在吗》,刘青、牛可译,北京大学出版社 2005 年版,第 40—41、112—114 页。
② 同上书,第 184 页。
③ [美]萨托利:《自由民主可以移植吗》,载刘军宁编《民主与民主化》,商务印书馆 1999 年 12 月版,第 142—159 页(第 151 页)。

机或经济衰退的需求、改变经济贫困的需求等）无法在现有的政治格局下得到满足，不得不借助各种社会力量，以社会冲突甚至社会革命的形式，挑战现有的政治领导，由此凸显了"经济因素"诱导社会冲突的关键性作用。

第二，经济诉求和社会诉求转换为政治诉求，不仅要求以民主（或非民主）的方式更换领导人和更换执政党，改变现有的政策，还可能要求改变现有的制度和法律，甚至改变已有的政治发展范式，更偏向于激进的"革命"，而不是渐进的"改革"或者"改良"。

第三，政治发展范式的变化，往往需要来自国际尤其是西方国家的支持，这样的支持不仅仅停留在"道义支持"层面（如国际社会的人道主义救援），还可能需要相应的"经济支持"（如对"革命"的对象实行经济封锁或经济制裁，为"反对派"提供经济援助等），甚至需要一定的"武力支持"或来自国际力量的"军事介入"。

第四，这样的变化，可能既需要来自社会尤其是广大民众的更广泛支持，又面临政治文化的"重塑"问题；尤其是在宗教的影响方面，可能出现不同的走向并进而为社会带来更深层次的问题。

2011—2012年北非和西亚一些国家的政治发展范式转换，已经显示"经济诱导型"的政治发展范式不只是一种理论的解释，还可能成为影响国家命运的一种现实。因为有了这样的"前车之鉴"，使不少人更关注中国的经济发展，担心中国因为经济问题而导致重大的变化，由此需要对中国的经济发展现状作出必要的解释。

三　对中国经济发展的基本认识

对中国的经济发展，既可以有宏观的研究，也可以有中观或微观的分析，并且可能得出不同的结论，既有相当乐观或者比较乐观的看法，也有比较悲观或极度悲观的看法，还有既不乐观也不悲观的看法。我们不是经济学家，也无意参与中国经济发展前景的讨论，只想就中国经济发展的现状表达一些基本看法。

1978—2012年，中国经济的快速增长是不可否定的现实，中国的国内生产总值（GDP）的世界排名，1978年为第10位，2000年为第6位，

2005年为第5位，2009年为第3位，2010年上升为第2位。但是人均GDP的世界排名，至今还没有进入前100位（1978年为第175位，2000年为第141位，2005年为第128位，2009年为第125位，2010年为第121位，2011年为第114位）。① 在关注GDP快速增长的同时，还需要注意以下基本事实。②

一是经济发展速度与国民收入增长速度之间显示出一定的不均衡性，大体表现的是经济发展速度快于国民收入增长速度，只是在最近三年情况有所改变。1991—2011年21年内，城镇居民家庭人均可支配收入年增长率超过同年GDP增长率的只有7年（1996年、1999年、2001年、2002年、2009年、2010年、2011年），农村居民家庭人均纯收入增长率超过同年GDP增长率的只有2年（2010年和2011年）；2012年GDP年增长率为7.8%，城镇居民家庭人均可支配收入24565元，年增长率为12.6%，农村居民家庭人均纯收入为7917元，年增长率为13.5%，城乡居民人均收入年增长率均高于GDP年增长率。

二是在经济快速发展的整体环境下，城乡居民的收入差距呈扩大趋势。1978—2001年，城乡居民年人均收入比基本维持在2:1至3:1之间，2002年以来，城乡居民年人均收入比均高于3.10:1，2012年城乡居民人均收入比为3.10:1，2011年城乡居民人均收入比为3.11:1，都低于2010年的3.23:1。城乡居民收入差距的扩大，只是城乡差距扩大的表现之一，其他方面如基础设施建设、公共服务水平、生活质量等，城乡之间仍存在较大的差距。

三是中国经济发展仍存在较大的区域不平衡性。比较2004年与2011年中国五大区域经济统计数据（见表2—1），GDP增长速度最快的是西部地区（包括内蒙古、广西、重庆、四川、贵州、云南、西藏、陕西、甘肃、青海、宁夏、新疆12个省、自治区、直辖市），其次是中部地区（包括山西、安徽、江西、河南、湖北、湖南6个省份），再次是都会区

---

① 中华人民共和国统计局编：《中国统计年鉴，2012》，中国统计出版社2012年9月版，第1069页。

② 下文涉及的经济数据，1978—2011年的数据，见中华人民共和国统计局编《中国统计年鉴，2012》；2012年的数据，来自中华人民共和国国家统计局《中华人民共和国2012年国民经济和社会发展统计公报》（"新华网"2013年2月23日载文）。经济数据的综合比较，见史卫民《"政策主导型"的渐进式改革——改革开放以来中国政治发展的因素分析》，第25—41页。

(包括北京、天津、上海3个直辖市），第四是东部地区（包括河北、江苏、浙江、福建、山东、广东、海南7个省份），GDP增长速度最慢的是东北地区（包括辽宁、吉林、黑龙江3个省份）；人均GDP增长速度最快的也是西部地区，其次是中部地区，再次是东北地区，第四是东部地区，人均GDP增长速度最慢的是都会区；以人均GDP显示的经济发展水平，以西部地区为1，2004年西部地区与其他四个区域之比是1:1.12（中部）、1:1.71（东北）、1:2.15（东部）、1:5.15（都会）；2011年西部地区与其他四个区域之比是1:1.02（中部）、1:1.41（东北）、1:1.64（东部）、1:2.89（都会），2011年比2004年差距有所缩小，但西部地区、中部地区与东北地区、东部地区和都会区的差距还是较大。

表2—1　　2004年与2011年中国五大区域经济发展数据比较表

区域	GDP（亿元）			人均GDP（元）		
	2004年	2011年	增长倍数	2004年	2011年	增长倍数
都会区	14665.46	46754.90	3.19	41322	83144	2.01
东北地区	15233.86	45377.53	2.98	13709	40679	2.97
东部地区	73767.64	224599.85	3.04	17266	47132	2.73
中部地区	32088.3	104473.87	3.26	9032	29317	3.25
西部地区	27585.17	100234.96	3.63	8030	28783	3.58

资料来源：《中国统计年鉴，2005》，第44、58、59页；《中国统计年鉴，2012》，第48、56、59页。

在人均收入增长方面，区域之间也存在一定的不平衡性。比较2004年与2011年中国五大区域人均收入统计数据（见表2—2），城镇居民家庭人均可支配收入增长最快的是中部地区，其次是东北地区，再次是东部地区，城镇居民家庭人均可支配收入增长最慢的是西部地区和都会区；农村居民家庭人均纯收入增长最快的是东北地区，其次是西部地区，再次是中部地区，第四是都会区，农村居民家庭人均纯收入增长最慢的是东部地区。城镇居民的收入水平，以西部地区为1，2004年西部地区与其他四个区域之比是1:0.99（中部）、1:0.97（东北）、1:1.34（东部）、1:1.83（都会）；2011年西部地区与其他四个区域之比是1:1.04（中部）、1:1.02（东北）、1:1.37（东部）、1:1.82（都会），西部、中部和东北地区的水平接近，但是这三个地区与东部地区、都会区仍有较大差距。农村居民的收入水平，以西部地区为1，2004年西部地区与其他四个区域之比是 1∶1.26（中部）、1∶1.45（东北）、1∶1.92（东部）、1∶2.85（都会）；2011年西部地区与其他四个区域之比是 1∶1.24（中部）、1∶1.49（东北）、1∶1.75（东部）、1∶2.75（都会），2011年与2004年的差距，变化不是很大。

表2—2　　2004年与2011年中国五大区域人均收入比较表

区域	城镇居民家庭人均可支配收入（元）			农村居民家庭人均纯收入（元）		
	2004年	2011年	增长倍数	2004年	2011年	增长倍数
都会区	14595	32018	2.19	6085	14367	2.36
东北地区	7772	17987	2.31	3104	7799	2.51
东部地区	10708	24094	2.25	4093	9133	2.23
中部地区	7887	18273	2.32	2693	6466	2.40
西部地区	7996	17550	2.19	2136	5221	2.44

资料来源：《中国统计年鉴，2005》，第347、360页；《中国统计年鉴，2011》，第354、366页。

四是中国仍有大量的贫困人口。在中国经济快速发展的同时，扶贫事业也有重大的发展，贫困人口由1978年的2.5亿，减少到2010年的2688万（贫困线为人均年收入1196元）；2011年将贫困线提高到2300元（参照每人每天1美元的国际贫困线标准）后，全国贫困人口还有1.22亿；2012年农村扶贫对象减少2339万，贫困人口总规模下降到9899万，[①] 总体上看扶贫任务还很艰巨。

五是在全球金融危机和中国经济转型的双重影响之下，中国经济发展不仅需要认真面对物价上涨、股市不振、房价过高、"国进民退"等具体问题，还需要从长远考虑解决经济结构调整、资源紧张、环境破坏、国际市场竞争等宏观问题，并需要平衡经济发展速度与经济效益之间的关系。至于中国经济发展是否可能遇到"瓶颈"阻碍，也需要做深入的研究。

六是中国民众对经济发展有一定的信心。北京大学中国国情研究中心

[①] "国务院扶贫开发领导小组办公室网站"2013年2月25日载文《2012年扶贫开发工作情况》。

2008年的"中国公民意识调查"显示，受访者对全国短期经济发展的预期，78%的人认为比现在好，17%的人认为没有变化，4%的人认为不如现在；受访者对全国长期经济发展的预期，91%的人认为比现在好，7%的人认为没有变化，2%的人认为不如现在；受访者对家庭短期经济状况变化的预期，66%的人认为比现在好，30%的人认为没有变化，4%的人认为不如现在；受访人对家庭长期经济状况变化的预期，83%的人认为比现在好，14%的人认为没有变化，3%的人认为不如现在。① 2012年的全国性"中国公民政治文化"问卷调查也显示，民众不仅对国家经济发展比较有信心（76.82%的被调查者同意"我对国家的经济发展前景非常有信心"的说法），对个人经济状况的改善也比较有信心（71.74%的被调查者同意"我对个人经济状况的改善非常有信心"的说法）。

四 中国经济发展的"不可复制性"

改革开放以来的中国经济发展，是否已经形成"中国经济发展模式"，国内外学者已经有很多讨论。我们不想卷入有没有这样一种模式的争论，只是从"模式"的可借鉴或可复制的角度看，我们认为中国的经济发展很难被其他国家、地区借鉴或复制，原因有以下五点。

第一，中国国民仍带有来自历史和文化的具有传统意义的"服从性"，这样的服从，既可以表现为对领袖、权威、国家、政党、政府等的服从，也可以表现为对政策及相关利益分配的服从；在中国经济发展过程中，国民的服从和支持，始终是一个重要的条件；其他国家、地区的民众，未必具有这么强的国民"服从性"。

第二，中国改革开放之后，利用有利的国际环境发展经济，在一定程度上成为"经济全球化"的得益者；这样的条件和机遇，与中国的国际地位有密切关系，带有一定的特殊性，不具有"普适性"的特征。

第三，中国经济的发展，在很大程度上得益于"大中国"和全球华人的支持，在资金、技术、市场乃至经济管理经验等方面，香港、台湾以

---

① 沈明明等：《中国公民意识调查数据报告（2008）》，社会科学文献出版社2009年版，第225—226、235—236页。

及世界各地的华人、华商等都有重要的贡献，这也是一些国家难以得到的特殊条件。

第四，中国作为一个大国，有特定的"纵深"条件和"回旋"空间承载经济发展的各种压力，尤其是在全球性的经济危机或金融危机造成国际市场萎缩的环境下，可以利用中国内部的区域差距和不同的市场需求，分散和消解危机的影响，有效地避免全面性的经济下滑和全面的经济衰退。

第五，毋庸讳言，中国的中央集权体制在支撑中国经济快速发展中起了极为重要的作用。尤其是1994年的"分税制"改革之后，经济领域的"中央集权"更加强化而不是弱化，由此一方面增加了中央政府的财政能力，使之能够全面规划和实施现代化国家需要的基础设施建设和重大工程建设；另一方面增强了中央政府宏观调控的能力，压缩了地方政府"各行其事"的空间。这样的体制特征，显然不符合自由主义市场经济理论，所以很难作为"经验"传授给其他国家或地区。

五 政策的关键性作用

中国经济为什么能够在三十余年中以较快速度发展，已经有相当多的研究，但是不少研究忽视了"政策"对经济发展的关键性作用。如果关注政策的作用，至少可以对中国的经济发展给出一些重要的解释。

政策主导市场而不是市场主导政策的基本方略，对中国经济发展起了重要的"定调"作用，并由此解决了两方面的问题。一方面的问题是中国能否发展市场经济，曾有过激烈的争论，并最终将市场经济姓"资"还是姓"社"的问题放到一边，下决心搞市场经济（这实际上是一次极为重要的政策选择）。但是引入市场经济并不一定能够保证中国经济持续快速增长，市场经济既可能被政治形势变化所"腰斩"（如受政治风波的影响，中国1989年和1990年的GDP年增长率分别为4.1%和3.8%，1991年回升到9.2%；1992年邓小平南巡以后，当年GDP年增长率即达到14.2%，充分表明政治不稳定对经济发展有至关重要的影响）；也可能因市场的过度扩张或无序等造成"市场失灵"，严重影响经济的发展，因此需要对市场进行必要的控制，并产生了另一方面的问题，即宏观调控的问题。中国政府在经济发展过程中以宏观调控的经济手段来控制市场、控制资源和控制发展速度,应对"经济全球化"带来的各种问题,抵御和化解金融危机,取得了明显的效果,实际上显示的就是"政策主导市场"的基本导向,而支撑这一导向的,就是被强化而不是被弱化的中央集权体制。

政策给予公民经济自主权,为中国经济发展提供了基本动力。改革开放之后,在政策主导下,先是在农村后是在城市,开放个人的自主经营,并逐渐完善了对公民经济自主权的保障机制,使个人不再完全依附于集体或国家获取发展机会。公民的个人努力不仅为经济社会发展注入活力,亦逐渐形成整体性的推动经济发展的重要动力。"人的解放"或"人的经济自由",不但要求发展,还能创造出各种发展机会,并集合成为支撑中国经济发展的巨大能量。曾提出"北京共识"的乔舒亚·库珀·雷默(Joshua Cooper Ramo)显然注意到了这一点,他认为要打造一个既接受试验又接受失败的环境,就要在民众与政府之间创造一种新的约定,它还包括想方设法并不一定总是成功地赋予个人更大的权力,以便让他们能够在改革过快时发表自己的意见,从而能够自己把握变革。把目前中国的改革当作建立于个人主义的改革,这刚听起来有点奇怪,也许以公民为基础来看待这个问题更恰当。[1]

改革开放政策还为有效利用资本和市场扫清了障碍,给中国经济发展创造了必要的条件。在"经济全球化"进程中,中国通过实施改革开放政策,逐渐熟悉国际通行规则和经济运行规律,熟悉资本和市场运行规则,不仅为国外资本进入中国逐步扫清障碍(尤其注重以"政策调整"解决"制度性障碍"问题),也为中国向外投资创造了条件,并且不断扩展国际和国内市场。从这一意义上讲,恰恰是"经济全球化"给中国带来了巨大的机会,中国亦较好地通过政策运作等,有效地利用了这一机会。

中国的改革者还注意到了以政策争取"发展红利"和回旋空间。中国作为一个人口大国,有充足的劳动力,可以依靠低廉劳动力的"红利"

---

[1] [美]乔舒亚·库珀·雷默:《北京共识》,载乔舒亚·库珀·雷默等《中国形象:外国学者眼里的中国》,沈晓雷等译,社会科学文献出版社 2008 年 6 月第 2 版,第 43—93 页(第 64 页)。

保障经济快速增长；在低廉劳动力"红利"逐步减弱后，可转向逐步扩大的国内市场需求获取新的"红利"。中国几次经济政策的重大调整，都是为了积极争取"发展红利"，以保证经济发展的可持续性。尽管在中国内部存在着区域性的发展差距，各区域内部发展也不均衡，但正是这样的发展状况为中国提供了较大的回旋余地，可以在面临不同经济形势时把压力分散到不同区域，使中国经济能够始终保持较强的"抗压性"；而主导"抗压性"转移的，恰是中国的宏观经济调控政策。

  市场经济显然更适应于政策干预而不是直接的行政干预。改革开放初期中国经济的发展既得力于政策支持，也得力于行政干预；随着社会主义市场经济体制的建立，行政干预逐渐减弱，政策干预更趋强化，市场不仅形成了对政策的适应性，甚至带有较强的政策"依赖性"。未来中国经济的发展，有赖于政策的法律化或制度化，但目前还没有发展到这一阶段，"转型"中的中国经济还会在一段时间内在政策的制约下发展。换言之，"政策主导市场"与"行政干预市场"是有本质区别的，"政策主导市场"强调的是政府对经济的引导或指导作用，"行政干预市场"强调的则是政府直接介入经济活动；改革开放初期两者的区分确实不够清晰，现在显然已经有了明确的区分，当然也还存在一些需要改进的地方。

六　与中国经济发展相关的政治发展范式选择

  我们在前面已经列出了"经济决定论"和"经济诱导型"两种不同的政治发展范式，结合对中国经济发展的基本认识，可以就改革开放以来与中国经济发展相关的政治发展范式的选择，作出综合的解释和基本判断。

  我们并不否认经济对政治的重要影响，但强调"经济因素"尤其是生产方式对政治发展的决定性作用，既不能变成机械的"经济决定论"，也不能过高地估计经济"诱导"政治的作用，因为政治发展并不是一个单向的线性因果链条，而是一个多重因素彼此渗透、交互作用的复杂过程。[①] 当然，在这样的复杂过程中，确实需要作出选择，明确把什么因素

---

① 王惠岩主编：《政治学原理》，高等教育出版社 1999 年 5 月版，第 256—257 页。

放在最重要的位置上，并主要依据这一因素对其他因素的作用，确定相应的政治发展范式。从这一意义上讲，中国改革开放以来的政治发展，因为要面对经济发展的重大课题，确实需要作出选择。当然，可供选择的，显然不仅仅是"经济决定论"和"经济诱导型"两种范式，可能还有更多的范式，但我们可以集中分析中国是否选择了这两种范式中的一种，因为这两种范式都较有可能被用来解释中国的政治发展。

"经济决定论"的政治发展范式，需要一个重要的前提，就是"经济因素"作为"决定性"或"主导性"的因素，应当始终扮演"经济高于一切"的重要角色，以创造和维系"经济奇迹"为一切发展的前提。中国改革开放的前20年，"经济因素"可能确实扮演了这样的角色（对于这一点，也可能有人持不同的看法）。但是进入21世纪后，"经济高于一切"以及由此衍生的"GDP主义"，已经受到理论界越来越多的质疑，在实际运作层面也已经出现经济发展与社会建设并重的"转向"，至少可以表明"经济因素"的"决定性"或"主导性"已经有所弱化，使"经济决定论"的政治发展范式无法具有充足的前提条件。

对"经济决定论"的政治发展范式更需要讨论的是"经济因素"与"政党因素"、"政策因素"之间的关系。

"经济因素"与"政党因素"在中国的发展中谁更为重要，谁主导谁，不难得出答案，显然是"政党因素"主导"经济因素"，而不是"经济因素"主导"政党因素"。在这一方面，研究者应该能够取得比较一致的看法。正如弗里德曼（Milton Friedman）所言，在最大的、剩下来的、公开宣称共产主义的国家——中国，在20世纪70年代后期，由邓小平引进的市场改革，事实上大大地增加了产量并且引入了更多的市场成分。这种有限的经济自由的增长已经改变了中国的面貌，明显地证实了我们对自由市场力量的信心。[①] 李侃如（Kenneth Lieberthal）则对中国共产党尤其是邓小平如何设计中国的改革（包括经济体制改革）作了具体的解释，并指出中国的经济改革战略一直是由政治体制最高层领导的战略观念来指导的。[②] 郑永年亦强调研究中国模式，核心就是要研究中国共产党，因为

[①] ［美］米尔顿·弗里德曼：《资本主义与自由》，张瑞玉译，商务印书馆1986年3月第1版，2004年7月第2版，2007年11月第7次印刷本，"2002年版序言"，第2—3页。

[②] ［美］李侃如：《治理中国：从革命到改革》，胡国成、赵梅译，中国社会科学出版社2010年1月版，第135—143、251—255页。

中国共产党是唯一的执政党,是中国社会经济整体转型的媒介。①

"政党因素"能否与"政策因素"结合,形成对经济因素的主导作用,不少研究者也给出了肯定的回答。如埃里克·安德森(Eric C. Anderson)归纳出中国共产党获得重大成功的六大支柱,其中一个支柱就是"国家积极干预经济——制定政策,建立监管机构,控制外资,减轻全球化的不利影响";另一个支柱是"与其他改革相比,更加重视经济改革"。②李侃如则对改革开放以来促进经济发展的"改革政策序列"作了具体说明。③郑永年更直言中国基本保持了各种"主义"对政策影响的平衡,使其作用于中国的混合型经济。④章百家认为中国经济体制转型的模式,就是由党和政府主导,带有探索性,以调整政策的方式启动,然后通过上下互动、以逐步推进的方式完成对原有经济体制的改造。⑤

也就是说,中国三十余年的实践表明,所选择的发展范式应该是"政党因素"与"政策因素"相结合,作用于"经济因素"(主导经济发展),而不是纯粹由"经济因素"来决定或主导政党的"转型"与政策的重大调整。明确了这样的关系,也就表明了中国并未选择"经济决定论"的政治发展范式。

需要注意的是,"经济决定论"的政治发展范式由于过分强调经济的决定性作用,可能在理论层面忽视经济与政治、生产力与生产关系的辩证关系,导引出"只要经济上去了,其他一切都好办"的发展思路。应该承认,这样的发展思路对一些人尤其是中国一些地方的领导人有很强的诱惑力,因为这些人相信"拼经济"见效最快,最容易"出政绩",并且可以用"经济奇迹"掩盖其他矛盾和问题。也就是说,在国家层面没有选择"经济决定论"的政治发展范式,不等于"经济决定论"的政治发展范式对中国没有影响,而是在理论层面和实践层面都有一定的影响。

与"经济决定论"的政治发展范式相比,"经济诱导型"的政治发展

---

① 郑永年:《中国模式——经验与困局》,浙江人民出版社2010年1月版,2010年3月第2次印刷本,第58页。

② [美]埃里克·安德森:《中国预言:2020年及以后的中央帝国》,葛雪蕾、洪漫、李莎译,新华出版社2011年1月版,第167—168页。

③ [美]李侃如:《治理中国:从革命到改革》,第255—270页。

④ 郑永年:《中国模式——经验与困局》,第101页。

⑤ 章百家:《中国经济体制两次转型的历史比较》,载潘维主编《中国模式:解读人民共和国的60年》,中央编译出版社2009年11月版,第133—162页(第161—162页)。

范式更不适用于解释中国改革开放以来的发展实际,但是应该看到,"经济诱导型"的政治发展范式对中国来说,基于以下两点理由,可能是一种潜在的发展范式:一是在1989年的政治风潮中,已经在一定程度上显示了经济发展需求转变为政治诉求的基本趋向,并且采用了较激烈的方式;由于中国依然选择的是"渐进式改革",才未使"经济诱导型"的政治发展范式在中国成为现实。二是在中国未来的发展中,要尽量避免重大的经济决策失误,保持经济平稳(不一定是高速)发展,并使国民的收入稳步增长,以此来减少"民怨",降低"经济诱导革命"的几率。在这一方面,应该注意美国学者戴维斯(James C. Davies)于1962年提出的革命何时爆发的"J曲线"理论,该理论的核心论点就是当持续经济社会发展遭受突然下滑时,革命容易爆发。面对突如其来的经济萧条,人民的期望却未作出相应的同步调整。当实际发展状态和人民期望之间的矛盾达到某一极限时,革命就会爆发。[1] 如果中国不想面对一场革命,不想选择"经济诱导型"的政治发展范式,那么确实需要谨慎对待经济问题,尤其是需要注意化解经济因素对政治发展可能带来的各种不利影响。

---

[1] [挪威]拉尔森(Stein Ugelvik Larsen)主编:《政治学理论与方法》,任晓等译,上海世纪出版集团2006年8月版,第235—245页。

第三章 "制度化"范式

以"制度因素"作为政治发展的核心要素或主导性因素，既可以强调"政治制度化"的作用，也可以将"政治体制改革"或"威权体制转型"列为政治发展的核心问题，并以此来构建"制度化"政治发展范式的解释体系。

一 "制度化"政治发展范式的理论依据

"政治制度化"是美国学者亨廷顿研究政治发展的一个重要理论视角，已经成为"制度化"政治发展范式的一个重要理论依据。亨廷顿的主要观点是：政治上的首要问题就是政治制度化的发展落后于社会和经济变革；制度化是组织和程序获取价值观和稳定性的一种进程，任何政治体系的制度化程度都可依据它的那些组织和程序所具备的适应性、复杂性、自治性和内部协调性来衡量；权威的合理化、结构的离异化及大众参政化构成了现代政体和传统政体的分水岭。在大多数处于现代化之中的国家里，流动机会的缺乏和政治制度化程度的低下导致了社会颓丧和政治动乱二者之间的正相关关系，除非伴之以相应水平的经济福利的好转，否则，政治参与的剧增势必导致动乱，这样的关系可以用三个公式表述：（1）社会动员÷经济发展＝社会颓丧；（2）社会颓丧÷流动机会＝政治参与；（3）政治参与÷政治制度化＝政治动乱。[1]

---

[1] [美] 塞缪尔·P. 亨廷顿：《变化社会中的政治秩序》，王冠华、刘为等译，沈宗美校，上海世纪出版集团、上海人民出版社 2008 年 7 月版，第 4、10—43 页。

派伊也提出了与亨廷顿相似的观点，他认为一个发展的政治体系，其政治制度化程度与政治参与的程度必高，且能达致平衡状态；未发展的政治体系，其政治制度化与政治参与的程度必低，结果必会导致政治衰退。①

美国学者李普塞特（Seymour Martin Lipset）更关注的是制度的有效性与合法性问题，并提出了以下看法："有效性是指实际的行动，即在大多数居民和大企业或武装力量这类有力量的团体看政府的基本功能时，政治系统满足这种功能的程度；合法性是指政治系统使人们产生和坚持现存政治制度是社会的最适宜制度之信仰的能力；要想分析国家制度面临有效性危机时的稳定性，至关重要的是要知道这种制度的相对合法程度；从短期观点看，一个高度有效而不合法的系统，比那些有效性相对较低、合法性很高的政权更不稳定。"②

对于"制度化"的政治发展范式，还需要特别注意制度主义的研究。早期的制度主义研究把制度看作独立于社会、经济和文化之外并能够对社会、经济和文化产生影响的核心要素，③ 20 世纪 80 年代在西方兴起的新制度主义研究，主要关注的问题是政治制度到底起什么作用，如何解释制度结构的种种差异，是什么导致了政治制度的变化，并形成了以下基本看法：如果政治系统通常是由各种制度构成的，那么只有在特定时候才会产生变革。只有在制度形成时期，政治行为者才能够变更制度的某些因素或改变"博弈"的性质。这些政治历史的形成时期以这样的事实为标志：现行政治制度作用不佳，以至于不能适应新的情形。在这种情形下，政治行为者既能参与博弈，又能改变博弈规则。④

以"制度"作为核心因素或主导性因素，参照西方学者的上述观点，可以形成一种"制度化"或"制度主导型"的政治发展范式，这样的范式应包括以下重要内容：

第一，一个国家既有的制度形态，已经全面阻遏现代化的发展，需要

---

① 引自燕继荣主编《发展政治学》（第二版），第 191 页。
② ［美］李普塞特：《政治人——政治的社会基础》，张绍宗译，上海人民出版社 1997 年 9 月第 1 版，1998 年 3 月第 2 次印刷本，第 55—60 页。
③ 燕继荣主编：《发展政治学》（第二版），第 196 页。
④ ［美］罗伯特·古丁（Robert E. Goodin）、汉斯—迪特尔·克林格曼（Hans - Dieter Klingemann）主编：《政治科学新手册》，钟开斌、王洛忠、任炳强等译，三联书店 2006 年 5 月版；鲍·罗思坦（Bo Rothstein）撰写第四章，"政治制度：综述"，第 211、231 页。

对既有的制度进行颠覆性的制度再造；这样的制度再造，实质上是一次具有深刻影响的"制度革命"。

第二，制度的根本性变化要求民主和法治的支持，即以发展民主的思路彻底、快速地建立新的制度形态，并将新制度法制化；在这样的变化过程中，制度、民主、法治三大因素可以融为一体，以"制度革命"的彻底与否决定政治发展的基本方向。

第三，"制度革命"极可能以西方国家的既有制度形态为蓝图，尤其是引入西方的多党竞争机制，得到西方国家的支持，并被纳入"全球民主化"的进程。

第四，快速的制度变化可能引起社会矛盾，加剧社会冲突，影响社会稳定和经济发展，甚至出现"国家解体"一类的重大"变局"，但这恰恰是"制度革命"必须承载的风险和需要付出的代价。

第五，在新制度形态下，公民社会可能获得充足的发展空间，并逐渐培育出新的政治文化；公民社会的成长和政治文化的变化，都将取决于是否有彻底的"制度革命"。

第六，在制度的制约下，政策不过是维系制度的手段，所有的政策选择都应该在新制度或新机制下展开。

第七，摒弃保守的发展方式或"改革"的发展方式，选择激进变革或革命的政治发展道路。

"制度化"政治发展范式的核心点是通过制度变化带动政治发展，尤其是选举制度、政党制度的变化，都可能构成此种发展范式的决定性条件。无论是在第三波民主化浪潮中，还是在2011—2012年北非和西亚一些国家的政治发展范式转换中，都不难找到比较符合这一发展范式的实例。

二 "威权体制转型"与"政治体制改革"

从制度角度研究中国改革开放以来的政治发展，可以用不同的视角，但是有两种视角最具有代表性，一种是"威权体制"（"党国体制"）或"威权体制转型"，另一种是"政治体制改革"。

以"威权体制"或"党国体制"解释中国，已经成为西方学者的一种传统。尤其是在比较政治研究中，美国学者阿尔蒙德（Gabriel A. Almond）和小鲍威尔（G. Bingham Powell, Jr.）就将中国列入了"独裁—技术—动员型"战略的"渗透的—激进的—权威主义制度"。[①] 罗德·黑格（Rod Hague）和马丁·哈罗普（Martin Harrop）认为中国仍是威权主义政权，但是中国从未演变成早期苏联所代表的那种极权主义政党统治模式。中国的改革涉及了经济权力以及某种程度上政治权力的非集中化，但并未转向西方那种在法治框架内运作的市场经济。人们广泛相信，中国应当能够在政治和经济两方面以自己的方式实现发展，而不必移植西方的模式。[②] 亨廷顿先强调的是中国的列宁主义政治发展模式，[③] 后来关注的则是中国的"新权威主义"。[④]

所谓的"威权体制转型"，主要关注的就是中国的"威权体制"或"党国体制"是否已经开始变化，还会发生什么样的变化。美国学者迈耶（Lawrence C. Mayer）、伯内特（John H. Burnett）、奥格登（Suzanne Ogden）等人就曾对中国"威权体制"的变化提出了以下看法：中国并非极权的政权。对普通中国人来说，中央掌权者是否占有太多权威并不如中央能够维持秩序与稳定更为重要。中国的许多人同意三个变化将使中国更民主，一是权力的分离，不是三权分立，而是中国共产党的权力与政府权力的分离；二是程序的制度化（尤其是规范化选举），可以撤换社会各层次包括中央的无能或腐败的领导；三是法律面前人人平等。中国的政治体系可能永不可能建立一个西方的自由民主体系，但是目前的情况比起以前的权威主义实践，可以说已经迈出了相当大的一步。[⑤]

中国学者则大多以"政治体制改革"阐释制度变革对政治发展的影响（不少国外学者也对中国的政治体制改革作了研究），任剑涛的研究具有一定的代表性，可以列出他重点关注的问题：中国政治研究凸显一个核心，就是政治体制改革问题；围绕政治理念转变、政治关系梳理、政治文化建设三个问题域展开，集中于十个热点问题：（1）政治体制改革的必

[①] ［美］加布里埃尔·A. 阿尔蒙德、小 G. 宾厄姆·鲍威尔：《比较政治学——体系、过程和政策》，曹沛霖、郑世平、公婷、陈峰译，东方出版社 2007 年 7 月版，第 398—399 页。

[②] ［英］罗德·黑格、马丁·哈罗普：《比较政府与政治导论》，张小劲、丁韶彬、李姿姿译，中国人民大学出版社 2007 年 6 月版，第 69—70、92—93 页。

[③] ［美］亨廷顿：《变化社会中的政治秩序》，第 274—281 页。

[④] ［美］亨廷顿：《第三波——20 世纪后期民主化浪潮》，第 364—366 页。

[⑤] ［美］劳伦斯·迈耶、约翰·伯内特、苏珊·奥格登：《比较政治学——变化世界中的国家和理论》，罗飞、张丽梅、胡泳浩、冯涛译，华夏出版社 2001 年 5 月版，第 322—345 页。

要性与重要性；（2）国家建构的正当性与合法性；（3）国家与社会的关系；（4）意识形态的重建；（5）社会公平；（6）党内民主与人民民主；（7）政治转型；（8）公民的政治参与；（9）基层民主；（10）中国传统政治文化遗产及其现代价值。[1]

对中国的政治体制改革，尽管已经有不少的研究，形成了不同的看法，但总体上呈现出三种不同的论点。

第一种论点可以称为"不改论"，认为现在的制度形态符合或基本符合中国国情，不需要进行全面、彻底的"政治体制改革"，尤其是反对模仿西方国家的制度，对中国进行"制度更新"或"制度再造"，因为这样的"更新"或"再造"将会改变中国的社会主义国家性质。持此种论点的人可能并不反对"政治体制改革"，但会坚持认为"政治体制改革"是为了进一步完善现有的制度体系，而不是颠覆这一体系。

第二种论点可以称为"未改论"，认为中国改革开放以来，只有经济体制改革，没有政治体制改革（甚至有人认为经济体制改革也是不彻底的）。"未改论"主要强调的是中国现有制度形态对经济发展、社会进步乃至国家现代化进程各个方面的不适应性或障碍性（在出发点上与"不改论"形成尖锐对立），对现有制度形态的完善或强化，不能算作真正意义的"政治体制改革"。持此种观点的人往往对全面、彻底的"政治体制改革"表现出极大的兴趣，但并不一定都要求模仿或照搬西方国家的制度，亦可以结合中国国情"创造"一个更有效的制度形态；所以核心问题还是要"改"，而不是"不改"。

第三种论点可以称为"滞后论"，认为中国改革开放以来已经对经济体制进行了较彻底的改革，政治体制也相应作了一些调整，但从整体进程看，"政治体制改革"处于"滞后"状态。持此种观点的人担心政治体制改革相对于经济体制改革的长期"滞后"，可能反过来影响经济的发展，并最终延缓国家现代化的进程。"滞后论"在出发点和改革的终极目标方面，与"未改论"相同或接近，所不同的是"滞后论"认同中国已经有一些重要的政治体制改革，只是改革的进展速度不令人满意；"未改论"则基本否定中国有政治体制改革的说法。

---

[1] 任剑涛：《为政之道：1978—2008年中国改革开放的理论综观》，中山大学出版社2008年10月版，第131—135页。

三种论点涉及的问题具有递进关系，即首先需要讨论的是中国现有的制度形态"是否需要改变"，然后才能讨论"变未变"和"怎么变"。但从改革实践的发展看，应该先说清楚的是制度体系"变未变"的事实，进而再讨论"是否需要改变"和"怎么变"的问题。

三　中国制度体系的三个"不变"

无论是以新制度主义的视角研究当代中国政治制度，还是以比较政府的视角说明当代中国政治制度的特点，都会注意到改革开放以来的中国制度体系，尤其是根本政治制度和基本政治制度，既带有相当强的历史传承特征，也带有较强的稳定特征。具体而言，体现中国制度体系传承性和稳定性的，应该是三个"不变"。

第一个"不变"是中央集权体制不变。以中央集权体制管理一个统一的多民族国家，是中国传统政治制度的成功经验。否定封建皇权主义，反对专制独裁的统治，并不是要把中央集权体制一起否定掉。在国家的现代化转型中，中国并没有走向"联邦制"和完全意义的"分权制"。香港和澳门实行"一国两制"，所谓"两制"是指社会主义制度和资本主义制度，但依然是中央集权体制下的"两制"，而不是彻底分权的"两制"。

中国之所以继续坚持中央集权体制，至少有五个理由：（1）中央集权体制可以有效地控制地方，防止地方出现分离倾向，保证国家的统一和安全。（2）中央集权体制可以实现资源的高度集中和有效调控，如果过分放纵地方权力，任由地方自我发展，以地方政府的自利性和好大喜功的"政绩观"等，重复性建设会愈演愈烈，盲目性和破坏性的资源消耗，对中国人民、中国社会乃至整个国家都将是一种巨大的灾难；所以，近年来中央政府强化了对土地、水源、矿产、森林等资源的控制，就是要发挥中央集权的优势，把握经济适度发展，而不是过快、过热发展。换言之，中国经济能够持续、高速发展，中央集权体制在其中扮演了重要的角色。（3）中央集权体制能够集中解决社会发展面临的难点问题，如欠账过多的社会保障问题以及农民负担过重、收入增加缓慢等问题，都能够在中央集权体制下通过国家干预和集中投入的方式得以解决或缓解。（4）中央集权体制在应对危机方面可能更为有效，无论是应对"非典"的袭击，还是应对全球性的金融危机等，都显示了这方面的优势。所以有人已经明确指出，国家干预是帮助我们渡过危机的最好方式，中国的行政管理模式显示出处理危机的尚佳能力。①（5）中央集权体制有利于中国在全球化中的地位，在重大的国际问题讨论和处理中，世界各国和各种国际组织都明白应该与谁打交道和谈判，并且避免了不同政府代表不同列强利益悲剧的重演。

中央集权体制不是没有缺点，②不仅资源过于集中可能影响地方发展的积极性，还难以对中央的权力形成有效的监控，亦可能因中央重大的决策失误导致全民族的灾难（"文化大革命"就是一个典型的例子）。但这样的问题不是没有解决的办法，尤其是决策科学化和民主化面临的问题，在本书的后面几章还会作进一步的讨论。

第二个"不变"是根本政治制度和基本政治制度不变。以人民代表大会制度、政治协商制度、民族区域自治制度和基层群众自治制度作为中国的根本政治制度和基本政治制度，是中国自1911年以来一百多年的历史发展中选择的结果。中国领导人多次强调坚持符合中国国情的政治制度，其核心点就是以根本政治制度和基本政治制度的"不变"，来保持中国政治制度的稳定性。而所谓的"不变"，主要是表明中国不会抛弃自己的制度模式，去照搬西方国家"三权分立"的制度模式；而不是说人民代表大会制度、政治协商制度、民族区域自治制度和基层群众自治制度不再需要发展和完善，事实上前三个制度都有一些重要的变化，基层群众自治制度更是改革开放以后新创立的制度。③

第三个"不变"是坚持中国共产党的领导不变。无论是人民代表大会制度、政治协商制度、民族区域自治制度、基层群众自治制度，都要体现加强而不是削弱中国共产党的领导。中国共产党作为中国的执政党，在

---

① 吴爱民、刘文杰：《政府改革：中国行政改革模式与经验》，新华出版社2010年3月版，第5—7页。

② 如美国学者詹姆斯·威尔逊（James Q. Wilson）指出，中央集权国家所体现的旧时代统治或人治统治至少有三个结果：一是所有的权力都放置在最高级别上，结果交流是缓慢和复杂的，决定是费时的，并且常常信息滞后。二是在权力依据领导的喜好而集中和行使的情况下，腐败的动力就是巨大的。三是为了便利中央对迅速扩大的官僚机构的控制和减少腐败的数量，国家依靠正式的规定和越来越复杂的法律和程序，这种文牍主义导致了某位学者所称的"法条迷信"（《官僚机构：政府机构的作为及其原因》，孙艳等译，生活·读书·新知三联书店2006年3月版，第417页）。

③ 关于中国四种制度的发展、变化情况，见史卫民《"政策主导型"的渐进式改革——改革开放以来中国政治发展的因素分析》，第70—103页。

制度选择方面强调中国共产党领导核心地位的维系,而不是构建最终挑战中国共产党执政权的"颠覆性"制度(如多党竞争制度),既是中国坚持社会主义发展道路的重要保证,也是中国国家现代化过程中政党政治的具体表现。

对以上的三个"不变",西方学者有不同的解读。如梅拉妮·马尼恩(Melanie Manion)强调的是中国仍在共产主义政党——国家的边界内运行,[①] 李侃如则力图说明中国正式的政治体制在结构上一直保持基本未变,但在其运作方式和寻求扮演的角色方面,自改革开放以来却发生了极大的变化。[②]

我们认为中国的制度体系之所以有三个"不变",可以从以下四个角度作进一步的解释。

一是从传统的角度看,中国古代、近代与现代的政治制度,既有"断裂"和"制度再造",也有相当程度的"制度继承"。在一个文明古国中,保留基本的制度传统(如中央集权体制和在管理少数民族的传统制度基础上发展的民族区域自治制度),既有重要的文化意义,也有维系国家政治秩序的现实意义。

二是从选择的角度看,历史制度主义和社会学制度主义都认为新制度的创设和采用是在已经充满了制度的世界中进行的,[③] 中国"再造"的根本或基本政治制度如人民代表大会制度和基层群众自治制度,既是学习其他国家制度的产物,也是在一定历史阶段中进行制度选择和制度发展的结果。中国的制度发展,并不排斥其他制度的影响,关键点是对选择的制度进行符合中国国情的"再造",避免出现制度的"水土不服"现象。

三是从政治统治的角度看,尽管中国共产党已经完成了从革命党到执政党的角色转换,但是坚持共产党的领导、多党合作和政治协商制度,作为革命的制度性产物,依然存留下来,成为社会主义国家政治统治的核心内容。

---

① [美]梅拉妮·马尼恩:《中国政治》,载[美]加布里埃尔·阿尔蒙德、拉塞尔·多尔顿(Russell J. Dalton)、小G. 宾厄姆·鲍威尔、卡雷·斯特罗姆(Kaare Strom)等:《当代比较政治学:世界视野》,杨红伟、吴新叶、方卿、曾纪茂译,上海人民出版社2010年2月版,第472、506页。

② [美]李侃如:《治理中国:从革命到改革》,第204页。

③ [美]彼得·豪尔(Peter A. Hall)、罗斯玛丽·泰勒(Rosemary C. R. Taylor):《政治科学与三个新制度主义流派》,载何俊志、任军锋、朱德米编译《新制度主义政治学译文精选》,天津人民出版社2007年4月版,第67页。

四是从制度结构的角度看,中国的各项根本和基本政治制度,以及重要的制度原则,应该不是相互对立和相互排斥的关系,而是能够契合成一个内部关系合理并能持续运作的制度结构;尽管各项制度的"文本功能"与实际功能还有一定的差距,但是并未影响整个制度结构的基本稳定。

四 "政府转型"体现的中国制度体系的调适性

中国制度体系的三个"不变",既可能为前述政治体制"不改论"提供重要的事实支持(中国现有制度体系具有合理性基础,不需要改变),也可能坚定政治体制"未改论"或"滞后论"的看法(中国在改革开放之后,没有或基本没有政治体制改革,或中国的政治体制改革严重滞后于经济体制改革)。由此需要引入一个重要的事实,既可以说明中国现有的制度体系需要有重大的改革,也可以说明中国确实有这样的改革,并且这样的改革并未严重滞后于经济体制改革。

这个重要的事实就是中国改革开放以后,进行了以行政改革为代表的政府改革或"政府转型"。政府改革或"政府转型"无疑是中国政治体制改革的重要内容。中国既为"政府转型"提供了宽松的制度变化空间,也能广泛吸纳国际经验,因应经济社会的发展,不断进行制度的调适。在制度调适过程中,改革者既注意潜在的制度,也注意以旧制度服务于新目标或在旧制度框架内采用新目标,还注意调整策略以适应制度自身的变化或采用新制度。[①] 具体而言,中国至少已经有十个方面的改革或制度建设:(1)政府机构改革,自 1978 年以来已经有七次;(2)行政审批制度改革(2001 年开始);(3)建立公务员制度(1993 年);(4)实行政企分离(1984 年开始);(5)公共服务改革(包括建立行政服务中心、发展电子政务、建立公共服务新机制等,1998 年开始);(6)政务公开

---

① 历史制度主义认为在社会经济和政治背景变迁的形势下,制度动力有四个显著来源:一是潜在的制度可能会突然显现出来,并对政治结果产生影响;二是当新的行动者开始出现并利用现存制度来追求他们的新目标时,旧的制度开始服务于新的目标;三是外在变迁可以使得在现行制度框架下追求的目标和策略发生变化,变化的结果是旧的行动者在旧的制度框架内采用了新的目标;四是政治行动者调整他们的策略,以适应制度自身的变化。见[美]凯瑟琳·西伦(Kathleen Thelen)、斯温·斯坦默(Sven Steinmo)《比较政治学中的历史制度主义》,《新制度主义政治学译文精选》,第 161—162 页。

(2000年开始);(7)建立政府绩效评估体系(2000年以后有重大发展);(8)财政管理体制改革(1994年正式实行分税制,并从2003年开始尝试建立"扁平化"的财政管理新体制,争取将现有的五级政府财政变为四级或三级);(9)引入"问责制"(2003年开始);(10)强化政府的社会建设功能(2011年开始)。①

更需要注意的是,历经三十余年的中国"政府转型",带来了六个方面的重要变化。

一是管理理念的变化。中国传统的管理理念是绝对服从由上至下的统治或管制,并且在"文化大革命"时期发展到"一个思想"、"一个主义"的带有盲目个人崇拜色彩的"革命"范式。这样的管理理念及其主导下的管理形态,确实把中国的生产力压缩到了最不活跃的地步,高度限制了中国公民的自由发展空间。改革开放以后,管理理念逐步发生变化,一方面强调"三个代表"、"立党为公"、"以民为本"和"科学发展观"等新管理理念和发展理念;另一方面重视国外的成功经验,注意吸收政府理论、公共管理理论和治理理论的研究成果,引入责任政府、服务型政府和"治理"、"善治"等理念,强调公共产品、公共选择、公共服务意识,展开社区治理、社会治理、城市治理等;尤其重要的是在管理理念上开始重视"自上而下"和"自下而上"的结合,注意到公民不是纯粹的被管制或被统治的对象,而是积极的参与者和监督者。围绕权力问题,亦正在划清统治与治理的不同政治逻辑。如果说制度的变革是为了建立"有序的制度",② 中国显然正在向这方面努力,并已经有了一些重要的成果。

二是管理机制的变化。通过各级政府行政服务中心的建立,各级政府

---

① 改革的具体情况,见史卫民《"政策主导型"的渐进式改革——改革开放以来中国政治发展的因素分析》,第103—124页。

② 道格拉斯·诺斯(Douglass C. North)、威廉·萨默希尔(William Summerhill)、巴里·韦恩加斯特(Barry R. Weingast)指出,有序的制度具有以下特征:(1)一个产生各类机构和建立一系列权利的基本公民权利的制度矩阵;(2)一个稳定的关于政治和经济市场上交易关系的结构;(3)一整套切实促使国家制定一系列政治规范和加强保护组织和交易关系权利的根本制度;(4)由规范内在化和外在强化(对于个人)相结合导致的多数人同意。无序的出现有两个条件:(1)个人和组织的权利和公民基本权利将要被剥夺,意味着经济和政治市场中既存的交易关系将崩溃;(2)由于规范的瓦解和执行中发生的变更导致多数人同意不再存在。见《秩序、无序和经济变化:拉美对北美》,载[美]布鲁斯·布恩诺·德·梅斯奎塔(Bruce Bueno De Mesquita)、希尔顿·鲁特(Hilton L. Root)主编《繁荣的治理之道》,叶娟丽、王鑫等译,中国人民大学出版社2007年6月版,第18—63页。

的政务公开，以及从 2003 年开始实施的政府问责制等，中国发展出了一些旨在强调责任和公开、公正执政的新型管理机制。尽管民众对政府政务公开、问责制等还有不少意见，但政府管理机制的变化还是得到了较高的认同。需要注意的是，还有一种机制并没有弱化，而是有所强化，就是"压力型体制"。所谓"压力型体制"，指的是地方为了实现经济赶超和其他发展，采取任务数量化分解和高度物质化奖惩相结合的一套管理手段和方式；为了完成任务与指标，地方各级政治组织（以党委、政府为核心）把任务和指标层层量化分解，落实到下级组织以及个人，令其在规定时间内完成，然后根据完成情况给予政治和经济方面的奖惩；由于主要任务和指标的评价方式是"一票否决"制（即一旦某项任务未达标，即视其全年成绩为零，取消奖励资格），所以各级组织实际上是在"零和博弈"式的评价体系的压迫下运行的。自 20 世纪 90 年代以来，地方政府在减少管制、提高效率、管理专业化等方面进展明显，但是党政运行的工作模式和机制并没有发生大的变化，压力型体制并没有像最初的概念提出者所预期的那样转变为"民主合作制"，反而在各个领域中得到了推广和强化。①

三是管理监督的变化。中国的监督体制，已经从过去比较单一的监督体制向复合的监督体制变化，具体表现就是既注意完善广义政府内部的监督体系（包括党的系统的监督、行政管理系统的监督、人大的监督、政协的监督、法律的监督等），也注意构建来自民众的监督体系（包括群众评议政府、舆论监督和网民监督等）。我们必须承认，经济社会的发展一直挥之不去的是腐败问题。如何控制腐败，是全国人民关注的焦点问题。建立健全惩治和预防腐败体系，目前依然强调的教育是基础，制度是保证，监督是关键，②显然还有不少的改进空间，因为腐败已经呈现多个层次的问题，一是政治权力与市场、资本结合产生的腐败，即"官商勾结"问题；二是现有的组织、制度下产生的官场腐败，尤其是压力型体制下的结构性腐败；三是来自民间的腐败冲动，可以称为"公众的腐败"。③

---

① 杨雪冬：《市场经济、压力型体制与地方政治变化的逻辑：基于三个地方过去 12 年发展经历的分析》，载白钢、史卫民主编《中国公共政策分析，2010 年卷》，中国社会科学出版社 2011 年 7 月版，第 60—100 页。

② 关于反腐败和加强民主监督，见李景治、熊光清等《当代中国政治发展与制度创新》，中国人民大学出版社 2009 年 8 月版，第 120—125 页。

③ 石亚军主编：《中国政治建设与发展研究》，中国人民大学出版社 2009 年版，第 267—268 页。

四是管理效能的变化。改革开放以来，逐渐重视管理效能的变化，不仅政府建立了绩效考核体系，中国共产党亦在党内建立了考核体系，并将绩效考核延伸到了基层群众自治组织，为村民委员会和社区居民委员会也建立了考评体系。尽管有不少人认为绩效考核是"假刀子"，完全是形式化的东西；但"假刀子"总比没有强，需要一个逐渐发展的过程。

五是危机管理的变化。自2003年以来，中国发展速度最快的应是"危机管理"。2003年的"非典"流行，使中国人震惊，自那时起，中国学会了危机管理，用危机管理防范突发事件，以政策的灵活性，尤其是强调信息的公开、透明，来应对危机。通过政策学习建立的危机管理系统，在后来应对禽流感、猪流感、南方大雪、汶川大地震以及2010年的青海地震、旱涝灾害方面，都起了关键性的作用。[1] 在应对危机中，已经越来越注意五个方面的问题：（1）政府积极和快速的反应；（2）民间组织发挥积极作用；（3）公民的积极参与；（4）媒体的真实报道；（5）积极的国际合作。也就是说，应对危机不再只是政府的事情，公民亦是积极的参与者，以政府和公民的合作一起应对困难，这才是最具关键意义的变化。

六是管理关系的变化。在政府管理方面，尤其在政府与企业的关系方面，始终存在"收权"与"放权"的矛盾。"一收就死，一放就乱"似乎成了挥之不去的魔咒。改革开放以来，逐步打破了这一魔咒，全民所有制的中小企业都已通过"转制"，按市场规律运作，只有大型国有企业还掌握在国家的管理权限下面。经济的宏观调控，也不再局限于简单的"收权"或"放权"，而是既有政府的管制手段，也有政策的刺激手段和灵活的市场运作手段等。需要注意的是，为保障经济安全和国家安全，国家依然保持着对一些经济领域（如能源、铁路、航天、军工等）的控制权，使这些经济领域仍存在着垄断现象。在市场经济条件下，在一段时间内保留一定的国家对某些行业的垄断地位，对支撑经济发展显然具有重要的意义。[2] "放权"需要一定的尺度，要政府"完全退出"市场，至少短期内在中国还不会变为现实。

在中央和地方关系方面，"收权"与"放权"的关系更为复杂（亦可

---

[1] 陈丽华等：《公共视角下的危机管理》，中国社会科学出版社2009年版，第14—31页。
[2] 但是垄断行业的高收入问题等，已经引起广泛的讨论，见任剑涛《为政之道：1978—2008中国改革开放的理论综观》，第299—303页。

以表述为"有效分权"或"政府柔化"问题)。① 有人认为，在完善分税制的基础上，正确界定中央与地方的权限划分，实现中央对地方平等地放权，建立平衡机制，强化中央对地方的监控，应是解决中央与地方"收权"与"放权"矛盾的主要途径。② 有人强调的是"授权"作用，认为随着中央政府不断下放权力，地方政府比以往承担了更多责任，并逐步形成了明确的自我利益。由于中央与地方的财权和事权划分不合理，造成地方政府的责任与所需资源不对称，诱使地方政府更容易采用强制性措施和手段来完成行政授权所赋予的责任，以选举为核心的民主授权机制缺乏有效的约束性。因此，既要强化民主授权的有效性，改革财政体制，也要依据市场经济的要求和规律改革政府和大力推进法治建设。③

五 制度变化的政策诱因

如果承认改革开放以来，中国在整体制度结构稳定或"不变"的前提下（根本和基本政治制度不变、中国共产党的领导不变、中央集权体制不变），确实有一系列重要的制度变化，尤其是"政府转型"带来了不少的"制度创新"，那么需要进一步说明的是，"政策因素"在这样的制度变化中扮演了极为重要的角色。

改革开放以来中国的"制度创新"，大多是在政策诱导下，对原有的制度进行微量调整或局部变更，尤其是在政治体制改革方面，由政策诱导的制度变化可以划分为三个阶段。

第一阶段（1977—1991年）应是"恢复性变革阶段"，在全面否定"文化大革命"和确定"以经济建设为中心"的政策导向下，恢复并发展选举制度、建立干部离退休制度和进行政府机构改革等。

第二阶段（1992—2000年）应是"适应性变革阶段"，为适应"建

---

① 见林尚立等《政治建设与国家成长》，中国大百科全书出版社2008年4月版，第79—83、145—172页；石亚军认为当前中央与地方关系中存在的主要问题，一是中央政府权威下降，二是地方主义倾向严重，三是地方之间差距扩大，四是纵向权力下放与横向权力结构调整严重脱节，五是权力下放不到位（《中国政治建设与发展研究》，第238页）。
② 李景治、熊光清：《当代中国政治发展与制度创新》，第211—215页。
③ 杨雪冬：《分权、民主和地方政府公共责任建设》，载何增科等《中国政治体制改革研究》，中央编译出版社2008年4月版，第146、167—168页。

立社会主义市场经济"的政策导向,不仅对政府机构作了进一步调整,正式建立公务员制度,还建立了以"分税制"为基础的新财政体制,并大规模推进"企业转制"和"政企分离"等。

第三阶段(2001年至今)是"绩效性"或"发展性变革阶段",在"科学发展"的政策导向下,强调责任、服务、绩效、公平,不仅进行了大规模的行政审批制度和政府机构改革,普遍建立行政服务中心,不断探索建立公共服务的新机制,还全面推行政务公开与绩效考核,积极发展电子政务,并使"问责制"逐渐强化。

这样的制度变迁,显示的逻辑是政策推行需要克服"制度性障碍",可以将政策压力转换为制度微调或制度变更,使制度适应政策。这样的逻辑过程,至少在一段时间内还会在中国的政治发展中扮演主要角色,直到制度完全"稳定"后才会出现新的形态。

在改革开放的大背景下,政策还可以"创设"基本政治制度。中国的农村改革肇因于政策的重大调整,在新政策的主导之下,产生了农村管理制度和管理体制的重大变革,不仅以乡镇政府体制取代了原来的人民公社制度,还逐步建立了村民自治制度。中国的城市改革同样肇因于政策的重大调整,进而推动了城市居民自治的发展,并且在"城市社区建设"的政策导向下,将城市社区建设与居民自治结合,形成了城镇居民自治制度。中国的基层群众自治制度(包括村民自治制度和城镇居民自治制度),已经被列为中国的基本政治制度。当然,在政策推动下"创设"新的基本制度,其前提是对既有制度体系的补充,而不是颠覆。

改革开放以来,中国管理理念发生的重大变化,亦大多与政策发展有密切关系。由政策主导的经济体制改革和社会改革等,不仅要求改变原来的权力结构,还要求改变传统的权力观念,适度分权、控制行政权力对市场的过度干预、对权力进行有效的监督等理念,逐渐成为主流思想倡导的权力观念。新政策要求新的管理方式和管理观念,不仅引入了"治理"、"善治"、责任政府等管理理念,还使管理者越来越认识到公民不是纯粹的被管制或被统治的对象,而是积极的参与者和监督者。改革开放后形成的政策环境,要求加强公共服务,并由此增强了公务人员的公共服务意识,使服务型政府成为普遍认可的理念。更有意义的理念变化,应是中国共产党以"改革"方针替代了"革命"方针,以"改革理念"替代了"继续革命理念",这样的理念转换,同样是政策变化的结果。

改革开放以来中国形成的基本政策模式，无论是政策的决策过程、执行过程和监督过程，还是公民的政策参与，都要求设立一些新的制度性规范。这样的制度性规范，一方面可能带来政策模式的重要转换（由封闭性或半封闭性的政策模式，转换为较开放或完全开放的政策模式）；另一方面可能在一定程度上转换人民代表大会制度、政治协商制度、行政管理制度等的运行机制，为"政治体制改革"注入新的需求并提供"政策诱导"的动力。

六　中国未选择"制度化"范式的理由

无论以什么样的论点解释改革开放以来中国的制度变化，都可能有一个共识，就是中国并没有选择"制度化"政治发展范式（至少到今天，还没有作出这样的选择）。中国为什么没有选择"制度化"政治发展范式，我们认为可以从为什么改变制度、由谁来改变制度和改变制度后会怎样三个角度来作出解释。

中国的各项制度，经历较长时间的发展，既保留了传统政治制度的精华，又在现代化进程中有所调整和改变，基本适应中国经济和社会的发展，[①] 并没有成为严重阻碍生产力发展的枷锁，所以还没有必要彻底抛弃现有的制度。也就是说，在"为什么改变制度"方面，还没有充分的理由（如果说改变制度的理由就是促使中国共产党下台，那么对制度选择具有主导权的中国共产党显然不会选择"制度革命"，而是更强硬地维持既有制度体系；如果说改变制度的理由是使中国走向民主，就一定要说明现在的制度是反民主的，而这显然是无法成立的——现有的制度中已包含着大量的民主因素，当然还需要提高民主的质量，但这些制度显然不是反

---

① 如中国学者王浦劬已指出，中国政府体制最大的特点是制度具有极强的适应性。可以从两个角度考察政府体系的适应性，一是创新能力，二是纠错能力（见任剑涛《为政之道：1978—2008 年中国改革开放的理论综观》，第 329 页）。汪世凯将中国政治发展称为"内涵式政治发展"，包括两个基本内容，一是坚持基本政治制度不变，同时运作政治制度的核心政治主体的政治理念在发展；二是核心政治主体政治理念变革释放出政治制度蕴含的政治空间，使得民主政治活动能够有序进行，在此过程中政治制度得以发展成熟（《内涵式政治发展：对中国特色社会主义政治建设模式的一个观察》，载黄卫平、汪永成主编《当代中国政治研究报告》第 7 辑，社会科学文献出版社 2009 年 12 月版，第 13—30 页）。

民主的)。

中国目前显然还不存在彻底颠覆现有制度的动力,无论领导层还是普通民众,对现有制度依然有较高的认同,尽管可以对制度提出尖锐批评,但绝大多数意见是针对制度如何完善,而不是要彻底颠覆中国既有的制度体系。对于"由谁来改变制度"的回答,似应是由中国大多数公民来决定制度是否改变,但实际上主导制度变化的从来是精英而不是一般民众。中国的精英,大多是既有制度环境下的受益者,明显缺乏改变制度的动力。即便是一般民众可以决定制度改变,中国国民的心态总体趋于保守,不习惯快速的"颠覆性"变更,更适应"渐变"的制度环境(甚至越来越多的国民对制度变化或政治体制改革并不关心),彻底改变制度的动力同样不足。

在全球范围内既有的"制度革命",并没有给中国人树立良好的楷模,反而大多成为"反面教材"。无论是苏联的解体,俄罗斯等东欧前社会主义国家的制度转型,还是东南亚一些国家的制度变更,对中国来说,更多的似乎是教训而不是经验,使得中国的领导层与国民不能不慎重对待"制度革命"问题。对于类似"改变制度后会怎样"的问题,多数民众的第一选择应是制度的改变不能以牺牲社会稳定和经济发展为代价,因为这是最具有实用意义的选择;进一步的讨论才是什么样的制度更为合理,但是前途不明或前景不好的制度,显然都会被排除掉。也就是说,理性选择需要各种方案,而各种方案不仅需要理论解释,更需要实践经验的证明。既然已经有了其他国家、地区不算成功的"制度革命"实例,保持中国既有制度基本结构的稳定,可能是最理性的选择。

以上解释还可以转换为另一种较为简单的说法:由于"制度化"政治发展范式带有强烈的"颠覆"特征,为应对这样的发展范式,可能会强化而不是弱化一种基本的理念,就是任何改革尤其是制度的变革,都要在三个重要的条件下展开:一是坚持中国共产党的领导;二是有利于维持稳定;三是维系中国既有的基本制度体系。

需要注意的是,即便已经有一些"制度革命"的范例,对于"制度因素"能否成为政治发展的主导性因素,西方学者也有不同的看法。实际上,亨廷顿和派伊等都没有强调制度在政治发展中的核心作用,新制度主义更是改变了制度主义将政治制度当作一个独立因素的看法。正如美国学者彼得·豪尔(Peter A. Hall)和罗斯玛丽·泰勒(Rosemary C. R.

Taylor）所言，很少有历史制度主义者坚持说，制度是产生政治结果的唯一因素，他们尤其倾向于将制度与其他因素一道定位于因果链中。[1] 我们所要关注的，恰恰就是在政治发展的因果链中，是什么因素主导或决定了制度的变化，而不是"制度因素"如何主导其他因素变化。

美国学者布鲁斯·布恩诺·德·梅斯奎塔（Bruce Bueno De Mesquita）和希尔顿·鲁特（Hilton L. Root）认为，制度设计就是创造促使政治领导者对政策结果负责的制度，[2] 将制度和政策两大因素联系在了一起。中国学者李强则以"政府主导型社会"的概念，对中国情境下"政策因素"与"制度因素"等的关系作了如下说明：所谓"政府主导型社会"，就是中央政权机构以及各级地方政权机构，在政治、经济、思想文化等各个领域的重大事务的管理和决策上，起着重要的作用，政府的政策对于社会的影响十分巨大。在按照常规运作的、制度稳定的国家，政策变量对于社会制度、社会结构的影响力是十分有限的，政策是不太容易改变社会结构的，因为稳定的制度、稳定的结构是长期社会变迁的效果，而制度和结构一旦稳定下来，要想改变它是非常不容易的事情；在长期倡导法治的社会中，由于法律相当稳定，所以不会受到短期政策的影响。但中国的情况却不是这样，建国近六十年来，我们始终是处于革命、改革或实验之中，制度或体制均发生巨大变迁，所以，制度并不稳定，在制度不稳定的情况下，政策发挥了重要的作用。我们的所谓改革，就是不断地用政策变量修正制度或体制。[3] "政府主导型社会"的概念，可能还需要作进一步的讨论，但以政策影响制度或主导制度的看法显然是成立的，而这恰恰是与中国政治发展范式密切相关的一个重要选择。

我们不仅否定了中国对"制度化"政治发展范式的选择，也不太认同政治体制改革的三种代表性论点（"不改论"、"未改论"和"滞后论"）。因为在我们看来，中国不仅需要政治体制改革，而且已经进行了一系列的改革，这样的改革未必带有全面的"滞后性"特征。政治体制

---

[1] ［美］彼得·豪尔、罗斯玛丽·泰勒：《政治科学与三个新制度主义流派》，《新制度主义政治学译文精选》，第 53 页。

[2] ［美］布鲁斯·布恩诺·德·梅斯奎塔、希尔顿·鲁特：《当坏的经济变成好的政治》，载《繁荣的治理之道》，第 1—17 页（第 16 页）。

[3] 李强：《国家政策变量对于社会分层结构的重大影响》，"中国社会学网" 2010 年 7 月 1 日载文。

改革的不平衡性显然是存在的，大体可以表现为两种取向改革的区别。一种是市场取向的制度变化（强调"制度因素"与"经济因素"的关系），另一种是民主与法治取向的制度变化（强调"制度因素"与"民主因素"、"法治因素"的关系）。这两种取向并不一定相互排斥，但是在重要制度的变化中，可能更倚重于其中一种取向。改革开放以来，人民代表大会制度、政治协商制度的发展，选举制度的变化，以及基层群众自治制度的建立，都是倚重于民主与法治取向的制度变革；以行政改革为代表的"政府转型"，则是倚重于市场取向的制度变革。由于建立社会主义市场经济是中国发展和走向现代化的重要主题，为破除市场经济发展的制度性障碍，市场取向的制度变革明显快于民主、法治取向的制度变革，制度变革的成效也远比民主、法治取向的制度变革明显（这可以成为政治体制改革"滞后论"的另一种版本，但这样的比较只是在说明制度变化的不平衡性，并不能由此导出制度变化"全面滞后"的论点）。尽管从制度变化的角度观察中国当前的制度形态，还有一系列具体问题需要研究，但是区别这两种取向的变革，显然是一个重要的前提。由此又提出了一个新的问题，就是能否有一种新的制度变革，可以兼顾经济、民主、法治三个因素的需求，将两种取向的改革"整合"成一套切实可行的改革方案。对新问题的解答，对于中国的未来发展可能更为急迫和需要，在本书的最后将尝试回答这一问题。

第四章 "民主化"范式

以"民主因素"作为政治发展的核心要素或主导性因素,不仅涉及如何认识民主和如何发展民主等基本问题,也涉及中国是否选择了"民主化"政治发展范式的问题。

一 对民主与"民主化"的理解

在如何定义民主或如何认识民主方面,中国学者和西方学者都有较大的分歧,并且这样的分歧还会长期存在。西方学者围绕民主提出的一系列命题,如民主政治彰显平等、自由,民主政府的本质在于避免独裁,民主要求对话和参与,民主是一种生活方式,民主是手段而不是目的,选举是民主的本质,竞争是民主政治的本质,民主政治取决于选举程序和选举的真实性,选举是现代政治危机的指示器等,都有赞成的观点和反对的观点。中国学者对民主的定义也有不同的看法,并且在具体研究中,既有人注重的是民主的功能(如制度性功能、目标性功能、参与和机制功能等),也有人注重的是民主的价值理念。[①]

中国民众对"民主是什么"的看法可能更加模糊。北京大学中国国情研究中心2008年进行了一次全国性的"中国公民意识调查",在4004位受访者中,42.8%(1714人)表示不知道"民主是什么",17.8%(711人)

[①] 关于国内外学者对民主的不同理解,见史卫民《"政策主导型"的渐进式改革——改革开放以来中国政治发展的因素分析》,第137—159页。

没有回答这一问题，只有1579人（占受访人总数的39.4%）在以下选项中作了选择：（1）民主指的是有权利，493人，占31.2%；（2）民主指的是自由，434人，占27.5%；（3）民主指的是平等、公正，346人，占21.9%；（4）民主指的是共同参与，大家一起商量作决定，129人，占8.2%；（5）民主指的是选举，71人，占4.5%；（6）民主指的是吃饱穿暖、生活富裕、经济发展，55人，占3.5%；（7）民主指的是少数服从多数，不专制，民主集中制，51人，占3.2%。[1] 从这样的选择情况看，中国民众可能看重的是民主的赋权功能和保障功能，而不是民主的行为功能。

对民主的看法不同，为民主设定的标准也会不同。如美国学者达尔（Robert A. Dahl）为"多元民主过程"确定的标准，包括以下内容：（1）有效的参与，在政策被社团实施之前，所有的成员应当拥有同等的、有效的机会，以使其他成员知道他对于政策的看法。（2）投票的平等，当人们就政策做最终决定的时候，每个成员都应当有同等的、有效的投票机会，而且，所有的票数应当同等地计算。（3）充分的知情，在合理的时间范围内，所有成员都有同等的、有效的机会来了解各种备选的政策及其可能的结果。（4）对议程的最终控制，惟有成员可以决定议程如何进行，处理哪些内容。（5）成年人的公民资格，全体成年常住居民，或者，至少大多数成年常住居民，应当充分享有这些公民权利。[2]

西方学者尤其关注以选举为代表的民主，由此形成了一些有关"选举民主"的标准，如亨廷顿采用达尔的民主政治的自由、竞争两个维度，指出了几个有关选举与民主关系的基准点：（1）若是一个政治体制到了拒绝其社会的部分成员参与投票的地步，那么这种体制不是民主的。（2）一个体制若是到了不允许反对党参加选举或是反对党受到约束，那么这种体制也是不民主的。（3）一个民主化国家的第一次选举只有在下列情况下才被认为是合法的：即有一个或多个合格的国际观察员分遣队在场观察，而观察员承认选举合乎诚实与公平的最低标准。[3]

在政治发展研究中，除了探讨一般的民主问题外，更多涉及的是"民主化"问题。所谓"民主化"或"政治民主化"，可以采用中国学者张小劲、

---

[1] 沈明明等：《中国公民意识调查数据报告（2008）》，第139—140页。
[2] ［美］达尔：《论民主》，李柏光、林猛译，商务印书馆1999年11月版，第43—46页。
[3] ［美］塞缪尔·P. 亨廷顿：《第三波——20世纪后期民主化浪潮》，第5—6页。

景跃进的观点，作出以下解释："政治民主化是一个涉及起点和结局的过程性概念，即一个政治体系中的政府体制由缺乏民主条件向着较多具有民主条件的逼近或发展的过程。在政治民主化的过程中，一方面是旧有的威权政体逐渐松弛、瓦解和崩裂，而另一方面则是新的民主政体逐步建立、巩固；当然这并非是单面性的、直线性的、不可逆转的，相反往往是有反复的。"[①]

亨廷顿在对世界范围内的"第三波民主化"研究中，认为合法性的衰落和政绩的困局、经济发展与经济危机、宗教变革、外部势力的新政策、示范效应或滚雪球是导致民主化的五个重要原因。他还指出"民主化"有变革、置换、转移三种模式。变革通常经历改革派出现、权力的获得、自由化的失败、昔日的合法性、与反对派合作五个阶段；置换包括为推翻政权而斗争、政权的垮台、垮台后的斗争三个阶段；转移通过政府与反对派的对话来完成，主要涉及四个步骤：一是政府致力于一些自由化的措施，并开始丧失权力和权威；二是反对派利用这一放松和政府的削弱来扩大其支持力量并加强其行动，因为他们希望能够很快地搞垮政府；三是政府作出强烈的反应来遏制和镇压反对党对政治权力的动员；四是政府和反对派意识到，双方都难以取胜，并开始通过谈判来实现转型的可能性。[②]

对"民主"乃至"民主化"还可以有更多的解释，但以上列举的各种论点已经明确显示，民主发展可能有不同的内容和不同的路径。下面所要介绍的，就是改革开放以来中国五种不同取向民主的发展情况，这五种取向的民主可以简称为选举民主、组织型民主、协商民主、网络民主和充权民主。[③]

---

① 张小劲、景跃进：《比较政治学导论》，中国人民大学出版社2001年11月第1版，2004年5月第3次印刷本，第304—305页。

② [美]塞缪尔·P.亨廷顿：《第三波——20世纪后期民主化浪潮》，第53—54、157—171、182—183页。

③ 这五种取向的民主，反映的是本书作者对民主发展的基本理解，可能与其他学者的分类有所不同。如中国学者桑玉成将中国共产党的民主政治理论，分为民主的主体观、国情观、方法观、制度观、整体观（《政治发展与政治学》，上海世纪出版集团、上海人民出版社2009年12月版，第162—171页），李铁映强调社会主义的政治民主、经济民主、文化民主、社会民主是一个有机整体（《论民主》，人民出版社、中国社会科学出版社2001年8月版，第136—138页），应该都是对民主发展取向的不同解读。何增科分析了选举民主、自主主义民主、协商民主、精英民主、多元民主、民主社会主义对中国民主发展的不同看法，并列出了国内学者发展民主政治的"咨询型法治政体说"（潘维）、"合作主义国家模式说"（康晓光）、"民主的国家制度建设说"（王绍光、胡鞍钢）、"增量民主说"（俞可平）、"民主的法治型体制说"（王贵秀），认为中国民主政治发展的目标应当是建立混合民主政体，即选举民主、自由民主和协商民主相结合的体制（何增科等《中国政治体制改革研究》，第1—50页）。

二 改革开放以来的"选举民主"

无论如何理解民主，选举都应该是民主的一项重要内容（可能不是最重要的内容，更不是唯一的内容）。由此，我们可以使用"选举民主"的概念，但是这样的概念只限定于解释中国的"以选举为代表的民主"，而未采用西方学者对"选举民主"的定义。

中国的"选举民主"，应主要涉及四种选举：一是各级人民代表大会代表的选举（其中县、乡两级人民代表大会代表由选民直接选举产生，全国人民代表大会、省级人民代表大会和市级人民代表大会的代表由下一级人民代表大会选举产生）；二是各级国家机关领导人员的选举（均由同级人民代表大会选举产生）；三是农村村民委员会的选举（由村民直接选举产生）；四是城镇社区居民委员会的选举（由居民或居民代表选举产生）。

中华人民共和国建立后，于1953—1954年确定了各级人民代表大会代表和各级国家机关领导人员的选举制度，但是1966—1976年的"文化大革命"终止了选举，1977年恢复选举后，中国的选举发展大致经历了四个时期。

1977—1985年为第一个时期，不仅恢复了各级人民代表大会代表和各级国家机关领导人员的选举，将选民直接选举人大代表的范围由乡镇提升到了县级；还在农村出现了村民委员会的组织形式，并开始进行村民委员会的选举（大多采用村民代表选举的方式）。

1986—1994年为第二个时期，村民委员会选举有了重要突破，出现了"海选"（一人一票提名候选人）和"五人提名、代表预选"等新的选举方式，并开始为居民委员会选举设定相应的制度。

1995—2003年为第三个时期，由于县级人民代表大会的任期改为五年，使县乡两级选举分离，中国的选举走向密集化，并出现了"公选"或"直选"乡镇长、"公选"县级国家机关领导人员等试点；村民委员会选举基本实现了直接选举，"海选"开始普及，并出现了"无候选人选举"（又称为"一步法"）等新的选举方式；居民委员会选举中也出现了一些直接选举的试点。

2004—2012年为第四个时期，由于乡级人民代表大会的任期改为五年，五级人大代表和国家机关领导人员选举同期进行，改变了基层选举过密的情况；局部地区仍有直接选举乡镇长试点和"直选乡镇长候选人"等试点，并继续进行县级国家机关领导人员"公选"试点；"海选"不仅在村民委员会选举中基本普及，在社区居民委员会选举中亦有了"海选"、"无候选人选举"等试点。①

经过三十余年的发展，中国已经形成了较固定的选举制度，大致包括以下内容：（1）采用直接选举与间接选举结合的选举方式；（2）以法律与法规相结合的方式，为选举提供合法性依据；（3）以由上至下的选举组织体系，保障选举顺利进行；（4）实行一步到位的选举权利；（5）采用绝对多数表决制的投票方式；（6）采用多种形式的候选人提名方式；（7）采用低竞争程度的候选人介绍方式；（8）主要以组织程序而非法律程序抑制选举违法现象；（9）全面实行公费选举。在这样的制度规范下，中国的选举至少显示出六个方面的功能：（1）选举已经成为中国公民政治参与的一种重要形式；（2）选举已经成为发展中国民主政治的一项重要内容；（3）选举为中国各级领导人和民意代表等的定期更换提供了合法性基础；（4）选举为发展、完善中国根本政治制度、基本政治制度提供了必要的保障；（5）选举在一定意义上具有利益表达和利益协调的作用；（6）选举已经成为中国实现法治化的一条重要途径。②

"选举民主"尽管在改革开放以来有了重要的进展，并且在基层民主政治建设中，出现过以民主选举带动其他民主形式发展的现象，但是中国的选举还没有发展到选民直接选举各级国家机关领导人员，现有的选举（包括直接选举和间接选举）也大多呈现出竞争性较弱的特征，以选举尤其是竞争性选举为代表的民主发展取向，在中国政治发展中似乎并没有得到强化，而是有所弱化。中国学者对中国选举制度改革有不同的意见，实际上反映的就是对"选举民主"发展取向的不同态度。强调选举对民主发展具有根本性、决定性作用的人，不仅要求迅速扩大直接选举的范围，还要求大大提高选举的竞争性，以构建竞争性选举制度作为中国民主发展的突破口或基本条件。对"选举民主"持怀疑态度的人，则倾向于否定

---

① 各时期的具体情况，见史卫民、郭巍青、刘智《中国选举进展报告》，中国社会科学出版社 2009 年 12 月版，第 437—451、572—576 页。

② 对中国选举制度的具体解释，见史卫民《"政策主导型"的渐进式改革——改革开放以来中国政治发展的因素分析》，第 163—194 页。

竞争性选举在中国各个领域的发展。更多人认可的选举只是发展民主的一种手段，中国的选举制度需要进一步完善，在选举中亦可以引入竞争机制，但并不是要将中国的选举制度改变成西方国家的选举制度。[①] 中国的渐进式改革，也包括选举的渐进式发展，显然既不能过分拔高选举的作用，也不能忽视选举的进步。

三 "组织型民主"的发展

中国学者经常用"人民民主"、"党内民主"和"基层民主"来说明中国民主的发展情况，而这些民主都要依托一定的组织和制度，如"人民民主"主要依托的是人民代表大会的各级组织以及相应的制度，"党内民主"依托的是中国共产党的各级组织和相应制度，"基层民主"依托的是基层人民代表大会、村民委员会、城镇社区居民委员会、基层工会、基层妇联等组织和相应的制度，因此可以将这些"以组织或制度为代表的民主"，统称为"组织型民主"。

改革开放以来，人民代表大会作为"人民民主"的一项重要制度，在各级人民代表大会的组织建设与能力建设、立法的制度化与规范化、监督的制度化等方面都有一些重要的发展，一些地方人民代表大会还进行了制度创新的试点，如浙江省乐清市的"人民听证"试点和上海、浙江等地人大的"参与式预算改革"试点等。[②]

---

① 如丁咚虽然认为政治竞争对政治发展的意义，一是有利于维护人权，实现人的全面发展；二是有利于政治和谐；三是有利于对权力进行有效的制约；四是有利于政策创新，保持政治体制的活力，并指出没有政治竞争就不会有社会主义民主政治，政治竞争是市场经济的必然要求，但是亦强调中国的国情不能搞多党竞争，应当在中国共产党的领导下实行适度的政治竞争，既要促进党内的良性竞争，也要提高人大代表选举和基层选举的竞争水平（《政治竞争论》，载王科主编《当代中国政治发展的价值取向和价值体系》，四川出版集团、四川人民出版社2009年11月版，第122—143页）；石亚军在选举民主与协商民主是中国社会主义民主的一大特点的前提下，对改进人大代表选举、完善党内选举制度、健全基层"两委"选举制度提出了具体建议（《中国政治建设与发展研究》，第326—330页）；徐久刚等人认为选举是民主的本质，竞选是民主选举的一个本质特征，但不赞成"选举主义"，强调选举并不必然导致民主，认为可以在地市级或省级人大代表选举中进行一些直选的试点（徐久刚、冯进成、刘润民：《中国民主政治研究》，人民出版社2006年6月版，第99—123页）。

② 见史卫民《"政策主导型"的渐进式改革——改革开放以来中国政治发展的因素分析》，第70—87页。

中国共产党的"党内民主"发展，改革开放以来大致经历了四个阶段。1977—1985 年为第一阶段，主要是"拨乱反正"，恢复党内民主传统，强调民主集中制的作用。1986—1999 年为第二阶段，重点是党政分开、规范基层党组织民主制度和党政领导干部制度。2000—2006 年为第三阶段，重点是尝试推进党内民主的新做法，一是推行"票决制"，加强民主决策的制度建设；二是试行党代表常任制，构建新型的民主监督机制；三是改变基层党代表选举办法、扩大党内"公选"范围乃至试行由党员直接选举乡镇党委书记或乡镇领导班子成员（并在部分地区推广了基层党支部书记等的直接选举），探索党内民主选举的新制度安排；四是建立保障党员权利的新规范，为党员民主权利的行使提供必要的制度保证。2007 年至现在应为第四阶段，重点是党内民主的制度化；2007 年 10 月召开的中国共产党第十七次全国代表大会明确提出要以扩大党内民主带动人民民主，以增进党内和谐促进社会和谐，对党内民主的制度化提出了具体要求，并在部分地方进行了"公选"县委书记的试点。[①]

农村的村民自治和城镇的社区居民自治，是中国"基层民主"的重要内容。由于这两种自治组织所依赖的经济基础不同，发展态势也有所不同。村民委员会依托农村的集体土地所有制和集体资产，可以"自治"的内容相对较多，所以除了解决选举问题之外，还要解决与土地、资产、收入等相关的决策、监督等问题，所以近年来在村务公开、民主决策等方面着力较多。城镇的社区居民委员会绝大多数没有集体资产，主要靠政府提供财政支持，较多着力于城镇的社区建设和为居民提供公共服务。基层工会组织、基层妇联组织也在推进一些民主试点，如工资集体谈判、妇女维权等。

与"选举民主"相比，中国更注重"组织型民主"即组织形态或制度形态民主的发展，强调的是民主的制度化、法律化。[②] 在这样的形态下，突出的是集体形式的参与，而不是公民个人的参与。由此带来的问题，一是精英参与成为普遍现象，无论是庞大的代表群体（各级人大代

[①] 见史卫民《"政策主导型"的渐进式改革——改革开放以来中国政治发展的因素分析》，第 194—207 页。

[②] 李景治、熊光清等：《当代中国政治发展与制度创新》，第 107—108 页。

表、各级政协委员以及村民代表、居民代表、妇女代表、工人代表)，还是公共政策的积极参与者（主要来自各领域的专家、学者），都基本属于精英群体，而精英的参与也大多采用集体参与形式，不是个体的参与；二是自治水平偏低，尽管中国学术界对"何为自治"作了较充分的解释，但无论是村民自治、居民自治，还是民族区域自治，都还没有使自治达到较高水平。中国可以继续以"组织型民主"为主要取向，但已不能不注意民主形式与实质内容的匹配关系。

四 "协商民主"的扩展

在中国语境下的"协商民主"，一般是指依托政治协商制度实施的民主。如2006年2月8日中共中央颁布的《关于加强人民政协工作的意见》，明确提出人民通过选举、投票行使权利和人民内部各方面在重大决策之前进行充分协商，尽可能就共同性问题取得一致意见，是中国社会主义民主的两种重要形式。2007年11月15日发布的《中国的政党制度》白皮书更明确指出，"选举民主与协商民主相结合，是中国社会主义民主的一大特点"。[①] 改革开放以来，不仅对人民政协有了更明确的制度定位，在政协组织建设方面也有了一定的进步，一些地方政协还进行了政协先于人大协商、重大事项可行性投票、政协委员述职和界别化等试点。[②]

受西方学者近年的"商议民主"、"审议民主"或"协商民主"理论的影响，中国的一些地方已经在基层进行普通民众参与的"协商民主"试点，并有人指出在中国发展协商式民主具有以下意义：（1）民主化道路是多元的，选举只是民主化的一种方法而已，发展基层协商民主制度也是通往民主化的一条道路。（2）民主化的方向是推进实质性的民主，协商民主制度扩大和加深了大众的参与，让普通民众直接影响地方性的决策过程，比形式上的选举更具有民主的含义。（3）中国民主化战略开始于基于中国传统的协商政治，以发展地方领域的民主协商政治为切入点，这

---

① "新华网" 2007年11月15日载文。
② 见史卫民《"政策主导型"的渐进式改革——改革开放以来中国政治发展的因素分析》，第87—96页。

样既可避免大规模民主化的风险，又为消除或减少社会冲突提供了一个操作性强的方法和程序。① 发展与政治协商制度不同的民众参与的"商议民主"，已经被一些学者认定为民主发展中的重要取向。②

需要注意的是，中国共产党对扩展"协商民主"的内容已经抱认可态度，在中国共产党第十八次全国代表大会的报告中，明确指出"社会主义协商民主是我国人民民主的重要形式。要完善协商民主制度和工作机制，推进协商民主广泛、多层、制度化发展。通过国家政权机关、政协组织、党派团体等渠道，就经济社会发展重大问题和涉及群众切身利益的实际问题广泛协商，广纳群言、广集民智，增进共识、增强合力"。报告不仅要求坚持和完善中国共产党领导的多党合作和政治协商制度，还要求积极开展基层民主协商。

"协商民主"内容的扩展，可能是民主发展的一种进步，但是也要注意这样的扩展可能混淆不同的"协商"，使"协商民主"变成一个泛化的、可以无所不包的民主形式。从当前的情况看，以中国的政协制度为代表的"协商民主"，相应的概念和制度体系都是比较清晰和完备的；但是"基层民主协商"应包括什么样的"协商"（协商方式的选择），什么事务需要或不需要"协商"（协商目的和协商内容的选择），什么人可以参与协商（协商参与的范围选择），如何保证协商的质量（协商的程序选择）和协商的有效性（协商结果的采纳和相应的监督体系选择），都还缺乏清晰的定义和相应的制度安排。如果再加入一些非基层、非政协的"民主协商"（在理论上这样的扩展是无可非议的，县级以上的政府或政府部门也可以直接与公民"对话"或"协商"），面临的问题与"基层民主协商"应该是一致的。

在发展"协商民主"问题上，我们并不保守，也希望多一些"协商"，也愿意看到更多的创新或试点，但同时提醒人们对不同的"协商"要有所区分，尤其要警惕"协商民主是个筐，什么都可以往里装"的"泛协商民主"的做法，因为在中国当前的政治实践中，形式主义的"协商"不是太少而是太多了，与其致力于发展更多形式化的"协商民主"，不如致力于缩小文本意义的"协商"和现实状况的"协商"之间的差距，

---

① 何包钢：《民主理论：困境和出路》，法律出版社 2008 年 3 月版，第 243—260 页。
② 王绍光：《民主四讲》，生活·读书·新知三联书店 2008 年 8 月版，第 248—249 页。

使"协商民主"能够有更真实的发展。

五 对"网络民主"的不同看法

计算机互联网承载的以意见表达为代表的民主，可以概称为"网络民主"。随着互联网在中国的发展，"网络民主"已经成为一种不可忽视的民主形式。

截至2012年12月底，中国的网民已经达到5.64亿，互联网普及率为42.1%，使用"微博"的网民占54.7%，使用论坛/BBS的网民占26.5%。[1] 在互联网的"虚拟空间"内，尽管已经出现各种冲突（包括学术冲突、政策意见冲突、监督冲突、意识冲突、上访冲突等），并且出现了一些以互联网指导或主导社会实际冲突的案例，但是从总体上看，借助互联网进行政治参与的网民还不是很多。北京大学中国国情研究中心2008年的"中国公民意识调查"显示，受访者"在互联网有关政治主题的论坛或者讨论组中发表自己的观点"的只占5.4%。[2] 2011年的全国性"中国公民政策参与"问卷调查也显示，只有13.11%的受访者参与过网络或媒体的政策讨论。[3]

"网络民主"作为公民意见表达的一种重要方式，可以让更多的人直接了解、参与、影响政策制定，容易形成共识。[4] 容易引起争论的是，网络是否能够反映公民的真实意见（尤其是在网络匿名制的条件下），以及公民能否自由地利用网络发表个人的意见。前者需要解决的是公民诚信和公民能力问题，后者需要解决的是制度环境问题。应该承认，在这两方面都还存在严重的不足。

---

[1] 中国互联网络信息中心：《第31次中国互联网络发展状况统计报告》，"中国互联网络信息中心"网站2013年1月15日载文。

[2] 沈明明等：《中国公民意识调查数据报告（2008）》，第201—202页。

[3] 史卫民、郑建君、李国强、涂锋：《中国公民的政策参与研究——基于2011年全国问卷调查数据》，第185页。

[4] 如王绍光所言，全面实现电子民主既有技术方面的障碍（计算机能力有待进一步提高），也有政治上的障碍（政客与官僚希望保留自己在信息占有方面的特权），还有经济上的障碍，在"用不用得上"和"用不用得起"方面，不同社会群体之间存在巨大的"电子鸿沟"（《民主四讲》，第250—251页）。

"网络民主"可能带来"网络暴力"和各种不良倾向,构成了对"网络民主"的重大质疑:一是网络上的"人肉搜索",可能侵犯当事人的正当权利;二是网络上的"多数意见"可以伪造;三是网络上容易出现不负责任的极端观点,甚至成为极端民族主义和民粹主义的聚合形态。当然,不能因为有出现"网络暴力"的可能,就不发展"网络民主",因为对中国的"网络暴力"是否严重,还需要作出科学的评估;中国到底是"网络政治参与不足"还是"网络过度地政治参与",也还有不同的意见。

"网络民主"是否可能溢出意见表达的范围,直接参与行动,在一些具体事例(如广东省垃圾焚烧场事件中"推特网"所起的作用)发生后,已经成为评估"网络民主"功能不可回避的问题。

将"网络民主"定位为公民意见表达的民主方式,而不使其具有指导或参与行动的功能,是中国政府当前对"网络民主"的态度。这样的态度,既为"网络民主"发展留出了空间,也为"网络民主"发展设定了边界。对这样的态度,可以作进一步的讨论,但有一点是清楚的,即"网络民主"已经成为中国民主发展的一个重要取向或一个重要载体。

六 "充权民主"的重要性

民主既可以是一个公民政治参与的过程,也可以是一个实现公民权利的过程,实际上两者是紧密联系在一起的。西方学者从后现代主义角度,提出了公共政策中的"公众充权"概念,强调在政策过程中,使公民"有权利做决定",在技术层面上亦发展出关于"怎样充权"、"怎样评估充权效果"的方法、程序与指标。近年来兴起的协商民主实践,亦由于参与协商的公民个人效能感提高,了解并学会怎样对待不同的意见,能够在不受任何压力的情况下发表自己的意见,起到了"充权于公众"的作用。① 实际上,除了公共政策中的"公众充权",选举也是"充权"的过程。在公民的各种政治参与中,都有"充权"的问题。

通过给公民充权来实现民主,显然是民主发展的一个重要取向(可

---

① 郭巍青:《公众充权与民主的政策科学:后现代主义的视角》,载白钢、史卫民主编《中国公共政策分析,2006年卷》,中国社会科学出版社2006年1月版,第281—298页。

以将这样的取向称为"充权民主"），因为没有享有权利和权利受到保障的公民，根本谈不上民主。换言之，"充权"的问题，既可以在"政治人本论"的概念下展开讨论，强调依法保障人权和公民政治权利，培养公民的政治主体性，是实现政治人本的重要内容；① 也可以在"政治平等论"的概念下作出解释，指出在中国民主的发展过程中，公民的政治权利实现不够充分；② 还可以强调以"三步走"发展人民民主权利：一是以主权民主作为中国人民权利实现的开端，二是实现经济平等，三是在实现主权和平等的基础上逐步扩大人民的个人权利和自由。③

中国公民对权利重要性和权利保障的认知，可以对"充权民主"的情况作基础性的检验。

将公民权利分为法律权利、政治权利、经济权利、社会权利和文化权利五大类。在2011年的"北京、广东大学生政策参与"问卷调查中采用的是类别权利笼统测试的方法，显示受访者对权利重要性认知的水平较高（每类权利重要性认知的分值为5分，全体受访者为每类权利的赋分都在4分之上），并且认为社会权利的重要程度最高，平均分值为4.49分；其次是法律权利和经济权利，平均分值均为4.44分；再次是文化权利，平均分值为4.36分；重要程度最低的是政治权利，平均分值为4.10分。④

在2011年全国性的"中国公民政策参与"问卷调查中，采用的是具体权利测试的方法，亦显示出受访者对权利重要性认知的较高水平（每类权利重要性认知的分值为5分，全体受访者为每类权利的赋分都在3.5分之上），其中人身自由权（属于法律权利）的重要程度最高，平均分值为4.47分；其次是社会保障权（属于社会权利），平均分值为4.41分；再次是经营自主权（属于经济权利），平均分值为4.17分；第四是选举权（属于政治权利），平均分值为4.10分；重要程度最低的是网络交流

---

① 刘楠：《政治人本论》，载王科主编《当代中国政治发展的价值取向和价值体系》，第28—51页。
② 王胜辉：《政治平等论》，载王科主编《当代中国政治发展的价值取向和价值体系》，第76—96页。
③ 房宁：《民主政治十论：中国特色社会主义民主理论与实践的若干重大问题》，中国社会科学出版社2007年7月版，第80—85页。
④ 史卫民、郭巍青、郑建君、涂锋、陈晓运：《中国公民的政策参与——北京、广东大学生问卷调查数据报告》，中国社会科学出版社2012年5月版，第82页。

权（属于文化权利），平均分值为 3.84 分。①

在 2012 年的全国性"中国公民政治文化"问卷调查中，分别对"权利重要性认知"和"权利保障评价"（分值均为 5 分）进行测试，显示全体被调查者的"权利重要性认知"平均分值为 3.67 分，"权利保障评价"平均分值为 3.25 分。问卷调查还请被调查者对法律、政治、经济、社会、文化五类权利的重要性和保障情况作出选择，调查结果显示，在权利的重要性方面，选择经济权利的人最多，占 31.41%；其次是法律权利，占 26.06%；第三是社会权利，占 17.96%；第四是政治权利，占 13.17%；选择文化权利的人最少，只占 11.40%。在权利的保障方面，认为法律权利保障得最好的人最多，占 32.72%；其次是经济权利，占 21.40%；第三是社会权利，占 16.89%；第四是文化权利，占 15.57%；认为政治权利保障得最好的人最少，只占 13.42%。②

无论是类别权利测试，还是具体权利测试，显示的基本趋势都是法律权利、经济权利、社会权利的重要程度高于政治权利和文化权利，法律权利、经济权利、社会权利的保障程度也高于政治权利和文化权利，由此提醒我们在"充权民主"方面，尤其在政治权利的行使与保障方面，还需要做进一步的努力。

七 中国"民主化"的三种思路

由于存在不同取向的"民主"，使得"民主化"作为政治发展的范式，可能面临不同的选择，形成不同的思路。

中国学者已经对改革开放以来的中国"民主化"作了研究，如周光辉以"民主化"的研究取向，指出当代中国政治发展有以下十大趋势：（1）国家与社会的关系从高度一体化转向适度分权。（2）政府权力从中央高度集权转向寻求中央和地方集权与分权的相互协调。（3）政治权威从神圣化转向世俗化。（4）政治决策从注重经验转向注重科学。（5）社

---

① 史卫民、郑建君、李国强、涂锋：《中国公民的政策参与研究——基于 2011 年全国问卷调查数据》，第 155—156 页。
② 见《中国公民政治参与报告，2013》。

会控制从以行政权力控制为主转向寻求以法律控制为主。(6)对权力主体从强调道德自律转向注重制度约束。(7)政治文化从群众文化开始转向公民文化。(8)政治参与从动员型转向自主型。(9)政治发展道路选择从追求激进转向寻求渐进。(10)国家从实行闭关自守政策转向全面的、全方位的对外开放。①

陈振明亦以"政治民主化"的视角阐释中国政治发展,指出当代中国"政治民主化"的主要障碍,一是市场经济发展程度不高;二是缺乏浓厚民主思想氛围;三是民主制度不够完善;四是政治民主化的进程缺乏足够的领导和规划;五是国际压力加大。陈振明认为对于中国的政治民主化,应该有以下基本认识:(1)中国民主化进程,是一个"渐进"过程,是一个由党内民主到党外民主、由基层民主到整体民主、由初级民主向高级民主发展的过程。(2)政治体制改革应从建立新的权力结构入手,彻底肃清滞留在权力结构中的腐败因素。(3)民主制度建设,既要完善人民代表大会制度、政治协商制度、民族区域自治制度、基层民主制度,还要推进决策的科学化、民主化,逐步形成深入了解民情、充分反映民意、广泛集中民智的决策机制。(4)不仅要使民主法制化,更要使民主法治化。(5)在民主监督方面,一是加强对宪法和法律实施的监督;二是加强对党和国家方针政策贯彻的监督;三是加强对各级干部尤其是领导干部的监督;四是实现政务公开;五是加强新闻媒体的舆论监督作用。(6)中国公民的政治参与应逐渐转向依靠法律保障、激发公民自主意识的轨道上来。(7)要对精神文明建设有新的认识,不能单纯地以为精神文明建设只是道德建设,而应将民主政治文化建设纳入精神文明建设的范围,依靠全国的精神文明创建活动来推动民主政治文化的形成。②

以"民主化"的视角研究改革开放以来的中国政治发展,尤其是将"民主因素"作为影响中国政治发展的核心因素或主导性因素,除了周光辉、陈振明的解释外,还可能有多种发展思路,但具有代表性的应是三种思路。

第一种思路将民主定位为以"选举民主"为核心内容,重点是发展

---

① 周光辉:《论公共权力的合法性》,吉林出版集团有限责任公司2007年12月版,第211—250页。

② 陈振明主编:《政治学——概念、理论和方法》,中国社会科学出版社2006年1月第2版,第438—445页。

选举，并由选举推动以下变化：以选举民主主导制度变迁并改变原有的政党体制（这样的"民主改革"符合"全球民主化"的进程，可以得到国际支持），建立维系选举民主的法治体系，出现"选民社会"并形成"选举文化"，"选举冲突常态化"并由当选者主导政策、影响经济发展等。

第二种思路将民主定位为非选举的政治参与，以扩大民众的政治参与推动以下变化：广泛的政治参与可以涵盖各种公共政策问题（包括经济问题）和社会冲突问题，并由此影响甚至左右执政党的决策，但是扩大政治参与需要成熟的公民社会和理性的公民，并且有制度化的参与途径和有效的法治保障；这种比较"内在"的民主发展形式，可以得到"协商民主"论者或社会民主党人的支持。

第三种思路倡导以组织或制度为代表的民主，要求发挥各种既有民主制度的功能，强调中国既有民主制度的重要性、合理性和有效性，与之相关的政治体制改革、法治、政治文化等，都可以用民主的有效性加以解释。

改革开放以来的中国政治发展，显然不符合第一种思路，因为中国从未将"选举民主"作为发展民主的核心内容。中国的政治发展也不符合第二种思路，因为中国既没有成熟的公民社会，也还缺乏公民的广泛政治参与。中国的政治发展基本符合第三种思路（这种思路与周光辉、陈振明的解释接近），但是在这样的思路下，对民主"有效性"的解读可能过于牵强，难以说明"民主因素"对其他因素的主导性或决定性作用。

三种"民主化"发展思路的比较，显示的基本事实是中国在如何发展民主的问题上还有不少的困惑，甚至面临一些重要的选择。中国一定会在现代化进程中面临民主发展的问题，中国确实需要民主，中国民主的发展应该是一个渐进的过程，都是容易达成共识的论点；不容易达成共识的则是中国用什么样的标准来区分"真民主"和"假民主"，中国最需要的是什么样的民主，以及用什么方式或通过什么样的路径来实现这样的民主。也就是说，在中国民主发展问题上，显然还没有形成能够凝聚人心的共同目标，更不用说已经选定了与"民主化"相关的政治发展范式。

需要注意的是，民主能否成为政治发展的主导性或决定性的因素，也还是需要讨论的问题。参照亨廷顿对"民主化"原因的解释，民主恰是可能被其他因素所主导的因素：（1）没有一个单一的因素足以解释在所有国家中或是在一个国家中的民主发展。（2）没有一个单一的因素对所有国家的民主发展是必不可少的。（3）在每一个国家的民主化都是各种原因的结合的结果。（4）这些产生民主的原因的结合因国家不同而异。（5）通常导致这一波民主化的诸原因的结合不同于导致其他各波民主的原因的结合。（6）导致在民主化波浪中最初政权变化的原因可能不同于导致在这一波中后来政权变化的原因。① 只要不拘泥于以民主作为政治发展的主导性或决定性因素，专注于"民主化"的政治发展范式，就可以在更广泛的范围内探讨如何发展中国民主的问题，后面我们还会涉及这一问题。

---

① ［美］塞缪尔·P. 亨廷顿：《第三波——20 世纪后期民主化浪潮》，第 46—47 页。

第五章 "法治化"范式

以"法治因素"作为政治发展的核心要素或主导性因素,既需要关注法律在政治发展中的作用,也需要关注"法治国家"或"法治化"政治发展范式等问题。

一 法律与法治

在研究政治发展的西方学者中,派伊较系统地阐释了法律在政治发展中的作用,并提出以下看法:政治社会中变迁和稳定的核心是法律、行政和大众参与之间的相互关系,现代化和政治发展要求政府的三个方面要有微妙然而稳固和确定的平衡。在创造国家时法律本身是不够的,甚至当法律通过行政体系得到执行的时候,国家发展也不会自动得到。大众政治的发展是国家建立的第三个必不可少的因素,通过它可以让人们表达他们的愿望和价值观。然而假如大众政治将摧毁其他二者——法律和行政——的话,那么现代政治体的建立就会以另一种方式而步履艰难,如果不被摧毁的话。现代化和政治发展的顶点因此似乎不可避免地需要一种明智、宽容而又坚强的领导,而且由于意识到三种因素中的每一种都具有建设性的潜力,并尊重它们的完整性,还能使三者在和谐中结合起来。[①]

针对中国的"人治"传统,中国学者更注重于对"法治"的阐释,如李步云认为法治包括以下基本原则:(1)国家需要制定出以宪法为基

---

① [美]鲁恂·W. 派伊:《政治发展面面观》,第146—147页。

础的完备的法律，而这些法律必须充分体现现代宪政的精神。（2）任何国家机关、政党和领袖人物都必须严格依法办事，没有凌驾于宪法和法律之上的特权。（3）宪法和法律应按照民主程序制定和实施，这种宪法和法律也能充分保障民主制度和人权。（4）法律面前人人平等，法律的保护和惩罚对任何人都是一样的。（5）实现司法独立，以保证法律的公正与权威。[①] 李景鹏指出，古代的政治文明主要是在人治政治的框架内运行的，而现代政治文明则主要是在法治政治的框架内运行的。法治包括以下观念：一是宪法权威至高无上的观念，要求人们对于宪法和法律有一种出自内心的虔诚和信仰；二是国家不是救世主，掌握国家权力的人如果不被监督和制约就会做坏事；三是人民是一切权力的所有者，国家的权力来自人民；四是公民所享有的政治权利和社会权利是与生俱来的，是神圣不可侵犯的；五是人民在法律面前一律平等。[②] 俞可平认为法治的基本意义是法律是公共政治管理的最高准则，任何政府官员和公民都必须依法行事，在法律面前人人平等。法治的直接目标是规范公民的行为，管理社会事务，维持正常的社会生活秩序；但其最终目标在于保护公民的自由、平等及其他基本政治权利。[③]

西方学者对法治建设也有一些新的解释，如罗伯特·巴罗（Robert J. Barro）提出了以下看法："从长远来看，法治可以通过首先推动经济发展来产生持久的民主。即使民主是长久的原则性目标，实现这一目标的最佳途径则应当是鼓励短期的法治建设。或许美国在提供给发展中国家的建议最好少一些民主的浪漫，而应该较多集中在完善法治、产权和自由市场上。"[④]

从这些解释可以看出，法治的基本要点，如法律至上、人民当家作主、依法办事、法律面前人人平等，是大家所认同的。在这些共同点上，可以有不同的着重点：一是强调法治对法律的要求，既要建立以宪法为核心的法律体系，也要以民主程序立法并注意司法公正或司法独立等问题。

---

① 李步云：《宪政与中国》，载俞可平主编《中国学者论民主与法治》，重庆出版集团、重庆出版社2008年6月版，第153—174页（第160页）。
② 李景鹏：《权力政治学》，北京大学出版社2008年3月版，第219页。
③ 俞可平：《民主与陀螺》，北京大学出版社2006年1月版，2008年1月第2次印刷本，第128页。
④ 罗伯特·巴罗：《民主与法治》，载［美］布鲁斯·布恩诺·德·梅斯奎塔、希尔顿·鲁特主编《繁荣的治理之道》，第223—245页。

二是强调法治的制度性要求或治理要求，或以法治作为治国方略，既要强化对权力的制约，也要建立依法办事的制度规范。三是强调法治的价值取向，既要体现法律面前人人平等，也要保障人权。四是强调法治的民主取向，不但要求彰显人民主权，还要求公民广泛的政治参与和强烈的法治意识。正如梁治平所说：我们将法治理解为一套原则，我们也把法治理解为围绕这些原则建立起来的一系列制度，我们还把法治理解为一种特殊的社会组织形式，一种特殊的秩序模式，我们还把法治理解为一种实践和认知过程。[①]

二 当代中国的宪政诉求

宪政曾是中国共产党人的理论武器，用来与国民党争民主、争自由、争人权。但是自中华人民共和国建立后，党政领导人不再提宪政这一概念，到1992年才开始有学者较系统地阐述与宪政有关的问题，[②] 可是宪政话题只为宪法学者所关注，政治学界罕有学者介入，不能不说是中国政治科学的一大憾事，[③] 这样的状况进入21世纪后才有所改变。

由于宪政姓"社"还是姓"资"，在学术界有不同看法，[④] 高全喜特别指出目前有关中国政治理论中的人民当家做主、党的领导和依法治国，就隐含着一个共和政体的制度框架。人民主权的现代民族国家的主权，在共和国中表现为人民当家做主，其最高的权力形式是全国人民代表大会，人民可以通过选举和被选举参与这个代表大会，行使人民的意志，从主权的意义上统治国家；但是人民主权并不等于政体制度，从现代国家的法权结构看，主权和治权是分离的，从共和国的治权来看，共和政体的混合制度是可行的，它表现为党的领导；依法治国就是宪政主义，就是遵循法律

---

① 梁治平：《法治：社会转型时期的制度建构——对中国法律现代化运动的一个内在观察》，载俞可平主编《中国学者论民主与法治》，第244—275页。

② 李步云：《宪政与中国》，第153—154页；参见刘山鹰《中国的宪政选择——1945年前后》，北京大学出版社2005年10月版。

③ 白钢、林广华：《宪政通论》，社会科学文献出版社2005年5月版，"前言"，第1—3页。

④ 聂露：《试论宪政的概念与中国的法治》，载丛日云、庞金友主编《中西政治思想与政治文化》，社会科学文献出版社2009年8月版，第348—354页。

统治国家，宪政不等于不要党的领导，更不等于人权至上，宪政只是国家组织的一种权力约束原则。①

中国的政治学家可能更关注能否在中国现有政治体制下发展宪政的问题，如李景鹏提出了以下看法："宪政问题是从人治政治向法治政治转变的关键问题。人们往往有一种误解，以为有了宪法之后就自然而然地实现了宪政，其实不然。宪政的基本内容大体包括两个方面，一是用宪法来约束政治权威的行为，二是运用宪法来保障公民的基本权利。宪政的存在和发展，既需要有一定观念的支撑，又需要有一定制度的支撑，支撑宪政的观念也就是法治的观念。"② 周光辉认为有限政府是宪政的基本精神，这一精神所体现的两个宪政原则，一是公共权力是人民通过宪法授予的，不得行使宪法没有授予的和禁止行使的权力；二是公共权力不得侵犯宪法所规定的公民权利，而且有义务保障公民权利的实现。③ 白钢、林广华认为，宪政应包括10项准则：（1）存在宪法；（2）宪法具有最高权威；（3）确立人民主权原则；（4）实行代议民主制；（5）确立法治原则；（6）政府有限；（7）以保障人权为目标；（8）权力制约；（9）建立违宪审查制度；（10）建立正当法律程序原则。④

对改革开放以来中国的宪政发展，中国学术界既有较积极的评价，也有较消极的评价，还有既肯定积极也指出消极的评价。

林尚立的评价着重于宪政发展的积极面，他认为中国宪政制度建设主要是从8个方面渐进推行的：（1）确立了宪法在国家政治生活中的最高地位；（2）执政党对国家的领导方式向制度化转型；（3）人格化权威向制度化权威转型；（4）形成了多维立体的制度结构；（5）提升人民代表大会的权力与地位；（6）决策过程更加开放，建立参与式决策过程；（7）加大对权力的制度约束，建立了立体式的反腐败制度；（8）制度化、宪政建设与加强执政能力的整体构建。⑤

梁治平的评价则较为消极，他认为中国的民主不是在一个已经建立起来的宪政制度框架里面逐步得到发展，我们必须同时解决民主和法治这两

---

① 高全喜：《现代政制五论》，法律出版社2008年12月版，第133—134页。
② 李景鹏：《权力政治学》，第218—219页。
③ 周光辉：《论公共权力的合法性》，第203—212页。
④ 白钢、林广华：《宪政通论》，第7—11页。
⑤ 林尚立等：《政治建设与国家成长》，第118—122页。

个问题。宪政、法治以及现代法律制度的建立和完善,已经为近代以来的历史证明是必要的。尽管中国的宪政运动已经有将近一百年的历史,而且今天正在进行的法律改革有可能把我们带入一个法治事业的新阶段,中国的法治仍然面临严重的挑战。这种挑战部分来自于现实生活中的利益冲突,部分来自于社会变迁本身,部分来自于心灵的积习。一个多元的、理性的和能够自我调节的社会的存在和广泛的政治参与是推进法治事业、确立法治正当性的一条重要途径。[①]

毛寿龙、李梅的评价则既有积极面的肯定,也有消极面的认定。他们认为标准的立宪政府至少需要具备两个方面的条件:宪法规定了施政的基本规范,据此能够限制政府;宪法规定了公民的权利,据此公民的确有权对抗政府。在此规范意义上,可以说到目前为止,中国还不是典型的法治国家,中国政府也不是典型的法治政府,因为中国政府的宪法尚未做到这两点。但公平地说,在建设立宪政府方面,中国已经经过了一系列的努力,并取得了一定的成就。中国宪政发展的历史,是政治主导的历史,当代中国政府已经有了明确的宪政框架,但现行宪法所确定的政治框架带有明显的执政党以党代政的色彩,其政府施政原则有利于高度集权,不利于分权,也不利于保护公民的宪法权利。[②]

无论对中国宪政发展如何评价,都不能全面否定宪政,因为否定宪政即意味着对改革开放以来中国法治发展的否定,并忽视了宪政为五个基本作用,一是以宪法为核心的国家治理原则;二是以法治取代人治;三是坚持和保障法律面前人人平等;四是有效地限制权力;五是建立和完善相应的制度。

三 "先政策,后法律"的经验模式

讨论法治和宪政问题,还需要特别关注政策与法律的关系问题,因为改革开放以来已经存在一种"先政策,后法律"的经验模式,即中国的

[①] 梁治平:《法治:社会转型时期的制度建构——对中国法律现代化运动的一个内在观察》。
[②] 毛寿龙、李梅:《当代中国立宪政府的发展与挑战》,载徐湘林等主编《民主、政治秩序与社会变革》,中信出版社2003年8月版,第104—117页。

相当一部分法律来自政策；在中国的法治和宪政发展中，"政策法律化"应是一个重要的内容。①

"先政策，后法律"的最高形态是"政策内容入宪"，即在制定和修订宪法中，将一些重要的政策内容变成宪法的规定，并且随着政策的发展，宪法规定作进一步修改。1982年以来"入宪"的政策内容，主要有以下10项：(1) 国家的根本任务是集中力量进行社会主义现代化建设 (1982年)；国家实行社会主义市场经济 (1993年)。(2) 将人民公社改为乡镇政府，确定村民委员会和居民委员会是群众性自治组织 (1982年)。(3) 劳动者有权经营自留地、自留山、家庭副业和饲养自留畜 (1982年)；家庭联产承包制的规定 (1993年)；双层经营体制的规定 (1999年)。(4) 国家保护集体经济组织和个体经济的合法权利和利益 (1982年)；国家允许私营经济存在和发展 (1988年)；个体经济、私营经济等非公有制经济是社会主义市场经济的重要组成部分，国家保护个体经济、私营经济的合法的权利和利益 (1999年)；国家鼓励、支持和引导非公有制经济发展 (2004年)。(5) 国家保护公民的合法收入 (1982年)；公民的合法的私有财产不受侵犯，国家依照法律保护公民的私有财产权和继承权 (2004年)。(6) 允许外国企业在中国投资 (1982年)。(7) 国家推行计划生育 (1982年)。(8) 国有企业有权自主经营 (1993年)。(9) 国家坚持按劳分配为主体、多种分配方式并存的分配制度 (1999年)。(10) 国家建立健全同经济发展水平相适应的社会保障制度 (2004年)。

"先政策，后法律"的基本形态是"政策法律化"。中国公共政策的文本依据，除了宪法的有关规定外，主要是政策文件、法规和专门法律三种。根据三种文本的递进关系，中国公共政策的文本形式可以分为四个类型：第一类是只有政策文件，还没有出台相应的法规，如近年出台的农村居民最低生活保障、农村新型养老保险、农村合作医疗、企业职工养老保险等政策。第二类是已根据政策文件制定了专门的法规，但还未制定专门法律，如住房公积金管理、城镇居民最低生活保障、失业保险等。第三类是根据政策文件制定专门法规后，又制定了专门法律，形成完整的政策文

---

① 关于中国政策法律化的具体情况，见史卫民《"政策主导型"的渐进式改革——改革开放以来中国政治发展的因素分析》，第645—652页。

件——法规——专门法律的文本转换模式；第四类是根据政策文件直接制定专门法律，在文本形式转换中省略了法规环节。第三类和第四类都完成了"政策法律化"（将政策文件变为专门法律）的过程，还可以根据政策的发展，进一步修改法律并出台相关的法规（如法律实施办法、实施细则等）。从"政策法律化"的进程看，经济类政策尽管总体上从政策到法律转换的过程较长，但是已制定的法律较为齐全；社会类政策、农村改革政策、城市改革政策等从政策到法律转换的过程略短，但是都有不少政策还没有立法，所以在"政策法律化"方面总体上慢于经济政策。

需要注意的是，从政策文件到专门法律，在中国的多数情况下是一个比较缓慢的过程。从法治角度看，由政策到法律的过程拖得过长，可能不利于政策的"依法执行"；但是从政策发展角度看，给政策实践一段较充足的时间，用以纠正政策内容的偏差和有针对性地解决政策执行中出现的问题，待政策完全成熟后再立法，可能更能体现法治的科学态度和严肃态度。两种看法都有道理，关键在于具体政策需要作具体分析，才能对"政策法律化"的快慢作出更准确的分析，可惜这样的研究成果还不多见。

四 "依法治国"与"文件治国"的关系

"先政策，后法律"的经验模式，可能带来"文件治国"的基本形态。所谓"文件治国"，就是在治理国家中不注重法律规定，而是注重即时的文件规定，文件的功能性和时效性大大高于法律。

"文件治国"的表现，一是文件涉及面广泛（不仅涉及许多法律还未规范的事务，还涉及大量已有法律规范的事务），大事小情都要发个文件，造成"文件满天飞"的局面。二是发放文件的机构繁多，各级党组织、各级政府及其下属部门，以及各种事业单位、企业单位、人民团体等，都能发出文件。三是文件具有极强的时效性和针对性，往往是对具体事务的即时规定。四是文件往往带有极强的规制性特征，对文件执行者形成一定的压力，甚至对罚则有明确规定。五是一些重要文件往往具有鲜明的级别性和重复性，从中央到地方层层发文，内容高度重复。六是文件具有一定的"内部性"特征，多数情况下不"传达"给普通民众，而是由文件执行者"内部掌握"。

中国共产党有"文件治党"的传统,建立中华人民共和国后,依然保持这一传统,并将其用于管理国家,形成了"文件治国"的模式。尤其是在法律、法制不受重视的时期,国家运行的规制只能依赖文件,"文化大革命"更将"文件治国"发展到了极致,人们只知"红头文件"的学习、贯彻和执行而不知其他。改革开放之后,逐渐重视法律和法制,对制发文件有所限制,"红头文件"逐渐减少,但是近年来各种文件又多了起来,"文件治国"不仅没有弱化,还有了进一步强化的趋势。

"文件治国"显然不合乎法治的要求,因为其实质是"文件权威"高于"法律权威"。尤其是自1995年明确提出"依法治国"和1997年以"法治"取代"法制"后,对于如何"依法治国"已经有了很多的讨论,在法治实践层面也已注意到了法律法规体系的完善、司法改革、依法行政、构建公民权利保障体系等重大问题,但是如何处理"依法治国"与"文件治国"的关系,还没有引起足够的重视。

应该承认,"文件治国"有一个重要的合理性解释,就是在"先政策,后法律"的经验模式中,由于政策的主要载体就是文件,其重要性确实先于法律而存在。由此提醒我们,"文件治国"与"依法治国"并不一定是对立关系。从"先政策,后法律"的经验模式看,"文件治国"在一定意义上是"依法治国"的基础,"依法治国"则是"文件治国"的合理发展。只要"先政策,后法律"的模式依然存在,"文件治国"的现象就不会消失。问题的核心点其实并不在于是否尽快摒弃"文件治国"的方式,而是"文件治国"给予各级党政人员过多的自由裁量权。自由裁量权不仅大量体现在政策执行过程中,也体现在政策文件的制定中。有效地控制各级党政人员的自由裁量权,既是法治要解决的问题,也是中国公共政策过程面临的主要问题。如果不认真解决自由裁量权等问题,即便中国公共政策全部达到了"政策法律化"水平,还是无法达到法治的要求。从这一点看,中国共产党主张的公共政策科学化、民主化、法治化,尤其是法治化,还有相当长的路要走。

五 作为努力方向的"法治化"范式

中国如何建立"法治国家",中国学者已经提出了明确的看法,如赵宝煦认为要完成建设社会主义法治国家的任务，首先要实现中国共产党的领导方式的转变，其次要实现国家权力运作方式的转变。赵宝煦还特别强调，必须在领导干部和人民群众中提高建设法治国家的认识和觉悟，并需要注意以下具体内容：（1）法律是至高无上的，党权、政权和其他任何权力必须接受法律制约。（2）社会主义中国是以人民为主体的国家，而非"官本位"的国家；人民当家做主，不是一句空话，应有一定的法律程序来具体体现。（3）人民应该积极参与国家政治，发扬"天下兴亡，匹夫有责"的爱国负责精神。（4）法律面前，人人平等，意味着平等地享受权利和承担义务。①

综观中国法治的发展，可以看到有待解决的问题大大多于已经解决的问题，不仅发展宪政在中国受到很大阻力，中国是不是应该有自己的违宪审查，宪政对司法的控制，对人权的保障，以及宪政对政党的限制，要求中国共产党带头执行宪法，都还是需要认真讨论和解决的问题。尽管如此，中国政治发展的法治化前景毋庸置疑，尤其是以"法治因素"作为政治发展的核心因素或主导性因素，应该出现以下重大变化：以宪政为核心，以民主和制度为保障，广泛吸收国际社会的法制经验，发展法治文化和法治社会，更倚重于法律手段而不是政策手段解决经济发展和社会冲突问题，并将政策和政党的行为限定在法治框架中。也就是说，"法治化"的政治发展范式，应该是中国政治发展的一种理想范式或一个努力方向，着眼于未来而不是现在，虽然不能用它来解释中国改革开放三十年的政治发展状况，但是确实需要这样一个明确的发展目标和可供选择的政治发展范式。

---

① 赵宝煦：《政治学与和谐社会》，北京大学出版社2009年7月版，第115—120页。

第六章 "文化决定论"范式

在不同文化背景下发展现代化，可能有不同的发展类型，如基督教文化、伊斯兰教文化、佛教文化以及儒家文化都可能对国家的现代化产生重要影响，并且在现代化进程中面临文化本身的现代化问题。政治发展中的文化研究，主要是对政治文化、"政治人"等的研究，而我们更关注的是"文化因素"能否导出不同的政治发展范式。

一 研究政治文化的意义

按照阿尔蒙德、维巴（Sidney Verba）的定义，政治文化一词表示的是特殊的政治取向，即对政治系统和系统各个部分的态度，以及对系统中自我角色的态度。[①] 在对美国、英国、意大利、德国、墨西哥五国的政治文化研究中，阿尔蒙德、维巴重点分析的是以下问题：（1）政治认知的模式。（2）对政府和政治的情感。（3）党派活动的模式。（4）参与的职责。（5）公民的能力认识。（6）公民能力和臣民能力。（7）能力、参与和政治的忠诚。（8）社会联系和公民合作。（9）组织成员和公民能力。（10）政治社会化与公民能力。[②]

阿尔蒙德、维巴还特别关注政治文化与政治民主发展的关系，并提出了以下观点：试图创造政治民主的政治家，常常专心于创造一整套正规的

---

① ［美］阿尔蒙德、维巴：《公民文化——五个国家的政治态度和民主制》，徐湘林等译，东方出版社2008年2月版，第12—13页。

② 同上书，第71—333页。

民主政府机构和编撰一部宪法,或者他们专心组织一个激发大众参与的政党;但一个稳定的和有效率的民主政府,不光是依靠政府结构和政治结构,它依靠人民所具有的对政治过程的取向——即政治文化;除非政治文化能够支持民主系统,否则这种系统获得成功的机会将是渺茫的。公民文化特别适合民主政治系统。如果一个新兴国家要创造一种公民文化,既需要统一的象征和系统感情,也需要认知技能,还需要注意以下因素:受教育机会的增加,在工业环境中的经验,与传播媒介、政党和自愿社团的接触,政府工作的决定性影响,稳定的政治信仰。①

李普塞特对"政治人"的研究,在西方政治文化研究中有较大影响,他探讨的主要论题是在社会和组织中实施民主的必要条件,影响人们政治参与的因素,特别是他们作为选举人的行为,以及支持或威胁民主制度的价值和力量的运动源。②

中国学者对政治文化的研究,主要涉及三类问题:第一类是政治价值或政治思想方面的问题,如政治意识、政治理想和政治评价标准等;第二类是政治心理方面的问题,如政治认知、政治情感、政治动机、政治态度等;第三类是政治社会化问题。

中国学者不仅有对中国传统政治文化的研究,也有对中国改革开放以来的政治文化研究,还有专门针对"政治人"的研究。在这样的研究中,有一种倾向值得注意,就是以"文化中心论"或"文化决定论"的观点看待政治文化在中国政治发展中的作用,或者强调儒家文化的核心地位及其在中国现代化中的作用,或者强调马克思主义的核心地位及其在中国现代化中的作用,或者将儒家文化与马克思主义糅合在一起,强调"中国模式"就是"中国化马克思主义"。换言之,"文化决定论"的政治发展范式不仅可能在中国存在,这样的范式还可能有不同的发展方向。对于这样的观点,需要结合中国政治文化的变化情况,作出必要的解释。

二 百年来的中国"文化转型"

1911—2012年的一百余年中,中国有过五次重大的"文化转型",可

---

① [美]阿尔蒙德、维巴:《公民文化——五个国家的政治态度和民主制》,第443—449页。
② [美]李普塞特:《政治人——政治的社会基础》,序言,第1页。

以概述五次转型带来的政治文化的主要变化。

（一）以"五四"运动为标志的文化转型

1840—1911年虽然有"西学东渐"和"求新"、"求变"的应和，但是潜隐在封建社会内核中的传统政治文化并未受到根本触动；[①] 政治文化的基本特征是政治意识混杂、政治价值模糊、政治心理矛盾；[②] 自由、平等、民主思想虽被一部分人所接受，但并未为整个社会所认同，因为民主的启蒙与大多数中国人文化心理机制的更新和社会结构的改观一直是两条平行线，寻求它们之间的交点并不是近代政治文化的变迁所能包容的；西学对中国政治文化的触动仅仅表现在内容上的补充，而无政治思维变革。[③]

1919年的"五四运动"是一次重要的思想解放运动，对中国政治文化的影响，一是批判中国传统政治思想和传统文化，从根本上动摇了传统政治文化的根基；二是加速了资本主义思想的传播，三民主义思想以及"德先生"（民主）、"赛先生"（科学）的理念开始对国民产生重要影响；三是马克思主义传入中国，开始孕育一种新的政治文化；四是教育体系、语言体系的变化，对改变中国人的知识结构和表达方式起了至关重要的作用。[④]

具体而言，民国前期（1911—1936年）的政治文化，在政治意识方面，三民主义和马克思主义的传播，以及新文化运动对封建主义的批判，使整个意识形态更具有反传统的色彩；在政治理想方面，核心是抵抗帝国主义侵略和民族自强，并且强调三民主义的国民党和坚持马克思主义的共产党都提出了较明确的政治理想；在政治评价标准方面，因阶级、政党的区分等有所不同，大致可以分为国民党的"一党专制"标准和中国共产党主张的革命标准；国民的政治心理，亦开始发生变化。

[①] 金太军、王庆五：《中国传统政治文化新论》，社会科学文献出版社2006年8月版，第217—238页。

[②] 戚珩等：《政治意识论》，浙江人民出版社1995年12月版，第70—74页。

[③] 梁波：《中国近代政治文化的变迁》，《学术交流》2001年第5期。

[④] 参见刘建军《中国现代政治的成长》，天津人民出版社2003年1月版，第268—298页。

(二) 以"全民抗战"为标志的文化转型

1937 年开始的"全民抗战",再一次带动了政治文化转型,主要表现在以下几个方面:

一是"救亡图存"成为关键,"灭族灭种"迫在眉睫,全民总动员不仅起到凝聚人心的作用,还刺激了国民意识的觉醒,增强了各民族的国家认同感。

二是国民党和共产党在大敌当前的形势下再次合作,在"抗日"的主题下形成了新的政治评价标准(坚持抗战,反对投降行为,打击汉奸等)和政治理想(取得反法西斯战争的全面胜利),政治价值的冲突,亦服从于抗战大局。

三是抗日战争的全面胜利,使中华民族重新找回了自信心,对重塑国民心态起了重要作用。

抗日战争结束后,国、共关系破裂,爆发了全面内战,并形成了思想、文化等领域的全面斗争,对立政治文化形态影响的消长,是 1945—1949 年中国政治文化的主要特征。

(三) 以"建立新中国"为标志的文化转型

1949 年中华人民共和国的建立,为中国带来了又一次重要的文化转型,可以从以下六个方面理解这次转型对中国政治文化的意义。

(1) 树立马克思主义的政治价值观。以马克思主义中国化为基础,毛泽东思想逐步形成,不仅为全社会确立了新思想、新风俗,还以新的价值体系构成了居社会主流地位的意识形态。①

(2) 确立共产主义理想。建设社会主义国家和迈向共产主义,成为新的政治理想,并且在这样的政治理想下,强化了公有制的地位,高度警惕"修正主义"等干扰国民的共同理想。

---

① 林尚立认为建国后毛泽东思想从一种社会意识形态被确立为一种国家意识形态,其基本内涵,一是在认知—解释体系方面,坚持马克思主义的世界观与方法论;二是在价值—信仰体系方面反对任何形式的剥削、压迫,坚持民主、自由、平等、独立和人的解放;三是在实践—行动体系方面对社会主义制度促进中国社会经济发展的优越性充满信心(《政治建设与国家成长》,第 244—245 页)。

（3）以"为人民服务"为新的政治评价标准。建国之后建立的各种机构，均冠以"人民"称号，如中国人民政治协商会议、人民代表大会、人民政府、人民法院、人民检察院等，就是要凸显政府的人民性，全面建立"为人民服务"的政治评判标准。与之相应的是人民民主专政，强调新政府的阶级属性，对人民内部矛盾和敌我矛盾加以明确区分。

（4）形成对领袖、国家与集体的共同认知和情感。"翻身"、"解放"和"人民当家做主"，一方面开始确立国民的"主人公"意识，另一方面将国民对共产党的"感恩"逐渐改变为对领袖的个人崇拜；经过"社会主义改造"和"人民公社化"，强化了国民对国家、集体的依赖程度，也使集体主义成为国民普遍接受的政治情感。

（5）服从动员性体制的政治态度。中国共产党依靠高度的民众动员推翻了国民党政权，在建立新政权之后，依然以动员性体制推动社会主义建设发展，国民亦很快适应了动员性体制，并表现出极大的参与热情和高度的服从性。由于这样的参与带有较大的"盲从"特征，使得在政治人格方面，人民主体意识缺乏成为突出的问题。

（6）政治社会化快速发展。为全面提高国民素质，中华人民共和国建立后采用的政治社会化途径，一是通过舆论、宣传，积极向国民灌输新思想、新文化、新理念，以增强国民的爱国主义意识，普遍提高"思想觉悟"；二是通过大规模的"扫盲"活动，提高基层群众的识字率和文化水平；三是通过学校教育，大力培养"有知识有文化的劳动者"，并在青少年教育中着重强调"又红又专"、"学习英雄"、集体主义等思想教育；四是通过各种政治运动，不断"锻炼"和教育群众。

（四）以"文化大革命"为标志的文化转型

1966—1976年的"文化大革命"，不仅是对中国传统政治文化的彻底否定，也是对中华人民共和国建立后十七年发展的政治文化的基本否定，[①] 具有以下基本特征：

[①] 中共中央党史研究室：《中国共产党历史》第二卷（1949—1978）指出，这场"大革命"绝不是马克思主义所讲的本来意义的文化革命，而是对中国文化的一场浩劫（中央党史出版社2011年1月版，下册，第968页）。

第一,"文化大革命"时期的政治意识,是以毛泽东思想为核心,强调"以阶级斗争为纲"和"造反有理",并且在个人崇拜盛行的气氛下,得到全社会的广泛认同。

第二,"文化大革命"时期的政治理想是"继续革命",不仅要反对"封资修",还要反对帝国主义和霸权主义,希望以中国为核心,将共产主义运动推向全世界。

第三,"文化大革命"时期的政治评价标准,一是"神话"毛泽东的价值评判,二是"以阶级斗争为纲"和"路线斗争"划线的评估体系,三是"斗私批修"的评判标准。

第四,"文化大革命"时期的政治认知和政治情感,突出表现为对领袖的个人崇拜和强烈的依附感情,以及对"脱离革命队伍"的"罪恶感"和"恐惧感"。

第五,"文化大革命"时期的政治态度,是以高度热情投入政治运动,自觉使用"大鸣、大放、大字报、大辩论"等政治参与方式,盲目遵循"最高指示"展开政治行动,较少思索运动带来的后果。

第六,"文化大革命"造成了中国国民严重的政治人格扭曲,不仅以"愚忠"、盲目服从等压抑了政治个性和政治理性,淡化了法制意识,还使国民产生了总体性的"文化缺失"和"文化饥渴"。

第七,"文化大革命"时期的政治社会化,几乎完全依赖于政治运动,连续的政治运动不仅使"运动疲劳症"日益明显,亦使政治运动的政治社会化功能大大减弱。尤其是具有代表性的"红卫兵运动"和"知识青年上山下乡运动",在最初都起到了全面动员青少年学生参与政治的作用,但都无法将这样的参与长期延续下去,并最终受到来自各方的质疑。[①]

(五) 以"真理标准讨论"为标志的文化转型

1978年展开的"真理标准讨论",开启了中国又一次思想解放运动,并促成了中国政治文化的再次转型,在政治意识、政治理想、政治评价、政治认知、政治情感、政治态度、政治社会化方面都出现了一些重要的

---

① 参见戚珩等《政治意识论》,第25—27、75—77页。

变化。

（1）多元文化、多元思想影响下的当代政治意识。改革开放以来，影响中国人政治意识的，既有中国传统文化和新传入的西方文化，也有中国传统政治思想、中国化的马克思主义思想和西方政治思想，所以"多元化"已经是中国当代政治意识的显著特征，基本没有异议。有不同意见的是，在"多元"之上，是否还存在"一元主导"，即马克思主义、毛泽东思想、邓小平理论和"三个代表"重要思想仍在中国政治文化中居于主导地位。我们可以认为依然存在"一元主导"，但是需要看到政治意识淡化已经成为当代中国政治文化的一个重要特征。政治意识淡化的主要表现，一是对主流思想的教化有一定的"疏离"感，相应地对主流思想也有了一定的"疏离"；二是普通民众对"主义之争"、"道路之争"、"左右派之争"等的兴趣越来越淡化，思想"去政治化"的趋势越来越明显；三是民众对纯粹的集体主义价值观的认同已经越来越低，集体主义的理念可能正被"兼顾集体与个人利益"的理念所替代；四是无论对民主，还是对法治，公民都有较高的期盼，但是对现实生活中的民主、法治发展，又都有一定程度的不满，反映出一种强烈的反差和无奈情绪，实质上是全民性的对民主与法治的信心不足。如果说现代化进程离不开民主意识与法治意识，信心不足与这两种意识的淡漠应该只是不同的表述方式而已。

（2）政治理想的现实化趋势。中国普通民众的政治理想，一方面不再拘泥于社会主义、共产主义的理想观念，另一方面也不一定拘泥于"口号式"的"共同理想"，而是以更现实的态度构建了一种看似简单的"理想逻辑"：基于改革开放给中国带来了巨大的发展，增强了中国人的民族自信心和自豪感，亦使爱国主义有了更实际和更值得肯定的内容，并对未来的发展有一定的信心。这样的理想境界，与"口号式"的"共同理想"基本合拍，但两者毕竟有一个重要的区别，即前者是普通民众自我认识的结果，后者是高层或知识界自上而下向民众灌输的理念；理念的灌输会起一定作用，但民众的自我认识更可靠。对政治理想的冲突，还可以作进一步的讨论，但是更应该关注政治理想的现实化趋势，因为理解了这样的趋势，才能对中国当代的政治价值观作出更合理的解释。

（3）多样化的政治评价。改革开放之后，人们不再相信"唯一正确"的政治评价标准，出现了政治评价多样化的局面，典型的说法就是"端起碗吃肉，放下筷子骂娘"；"吃肉"表示认同，可视为对已有发展成果的肯定；吃完开始"骂娘"，显示还是对很多事情不满意。这恰恰说明，无论是对领导人的作为，对政府的行为，还是对中国的政治发展，都会有完全不同的评价，并且在政治评价方面出现了两套评价体系。第一套评价体系来自主政者，包括中国共产党、中国政府建立的各种评价系统，如中国共产党对党员和党的领导干部的评判标准，政府对公务员、政府部门及下级政府的评判标准，以及对施政绩效的各种评判标准等，主要采用自上而下的内部评审方法，有时也吸纳部分民众参与评估。第二套评价体系来自普通民众，民众中的每个个体对各种政治现象可能有不同的评价，一些学者或一些机构通过访谈、问卷调查等方法，了解民众的政治评价情况。换言之，中国学者构建的各种政治评价标准，主要是以自下而上的方法反映民众的政治评价状况。两套评价体系面临的一个共同问题是，在政治评价中应该偏重道德评判还是应该偏重绩效评判。中国古代偏重道德评判，这一因素一直延续下来，在第一套评价体系中仍占据重要地位，只是将"道德至上"的评价标准替换成了"原则至上"的政治评价标准，绩效服从于原则。正如周光辉所说，长期以来，按照社会上流行的观点，中国各级公职人员（国家干部）一直被看成是有着崇高的理想目标、高尚的道德观念、没有独立的个人利益并富于自我牺牲精神的道德主体，这种观念的哲学基础是一种具有鲜明的道德善恶区分的阶级论，同时也得到了来自于以伦理中心主义为核心内容的儒家传统文化的滋养。正是在这种阶级论基础上所形成的对权力主体性质的认定，导致了在对权力主体的行为调节方面一直强调道德自律和"思想教育"，忽视了外在制约机制的建设。[①]第二套评价体系则明显偏重绩效评判，甚至通过绩效评判衡量评判对象的道德水准，道德服从于绩效，服从于现实表现。对于道德评判与绩效评判的关系，因为实证调查涉及得较少，还需要作进一步研究，但对两套评价体系的初步结论应该是成立的。

（4）政治认知的发展。对改革开放以来中国公民的政治认知，学术界有一些不同的看法。一种看法是政治认知判断从情绪化逐步向理性化转变，主要有三种表现，一是邓小平理论成为主流政治文化的旗帜，情绪化的"左"倾教条走向式微；二是知识分子的大多数已经从改革开放初期

[①] 周光辉：《论公共权力的合法性》，第230—236页。

的浪漫亢奋状态中摆脱出来，全盘西化式的政治情绪已经没有多少市场；三是中国政府对情绪化的民族主义进行了理性引导，使其没有造成大的社会政治动荡。① 另一种看法是中国社会面对悠久的中华文明、社会主义理论和实践以及西方民主理论，形成了复杂的政治心理，并有两个特性异常清晰，一是"急于求成"，二是"法不责众"，并由此导出了矛盾的政治行为。② 还有一种看法是改革开放后中国人的政治认知有所进步，对政治本身开始有越来越科学化、理性化的认知，对政治体系的象征、政治输出与输入和自我政治角色有越来越具体、深入的了解，对政治信息的取舍也由被动接受型逐步向主动探讨型转移，但总体上政治认知不足和政治认知能力与层次较低，并在一部分人中存在着一些政治偏见。③

（5）政治情感的变化。改革开放以后，中国人的政治情感发生了重大变化，主要表现为摒弃领袖或政治权威崇拜，出现"崇拜世俗化"趋势，并通过生活满意度或幸福感逐步强化了对国家的归属感。中国民众的生活满意度和幸福感，可能有四个来源：一是来自"英明的领袖"，在个人崇拜已经淡化的今天，应该已经没有多少人相信这样的说法。二是来自可靠的制度，以良好的制度形态为国民带来了幸福生活的保障，或至少为每个国民提供了平等发展的机会，中国今天的制度建设显然还未达到这一水平，否则对政府的公共服务等就不会有偏低的评价。三是来自民主，只要有民主权利和广泛的民主参与机会，就能够达到普遍的满意和幸福，可以不管经济发展水平高低和生活是否富裕，现实的中国人显然不会这么想。四是来自"正确的领导"和"好政策"，生活水平的提高和幸福指数实质上都依赖于"政策对头"；或者换个说法，是党和政府的好政策使中国走上了改革开放的正确道路，彻底改变了中国人民的生活状态，并由此凝聚了人心，形成了对国家较强的归属感和眷念感。对第四个来源，可以称之为国民的"政策依赖性"，即个人乃至国家的发展，在很大程度上依赖于政策；对政策的依赖性，大大高于对具体领导人、制度或民主的依赖。中国民众是否普遍存在"政策依赖性"，是本书重点关注的问题，后

---

① 佟玉华、马继东、徐琦：《社会转型期政治发展与民主政治建设》，中国社会科学出版社2009年6月版，第259—261页。
② 黄建钢：《政治民主与群体心态》，中信出版社2003年8月版，第108—115页。
③ 陈义平：《政治人：模铸与发展——中国社会转型期的公民政治分析》，安徽大学出版社2002年9月版，第160—162页。

面还会专门讨论这一问题。

（6）政治态度的基本特征。中国人政治态度的变化，可以用两个重要指标测量。一是对政治是否关心，即政治敏感性的指标。二是愿意不愿意参与政治，即对政治抱积极态度还是消极态度。从中国已有的调查结果看，中国公民的政治敏感性确实不是很高，尤其是将"关心政治"（代表个人倾向）和"议论政治"（代表"共享"倾向）区分开来，以后者衡量的政治敏感性更低，并且较多民众对政治持的是消极态度而不是积极态度。

（7）政治社会化的发展。当前中国公民的政治知识来源，依然主要是电视、广播、报纸，以及学校和家庭，互联网尽管已经发生一定的影响，但低于人们的预期，还没有成为整个社会的最主要政治信息来源渠道。学校、家庭及各种组织在政治社会化中的作用，还缺乏系统的评估。政治符号、政治仪式等在政治社会化中仍应起着重要的作用：一是对国旗、国歌等政治符号的认同，改革开放之后不但没有弱化，还有增强的趋势，甚至在特定时间段带有极强的民族主义意识，最具代表性的就是2008年奥运圣火在世界各国传递的时候，不仅国内的民众高度关注中国国旗在各国的"待遇"，海外华侨亦全面动员捍卫国家尊严，形成了世界性的"震动"。二是对各种重大的政治仪式，如国庆阅兵、全国悼念四川汶川地震灾区遇难者等，国民都会给予特别的关注或自觉的参与。三是对于各种政治运动和带有政治运动性质的各种活动，普通民众一般抱冷漠态度甚至带有较强的抵触情绪，原因是政治运动已经在中国人的记忆中打下了深刻的烙印，并对依然带有"运动"思维的各种活动有一定的疏离感。四是对各种"口号"已失去热情，"文化大革命"时的"口号满天飞"现象，在改革开放后并没有绝迹，只是使口号具有了"新时期"的特点；尽管还不断有人醉心于"创造"或"创新"口号，但是口号的感召力越来越弱，已经是不可否认的事实。

三 "两个不彻底"带来的问题

尽管近百年来中国已经有过五次重要的"文化转型"，但是在文化形态上，既缺乏对封建主义的彻底批判，也缺乏对"极左意识形态"的彻底批判，在一定程度上助长了一些人的"回归"期盼。

在中国的五次"文化转型"中，都有对封建主义的批判，但是都不够彻底，其中一个重要的原因是中国人怕丢掉自己的"文化传统"，使得一系列与传统政治文化有关的问题，依然对现代社会起着较大的困扰作用，我们不妨列出一些需要讨论的问题。

(1) 皇权主义在当代是否有替代形态。皇权主义或王权主义是传统政治意识的核心观念，在推翻封建统治之后，皇权随着皇帝的消失而泯灭，但是支撑皇权主义的家天下思想、极权思想等，还以不同形态延续下来，尤其是"家长制"作风和"唯上"观念等，在中国当代社会依然盛行。换言之，传统政治意识的核心观念和其他观念，与当代政治意识的关系还远未彻底理清。

(2) "大同"、"民本"、"均平"等传统政治理想，在当代社会是不是还应该坚持。尽管已经有人明确指出民本思想与当代民主思想有本质的不同，但是中国领导人最近提出的"以民为本"等政治理念，与民本思想可能有一定的渊源关系，需要做进一步的解释。"大同"思想包含的和谐社会理念，"均平"思想包含的平等理念，也都需要做更深入的探讨。

(3) 传统政治文化中伦理至上的政治评价标准，包含"德治"、"仁政"、"纲常"等内容，这些内容是否与现代政治评价标准完全格格不入。需要讨论的问题，不仅是传统的"德治"与今天提倡的"以德治国"的关系，还应研究"忠"、"孝"和仁政能否转变为现代政治标准等问题。

(4) 权力崇拜、等级意识与大国国民心态对当代政治认知的影响。权力崇拜和等级意识是传统政治认知的重要内容，在当代社会似乎已渐趋淡薄，但还不能说已经全无影响。以文化优越性为特征的大国国民心态，在近代受到严重挫折，但是在当代出现了"复兴"的势头；由此带来的问题是，大国国民心态的强化，到底是经济发展带来的，还是文化或文明"复兴"带来的；而更深刻的问题则是"中华民族的伟大复兴"到底是"复兴"什么，至今并没有给出令人满意的答复。

(5) 传统的以政治依附为特征的政治情感，在当代社会是否有根本性变化。传统中国社会以法、术、势等强化臣民的政治依附，造成臣民对国家力量的自卑、对国家君主的感恩情绪，各色臣民主体意识普遍缺失。现代社会的中国，是否还有较强的政治依附感，如果有的话，与传统的政治依附是否有内在联系，还需要进一步探讨。

(6) 以"修身"为代表的自我约束与调节，是中国传统政治态度的重要内容，这样的政治态度在当代社会能否转变为普遍的"自律"，更是需要重点研究的问题。①

中国共产党在"文化大革命"结束之后，只是指出了"文化大革命"的错误，既没有深究产生"文化大革命"的原因，也没有认真批判"极左意识形态"，更没有对全党乃至国民进行必要的教育，使其深刻地认识到不能再犯同样的错误。由此产生的问题，一是在政治意识方面，仍有不少人笃信"左比右好"或"宁左勿右"的信条，甚至不惜在现代社会重构"极左"的政治思想体系；二是对"文化大革命"作"无害化"处理之后，将"文化大革命"中的一些"成果"（如样板戏、赤脚医生、反腐败等）理想化，并以"语录"（箴言）、口号等重构"极左"的政治理想；三是有人希望以强制力量建立统一的政治评价标准，并以"极左"的政治标准否定改革开放以来构建的多元政治评估体系；四是在政治认知方面，仍有人对情绪化的"左"倾教条情有独钟，并希望以此来树立政治认知的"正确性"；五是有人希望强化对领袖或对权威的崇拜，重建"依附性"的国民政治情感；六是有人对"政治运动"仍有较强的偏好，尤其对"群众运动"抱有好感和幻想，希望以"运动"的形式来改变现代公民的参与行为和政治态度；七是在政治社会化中，将"唱红"、"匡正意识形态"等内容注入媒体宣传、学校教育和各种"组织活动"，使政治社会化服从于带有"极左"特征的政治文化的需要。

"两个不彻底"带来的各种问题，在"延续中华文明"和"发展先进文化"的大背景下，既可能被放大，也可能被缩小或者被彻底解决，这要取决于选择什么样的"文化范式"，下面我们就来讨论这一问题。

四　五种文化范式的选择

讨论"文化范式"之前，首先需要说明的是"文化决定论"的政治

---

① 中国文化"博大精深"，传统政治文化的影响，当然不只是列出的这六个问题，随着相关研究的进一步深入，还会揭示出更多的问题。如李艳丽已指出传统政治文化对当代中国的影响，伦理政治观表现为重伦常轻制度、重礼治轻法治、重宗族轻国家，权力本位的政治价值观表现为崇圣意识、子民心理，均平主义与崇公抑私的政治理念亦有所影响（《政治亚文化：影响当代中国政治发展的特殊因素分析》，武汉大学出版社2008年7月版，第139—176页）。

发展范式在中国并不一定存在,正如罗素·J. 多尔顿（Russell J. Dalton）所言,没有一致的证据显示文化的因果效应,通常政治文化研究以考察某个国家的政治观点为基础,这种研究设计很难将文化作用从其他诸多因素中隔离出来,单独研究它对某个国家的政治行为模式的影响。[①] 只要不过分强调文化或政治文化的"中心"或决定性作用,尤其是不过分依赖意识形态的作用,才可能对中国改革开放以来的政治文化作出符合实际的评价,才可能对与政治文化相关的"文化范式"作出合理的解释,因为这样的"文化范式"因"主流文化"的不同而有所不同,需要重点关注的就是"主流文化"的选择问题。

在中国的现代化进程中,可能有多种"文化范式"的选择,但具有代表性的应该是以下五种范式。

第一种范式是以儒家文化为主流文化,不仅强调传统文化的继承,还致力于"国学"的复兴和儒家文化适应于中国现代化的各种解释。但是无论对儒家文化的"现代性"作出何种解释,都无法回避一个根本性的问题,即支撑儒家文化的是封建主义的思想体系,这样的思想体系与中国的古代文明合拍,却基本不适应于中国现代文明的发展。中国尽管没有彻底批判封建主义,但当代政治文化绝不可能是封建主义传统政治文化的"回归"或"复兴",这应该是一个重要的前提,也是一种基本的常识,由此形成的应是对当代政治文化中"儒家文化核心地位"的否定。换言之,中国在改革开放的进程中,并没有选择张扬儒家文化的"文化范式",相应的,在政治文化发展中,带有较强的"去儒家文化影响"的基本取向;当然,"去儒家文化影响"是一个较漫长的过程,因此还需要认真解决我们前面所提到的各种问题。

第二种范式是以马克思主义为主流文化,不仅着重于马克思主义的中国化,还着重于以马克思主义为基础的先进文化的构建。改革开放以来,尽管中国出现了多元文化并存的现象,但主流文化依然是马克思主义文化形态,在这一点上应该较少异议。需要注意的是,坚持马克思主义的"文化范式",在政治文化层面需要注意防止两种"背离"马克思主义的倾向。一种"背离"是将马克思主义曲解为"极左"意识形态,要求

[①] 罗素·J. 多尔顿:《比较：政治学微观行为视角》,《政治科学新手册》第十三章,第481页。

"回归"到"文化大革命"式的政治文化形态；由于已经有人在近期作了这样的"背离"试点，使人们警醒"走回头路"确实可能构成对中国现代化进程的威胁。另一种"背离"是将马克思主义"教条化"或"庸俗化"，一方面将马克思主义以及马克思主义中国化的各种思想、理念变成一个个的"教条"，贯穿于宣传、教育、考试之中，以为只要有了这些"教条"就可以保证马克思主义的主流性；另一方面是将马克思主义"标签化"，生硬地贴在各种对中国问题的看法或解释上，"貌似"对马克思主义的发展，实质上是将马克思主义的发展引入"庸俗化"的歧途。我们在前面已经提到的改革开放以来出现的主流思想教化弱化趋势，应该与另一种"背离"有密切的关系。也就是说，中国改革开放以后依然以马克思主义为指导思想，并且希望构建与之相应的文化形态，应该是正确的选择，但是这样的选择既要认真面对多元文化的挑战，也要认真解决马克思主义自身发展面临的各种问题；相比之下，后者可能更为重要。

第三种范式是糅合儒家文化与马克思主义，构建中国的主流文化，既注重中国文化的传承性，也注重指导思想的正确性。这样的"文化范式"如果能够在中国成立，至少需要解决两个问题。第一个问题是儒家文化与马克思主义在思想和理论体系上是否具有"相通"或"相融"之处，可以被糅合。第二个问题是儒家文化必须有现代化的形态，才能与现代化进程中的马克思主义糅合。我们认为代表封建主义的儒家文化与代表社会主义、共产主义的马克思主义在思想和理论体系上没有"相通"或"相融"之处，儒家文化也没有现代化的形态，所以根本谈不上儒家文化与马克思主义的糅合。改革开放以来中国的政治文化发展，显然不是糅合儒家文化与马克思主义的结果。如果说有一种"文化范式"是糅合儒家文化与马克思主义，那么这样的范式只能停留在少数学者的"自吹自擂"水平上，不会成为中国的实际选择。

第四种范式是以西方文化为主流文化，彻底改造中国的文化体系。改革开放以后，"西方文化"（尤其是美国文化）以不同途径进入中国，给中国确实带来了一定的影响，并会使一些人产生全面引入西方文化的诉求。但是正如亨廷顿所言，重新确立文明认同的国家还没有成功的例证，"政治领导人傲慢地认为，他们可以从根本上重构他们社会的文化，这是注定要失败的。尽管他们能够引入西方文化的要素，他们却不能永远压制或消除本国文化的核心要素。反之，西方的病毒一旦植入另一个社会，便很难根除";"政治领导人能够创造历史,但他们不能逃避历史;他们造就了无所适从的国家,但却不能创造出西方社会。"① 中国只要不想成为"重新确定文明认同"的国家,自然就不会选择以西方文化作为主流文化的范式,改革开放的实践也已经证明了这一点。

第五种范式是将"网络文化"逐渐发展成主流文化,强调"新媒体"对文化形态的"改造功能"。随着互联网的发展,可能出现由"网络文化"或"网络民主"主导的政治发展范式,并出现以下变化:(1)计算机网络不仅改变了传统的文化传播方式,也对现有的文化形态或文化传统构成极大的挑战,加速文化的多元化或者文化的"转型"。(2)交流载体对社会全方位"渗入",借助快捷的网络联系系统,网民关注的不仅是文化问题,还有经济问题、社会问题、制度问题、民主问题、政党政治问题以及各种政策问题等,并在虚拟空间引发重大冲突。(3)虚拟空间的冲突"实化"甚至"政治化",一般意义的交流载体变为政治行动的倡导者和组织者,并且这样的行动,既可能引发社会冲突,也可能带来社会革命。(4)因社会冲突、社会革命或者由互联网导演的民主运动,改变既有的政党执政模式,引起制度、法律、政策等方面的变化,并且这样的变化可能得到来自国际力量的支持。(5)在塑造"文化——政治"相适应的新型体制中,计算机网络依然发挥重要的甚至是主导性的作用。2011年以来在北非和西亚出现的一系列事件,显示互联网主导或诱导的政治发展已经成为一种新的政治发展范式。这样的政治发展范式是否会在中国出现,当然是值得注意的问题,但更需要关注的应该是什么因素容易在虚拟空间引发重大冲突,并由此为"网络文化"引起的政治发展增加必要的前置性或主导性的因素。

五 当代中国政治文化的矛盾性及政策的影响

当代中国的政治文化,不仅每个方面内部都有一定的矛盾,各方面之间也存在着明显的矛盾,并且可以看出政策因素对政治文化各方面都有一

---

① [美]塞缪尔·P.亨廷顿:《文明的冲突与世界秩序的重建》,周琪等译,新华出版社2002年1月第3版,第146—147、166页。

定的影响。

在政治意识方面，不仅有文化的"一元主导"和"多元性"的矛盾，还有"正面教化"与"信仰多元化"的矛盾，集体主义与个人主义的矛盾，民主、法治认识与实践之间的落差等。政策对当代政治意识的影响，主要表现为"政策放开"与"思想解放"同步进行，尤其是政策主导下形成的利益多元化社会，为构建多元文化、多元思想的当代政治意识起了奠基作用。如果说政治意识淡化已经成为当代中国的一个显著特征，那么由"政策依赖性"反映出来的"政策意识"强化，则可能是当代中国的另一个显著特征。

在政治理想方面，不仅有社会主义、共产主义理想观念与非社会主义、非共产主义理想观念之间的冲突，还有"口号式"的"共同理想"与民众现实性理想的重大差距。尤其是中国公民的政治理想现实化，可以追根到公共政策，恰恰是公共政策为中国民众提供了"理想现实化"的条件，更符合民众要求的是政策保障下的"真实发展"的理想，而不是"口号式的共同理想"。

在政治评价方面，官方和民众的两套评价体系可能带来不同的评价结果，两套体系的"契合点"远少于"分歧点"。多样化的政策评价，也应该是中国当代多样化政治评价的一个组成部分。

在政治认知方面，既有政治理性与政治偏见的矛盾，也有对传统文化、外来文化的矛盾认知等。需要注意的是，政策认知也是中国民众政治认知的重要内容，只不过是在过去的研究中忽视了政策认知。

在政治情感方面，除权威崇拜与世俗崇拜的矛盾外，由生活满意度、幸福指数到"政策依赖性"的逻辑关系是否成立，可能引起争论。

在政治态度方面，既有"关心政治"与"谈论政治"之间的不匹配现象，也有对政治的积极态度与消极态度的矛盾等，但是民众的"政策敏感度"较强，对政策参与有较积极的态度。也就是说，泛言的政治态度消极，可能不能准确地说明中国民众的政治态度，加入政策因素后，才能给出更明确的结论。

在政治社会化方面，各种社会化途径还未形成良好的互动关系，尤其是对不同的政治符号和政治仪式，有完全不同的看法和做法。在政治社会化中，不能忽视公共政策的因素，在一般的政治信息和政策信息来源渠道趋同或接近的情况下，在学校教育中加强政策教育，已经是刻不容缓的任务。

　　反映在更高一层上，政治价值范畴内的总体呈淡化趋势的政治意识，与颇具积极意义的现实性的政治理想，形成较大的反差；政治理想与对现实政治的评价，亦有相当大的差距。政治心理范畴内总体偏低的政治认知水平，构建出了相互矛盾的政治情感（偏向积极）和政治态度（偏向消极）。甚至可以说，中国当代的政治文化，就是在各种因素的相互矛盾作用下成长起来的。这样的成长过程，既是政治发展在文化方面的体现，又对政治发展有所影响或制约：一方面可以为政治发展提供理解和支持，另一方面又可能对政治发展形成质疑、压力，甚至设置障碍。[①] 对当代中国政治文化与政治发展的关系，还有很多问题需要研究，本书目前所做的只是初步的归纳和整理工作。

[①] 关于政治文化与政治发展的关系，参见燕继荣《发展政治学》（第二版），第222—231页。

第七章 "公民社会"范式

以"社会因素"作为政治发展的核心要素或主导性因素，既需要注意中国社会结构的变化，更需要关注"公民社会"的政治发展范式是否适用于中国的问题。

一 "公民社会"研究涉及的主要问题

"公民社会"是英文"civil society"的中文译名，亦可译为"市民社会"、"民间社会"等。以公民社会的理论视角研究社会与国家的关系，根据艾里斯·马里恩·扬（Iris Marion Young）的归纳，主要关注的是公民结社和公民参与问题：公民社会由自愿的联合行动构成，包括了公民团体、非营利性服务组织以及其他组织，它们与政府和公司经济组织仅保持松散的联系；公民社会的行动确实需要一个能保障言论、结社和集会等自由的强大的自由国家，但是相比公民与国家决策机构的联系方式而言，公民社会的行动具有更加直接的参与性质；因此，倡导公民社会的理论家大多将公民社会视为民主得以深化和急速发展的领域，通过压缩国家的官僚化职能以及依据自愿的参与性组织来建构更多的社会生活领域，公民社会的公共领域能够而且应当得以扩大，这些组织也可以充当批评国家政策和行动的舞台。[①]

[①] 艾里斯·马里恩·扬：《政治理论：综述》，《政治科学新手册》第二十章，第698—699页。

公民的政治参与，不仅与公民社会的发展有密切关系，与政治发展也有密切的关系。正如派伊所言，政治发展的确包括大众对政治活动的普遍参与和介入。[①] 一般而言，一个国家公民政治参与的程度和水平越高，这个国家的政治发展程度就越高。[②] 公民政治参与有多种形式，如阿尔蒙德等人就列出了四种具有代表性的参与方式：（1）投票，参与选举。（2）非正式集团、社会运动。（3）个人利益联系。（4）抗议活动。公民政治参与是否会促生公民社会，阿尔蒙德亦给出了肯定的回答："社区团体、志愿协会甚至宗教团体，还有通过大众媒体和因特网对免费通讯和信息的获取方式，都是公民社会的重要部分。个体通过参与社团性和机构性集团而得以社会化，从而拥有各种政治技能和协作关系，这些都是运转良好的社会的一部分。人们学会了如何组织、表达自己的利益，也学会了如何跟他人合作以实现共同的目标；同时，也学到了重要的教训，那就是政治过程本身和它的直接结果一样重要。如果民主化要拥有成功的机会，那么许多欠发达的国家所面临的紧迫需要，就是发展社团性集团的公民社会，从而使公民参与政治过程并表达他们的利益。"[③]

公民社会的成长是否可以主导政治发展，形成"公民社会"的政治发展范式，也是研究者关注的问题，如波兰就曾出现过这样的政治发展范式。波兰的公民社会是指一个非强制性的活动领域，该领域不是由国家创立的，并且在事实上独立于国家。波兰的"伦理性公民社会"，是波兰式民主转型道路最有力量和最富创新的部分。"伦理性公民社会"思想有助于非常强大的政治反对派，形成"反政治的政治"的普遍性原则，其目标就在于创建一个独立于国家的自由空间。[④]

中国能否选择"公民社会"的政治发展范式，已成为一些学者关注的问题。在对改革开放以来中国社会的转型作出总体说明后，我们才能给出明确的答案。

---

① ［美］鲁恂·W. 派伊：《政治发展面面观》，第 63 页。
② 燕继荣主编：《发展政治学》（第二版），第 113 页。
③ ［美］阿尔蒙德、多尔顿、鲍威尔、斯特罗姆等：《当代比较政治学：世界视野》（第 8 版更新版），杨红伟、吴新叶、方卿、曾纪茂译，上海人民出版社 2010 年 2 月版，第 71—72、78—79 页。
④ ［美］胡安·林茨、阿尔弗莱德·斯泰潘：《民主转型与巩固的问题：南欧、南美和后共产主义欧洲》，孙龙等译，浙江人民出版社 2008 年 1 月版，第 276—278 页。

二 公民权利保障:社会转型的基础

英国政治学者基思·福克斯(Keith Faulks)指出,在我们分析公民社会与国家关系时,首先弄清楚"公民权利"的含义是非常重要的。这是因为公民权利决定了谁是某一国家的合法成员、谁对国家负有责任、谁的权利受到国家保护。公民权利还为公民社会中的个人交往提供了法律框架。不过,公民权利并不是单纯指一种法律身份,拥有公民权利往往还会带来可观的经济利益,这些利益关乎公共卫生保障、教育和社会保险等方方面面,一言以蔽之,就是"社会的公民权"。公民权利为所拥有此种身份的人提供了一种普遍的认同感,能够促进公民社会的团结,并把个人与国家联系在一起。公民权利不仅意味着一系列权利,而且包含着一连串责任。过于强调公民权利这个综合体中的某一个侧面(如自由主义者偏好权利,或者如社群主义者重视责任),会导致权利和责任之间的相互依赖关系丧失。要实现公民权利,最重要的是创造出行使这些权利、履行这些责任的环境。有效的公民权利不是被动的,它要求所有人都能参与政治,并且尽其所能。[1]

英国、美国等西方国家经过资产阶级革命,确立了"天赋人权"的准则,在公民权利方面仍然会遇到较大问题,尤其是当国家体制和资本主义面临各种危机的时候,公民权利就可能改变,如在经济萧条时期更加强调"市场权利",甚至牺牲以税收为基础的社会权利也在所不惜。[2] 中国由封建社会过渡到社会主义社会,权利问题没有得到很好的解决,政法界对公民的认知也存在三种片面性,一是认为公民只是有本国国籍的人,而不强调公民的本质是享有公民权的法律资格;二是对公民多侧重其义务主体身份,而忽视其权利主体资格,只是行政权的相对人,而不是政府服务的对象,只是服从行政决定和命令的客体,而不是对政府进行监督的主体;三是在对人民群众进行"公民教育"时,往往偏重公民的义务意识、

---

[1] [英] 基思·福克斯:《政治社会学》,陈崎、耿喜梅、肖咏梅译,华夏出版社2008年4月版,第102—103、111、117页。

[2] 同上书,第110—111页。

守法意识和道德意识的培养，忽视提高公民的权利意识、参与管理国家和社会事务的意识。① 所以在研究中国的国家与社会问题时，不能不关注公民权利问题。

本书第四章已经指出，经过改革开放三十余年的"公民充权"，中国公民对权利重要性的认知已经达到较高水平。将权利认知和权利保障结合起来，观察中国公民的法律权利、政治权利、经济权利、社会权利、文化权利五类权利，显示的应是20世纪80—90年代法律权利的认知和保障水平最高，经济权利居中，政治权利的认知和保障水平最低；21世纪的前10年，五类权利的认知和保障水平由高到低的排序应是法律权利、社会权利、经济权利、政治权利、文化权利。② 2011—2012年的调查则显示，五类权利保障水平由高到低的排序应是法律权利、经济权利、社会权利、文化权利、政治权利。

应该承认，中国在公民权利保障方面还需要有进一步的发展，才能满足现代社会的需求。但是为公民"赋权"或"充权"，作为社会转型的基础，已经发挥了重要的作用（如赋予农民和城镇居民经营自主权，不仅改变了生产经营方式，也改变了经济组织；再如赋予公民自由流动的权利，对城乡社会组织的变化都有重要的影响），这显然是不能忽略的事实。

三　多种形式的公民参与：社会转型的动力

中国学者在公民社会研究中，同样关注公民参与的研究，因为公民的积极参与，是推动社会转型的重要动力。

改革开放以来中国公民在经济领域的各种参与，尤其是个体经营和基于个体的经济机会的选择，以及为维护经济权益所做的各种努力，已经成为中国经济发展的一个重要的动力源。如何保护这样的动力源，为公民的"经济参与"提供更多的机会和"公平的待遇"，已经成为决策部门不能

---

① 郭道晖：《社会权力与公民社会》，凤凰传媒出版集团、译林出版社2009年12月版，第254页。

② 关于中国公民各项权利的调查情况等，见史卫民《"政策主导型"的渐进式改革——改革开放以来中国政治发展的因素分析》，第345—381页。

不认真考虑的问题。

中国公民的政治参与，大致可以分为六种类型：（1）选举参与，主要是县、乡两级人大代表选举及村民委员会、城镇社区居民委员会选举的参与；（2）政策参与，主要是参与各种政策方案讨论以及反映各种政策问题等；（3）自治参与，即村民自治中的村民参与以及城镇社区居民自治中的居民参与；（4）社团参与，主要涉及公民参与工会、妇联、共青团等人民团体和其他社会组织的活动；（5）维权参与，即以上访、集会等形式进行维权活动；（6）网络参与，专指公民在互联网上发表个人意见。

2012年的全国性"中国公民政治文化"问卷调查显示，在以上六类参与哪一类参与对自己最重要方面，全体被调查者中选择"选举参与"的人最多，占45.96%；其次是"自治参与"，占18.71%；第三是"社团参与"，占11.83%；第四是"维权参与"，占10.50%；第五是"政策参与"，占8.90%；选择"网络参与"的人最少，只占4.10%。在六类参与哪一类参与最能发挥自己作用方面，全体被调查者中同样是选择"选举参与"的人最多，占42.34%；其次是"自治参与"，占20.58%；第三是"社团参与"，占12.47%；第四是"维权参与"，占9.97%；第五是"政策参与"，占9.11%；选择"网络参与"的人最少，只占5.26%。此次问卷调查还对被调查者的"政治参与认知"和"实际政治参与"（分值均为5分）水平进行了测试，显示"政治参与认知"的平均分值为3.10分，"实际政治参与"的平均分值为3.08分，都不是很高。[①]

除了经济参与和政治参与外，中国公民还有各种社会参与（如参与社会互助及各种志愿者活动）和文化参与（如参与各种文体活动等）行为，但学者一般将社会参与和文化参与归为"社会组织"的参与，下面我们就来讨论与此相关的问题。

四 与政府合作的社会组织：社会转型的重要载体

中国的社会组织是指在民政部门登记的各种组织，并不完全等同于学

[①] 《中国公民政治参与报告（2013）》，第29—30页。

者经常使用的"民间组织"或"第三部门",但是不少学者所说的民间组织或"第三部门",实际上就是社会组织。中国的社会组织大致分为社会团体、民办非企业单位和基金会三大类别。1988年,全国的社会组织4446个,1998年达到165600个,2011年达到461971个。2011年的全国社会组织数是1988年的104倍,是1998年的2.79倍。2011年全国共有社会团体254969个,占社会组织总数的55.19%;共有民办非企业单位204388个,占社会组织总数的44.24%;共有基金会2614个,占社会组织总数的0.57%;中央级社会组织2063个,占社会组织总数的0.45%;地方级社会组织459908个,占社会组织总数的99.55%;全国社会组织共有职工5992765人,其中女性1495862人,占24.96%;社会团体职工3630298人(每个团体平均14人),占社会组织职工总数的60.58%;民办非企业单位职工2348326人(每个单位平均11人),占社会组织职工总数的39.19%;基金会职工14141人(每个基金会平均4人),占社会组织职工总数的0.23%。社会组织超过40000个的只有山东一个省份,在30000—40000个之间的有江苏、广东、四川三个省份,在20000—30000个之间的有浙江、河南、湖北三个省份。[①] 尽管中国社会组织发展较快,但是与13亿的人口大国相比,社会组织不仅数目过少,规模也偏小,社会组织发育不足应是不可回避的现实状况。有人已经明确指出,中国的社会组织(民间组织)管理体制表现出强烈的限制和控制特征,其发展面临注册困境、定位困境、人才困境、资金困境、知识困境、信任困境、参与困境、监管困境八大困境。[②]

对中国社会组织在参与公共事务等方面的作用,中国学者基本持肯定态度。如何增科认为民间组织发挥的作用,一是通过从事行业管理、中介服务、吸纳就业等方式促进了经济发展和市场经济体制的完善;二是通过反映利益诉求、动员公众有序参与、协同管理公共事务等方式促进了民主政治建设;三是通过提供公益服务、社会救助等方式促进了和谐社会建

---

① 《中国统计年鉴,2012》,第866页。
② 何增科:《公民社会与民主治理》,中央编译出版社2007年11月版,第137—141页。李萌等人认为中国民间组织发展存在的问题,一是实施"双重管理体制",使民间组织对政府依赖性过强;二是民间组织管理的法制化程度低;三是民间组织收入结构单一,限制了资金来源;四是民间组织自我管理水平低下;五是民间组织发展不平衡(李萌、张克剑、王灿发、焦云霞:《中国民间组织:研究综述》,载黄晓勇主编《中国民间组织报告(2008)》,社会科学文献2008年9月版,第55—85页)。

设；四是通过举办教育、科技、文化事业和传播先进理念等方式促进了先进文化的发展；五是通过积极参与国际活动、开展民间外交维护了中国的国家利益。① 贾西津则将非政府组织的参与分成三个层次，一是结构性参与，表现为民主选举和人民代表大会制度参与中公民组织的薄弱和思想库的张力；二是政策性参与已成为非政府组织倡导的空间；三是参与式治理成为公民权利的新生长点。② 尽管已经有不少积极或正面的评价，但中国社会组织参与不足仍是普遍存在的问题，参与效果明显的案例并不多。在中国社会组织发展并不充分的现实条件下，显然不能对此提出过高的要求。

从学者的问卷调查数据看，中国公民的"结社"意愿和参加社会组织（民间组织）的意愿相当弱。如北京大学中国国情研究中心2008年的"中国公民意识调查"显示，尽管有91%的受访者认为参加民间团体不会受到限制，只有9%的受访者认为会受到限制；但受访者92.9%不是工会成员，98.7%不是商会、协会、私协、行业协会会员，98.4%不是职业协会、学会会员，95.1%不是体育或娱乐团体成员，97.1%不是同乡会成员。③ 该中心2008年的"公民文化与和谐社会调查"亦显示，受访者只有1.16%参加了商会、个协会、私协、行业协会，1.38%参加了职业协会、学会，1.41%参加了教堂或其他宗教组织，4.13%参加了体育或娱乐组织，3.37%参加了邻里或社区组织，2.20%参加了其他志愿组织或社会组织。④

社会组织（民间组织）是中国学者研究中国公民社会的重点领域，一些学者的公民社会研究，实际上就是社会组织（民间组织）研究。⑤ 在中国的社会转型中，社会组织确实起了重要的（但不是唯一的）载体作用，但是多数学者将社会组织的功能限定为与政府合作，而不是

---

① 何增科：《公民社会与民主治理》，第118—119页。
② 贾西津主编：《中国公民参与案例与模式》，社会科学文献出版社2008年10月版，第7—15页。
③ 沈明明等：《中国公民意识调查数据报告（2008）》，第136—137页。
④ 严洁等：《公民文化与和谐社会调查数据报告》，社会科学文献出版社2010年8月版，第177—178页。
⑤ 如施雪华即将"中国公民社会"的基本结构分为基层自治组织、自治性社团、行业社团、学术团体、民间团体、企业组织、事业单位、政党和利益团体八个组成部分（《政治现代化比较研究》，武汉大学出版社2006年1月版，第132—134页）。

与政府对抗,如徐家良就明确指出社会团体是中国共产党和政府团结联系社会群众的桥梁和纽带,① 这与西方一些国家及波兰的情况显然是不同的。

五 臣民向公民的转换:社会转型的表征

改革开放以来中国的社会转型,最重要的应该是人的转型,即从所谓的"臣民",转向了真正意义的"公民"。

按照阿尔蒙德和维巴的解释,臣民对应的是政治系统中输出的、行政的或"向下流"的一面,缺乏特殊输入对象的取向和积极参与者的自我取向。臣民不参与制定法律,而且他的参与不涉及施加政治影响的问题,他参与时,总的政策已经制定,而且正在实施。臣民的能力主要是知道在法规管辖下自己有哪些权利;为了让政府官员作出反应,臣民多是求助,而不是要求。② 在中国长期的封建社会中,以农、工、商、士、官为代表的各色臣民,虽然有各自的特征,但主体精神丧失是共同的特征,③ 形成了根深蒂固的"盲目依附型"的政治人格。④

从推翻清朝政府到中华人民共和国成立(1911—1949年),中国社会有了较大变化,尽管"臣民"仍是中国的主要形态(这主要是就当时的国人仍缺乏主体精神而言),但是以阶级划分的群体意识的增强,以及"人民"概念的提出等,已经开始了由"臣民"向"人民"的过渡,这一过渡或"转型",在中华人民共和国建立后得以完成。⑤

中华人民共和国建立之后逐步确立的"人民"体系,具有以下特征:(1)人民具有相当强的阶级性。人民包括工人阶级、农民阶级、小资产阶级和民族资产阶级等,与之相对的是剥削阶级和"敌人"(有人亦称之为"非人民",包括一部分政治上的敌人以及一部分暂非敌人也不属于人

---

① 徐家良:《社会团体导论》,中国社会出版社2011年2月版,第36页。
② [美]阿尔蒙德、维巴:《公民文化——五个国家的政治态度和民主制》,第18、200—201页。
③ 金太军、王庆五:《中国传统政治文化新论》,第112—139页。
④ 佟玉华、马继东、徐琦:《社会转型期政治发展与民主政治建设》,第261—262页。
⑤ 关于"人民"概念的几次重要变化,见邱家军《代表谁?——选民与代表》,复旦大学出版社2010年3月版,第19—22页。

民的人),① 因此既要认真区分人民内部矛盾和敌我矛盾,也要坚持人民民主专政。(2) 人民享有管理国家的权利,不仅确立了以人民代表大会制度为代表的保证人民当家做主的政治制度,还要求普遍树立"为人民服务"的观念。② (3) "人民"在一定意义上被"群众"所替代,而"群众"不仅具有更广泛的含义,还形成了具有强烈的"国家本位"、"官本位"和"义务本位"倾向的"群众意识","群众"成为体现领导作风的公民,而不是享有平等的民主权利的公民。③ (4) 由于"政治分层"取代了经济分层或财产分层,并实行较"均等化"的收入分配政策,使社会身份如户籍身份、干部身份、工人身份、工作单位身份等具有重要地位,不仅形成了独具特色的"身份制",还构成了"整体型社会聚合体"(工人、农民、干部、知识分子是中国当时的四大社会聚合体)。④ 形式上或名义上人民具有的各种权利,不仅在新的社会结构中被分割,亦使人民总体的依附性不但没有弱化,反而有所强化。

改革开放之后,"人民"开始向"公民"过渡,重要的标志,一是开始落实公民的各项权利,并使公民权利观念和法律意识发生重大变化;⑤ 二是扩大公民的政治参与和社会参与,不断提升社会成员的自主意识和平等意识;三是打破了身份制的限制,以经济分层取代政治分层,不仅给予社会成员经济自主权,亦推动了新社会阶层的出现和发展;四是随着"单位"的转型,既有由"单位人"向"社会人"的转换,也出现了各种新的社会组织。当然,由人民向公民的转换,还正在进行中,这一过程还没有完结,中国还需要更系统的公民教育、更强的公民意识以及更有效的公民权利和公民参与的保障体制等。

由"人民"向公民的过渡,至少打破了中华人民共和国成立后形成的"两个阶级一个阶层"(工人阶级、农民阶级和知识分子阶层)基本框

---

① 陆学艺主编:《当代中国社会流动》,社会科学文献出版社 2004 年 7 月版,第 59—60 页。
② 参见徐宗华《现代化的政治文化维度》,人民出版社 2007 年 5 月版,第 323—329 页。
③ 周光辉:《论公共权力的合法性》,第 236—238 页。
④ 李强:《人民共和国 60 年的社会分层结构》,载潘维主编《中国模式:解读人民共和国的 60 年》,第 499—559 页。
⑤ 郭道晖指出,公民是享有参与国家公共事务的政治权利的国民,公民权的本质是作为政治人、公共人的公权利,公民权的核心是既参与又抗衡国家权力(《社会权力与公民社会》,第 255—264 页)。

架，在说明当代中国社会结构时，大多数学者已经更倾向于采用社会阶层的分析方法（尽管在如何划分阶层方面，还未形成统一的看法），而不是使用以往的阶级分析方法，原因在于适应新时期的需要，在此类问题的研究中更重视"功能论"而不是"冲突论"，注重社会分化的合理性，强调的是协调不同社会群体之间利益关系和社会整合的重要性。[①] 行业或职业以及与之相关的收入差距，不同区域之间的差距等，亦已成为社会转型中不得不关注的问题。

六 发展"公民的社会"：社会转型的阶段性目标

中国的传统社会以父权制的家庭为基本细胞，形成国家、社会、家庭（家族、宗族）的三角关系。在中国的现代化进程中，以家庭为社会基本细胞的形态逐渐改变为以个人为社会基本细胞的形态，形成了国家、社会、个人（公民）的新型三角关系。

在国家、社会、个人（公民）新型三角关系中，国家将个人塑造成公民，致力于构建国家与公民的直接联系，无论公共政策还是公共服务，都会重点考虑国家与公民的关系问题。在一个拥有十几亿人口的大国，建立国家与公民直接联系的成本过高，原来被认为不可能实现，但是借助当代科学技术手段，使不可能变成了可能，无论是个人所得税缴纳、"新三农政策"涉及的各种补贴，还是最低生活保障、医疗保险、养老保险等，都顺利地实现了公民个人与国家的关系对接。在构建国家与公民的直接联系中，各级政府尤其是中央政府无疑起了重要的作用，公民的合作也起了重要的作用（构建国家与公民的直接联系，尤其是为公民提供基本社会保障，不仅需要国家的支出，往往还需要公民个人承担一定的支出；公民乐意合作，一方面可能是基于中国文化传统的对国家权威的认可和信任，另一方面可能是基于当代多元文化的"理性"计算，相关问题还需要作进一步探讨）。

国家与公民建立直接联系，在一定程度上阻遏了公民与社会的结合，

[①] 陆学艺主编：《当代中国社会阶层研究报告》，社会科学文献出版社 2002 年 1 月版，第 5—7 页；参见吴忠民《走向公正的中国社会》，山东人民出版社 2008 年 4 月版，第 357—382 页。

不仅在短时间内难以形成与国家对立或合作的公民组织和公民社会,亦使各种组织形态的自治往往徒具形式。换言之,如果以公民社会的形成作为政治发展的目标,以公民作为社会基本细胞应该是一个带有前提性意义的重要步骤,但这一步骤完成后,可能出现不同的走向,或是国家与公民结合创造一个适应性的社会(当前形态,可以称为"公民的社会"形态),或是公民与社会结合创造一个适应性的国家(未来可能出现的"公民社会"形态),或是国家与社会结合管控公民(回到过去的"强国家"形态)。

"公民的社会"形态因强调国家、社会、个人(公民)的三角关系,与"公民社会"形态有较大的区别,"公民社会"形态强调的是国家与公民社会之间的关系,或者是国家、市场、公民社会的三角关系。[①] 以"公民的社会"视角研究中国社会转型,应从公民的基点出发,揭示公民与国家和公民与社会的关系,并最终说明国家和社会对公民的影响。以"公民社会"视角研究中国社会转型,则是以公民社会为基点,揭示公民社会与国家的关系,或者揭示公民社会与国家、市场的关系,可能恰恰忽视了对公民本身的研究。结合中国的实际情况,尽管改革开放以来中国社会有了重要的变化,但是还未形成公民社会,应该是多数人认同的看法。因此,以"公民社会"的理论视角解析中国社会,总是带有牵强的意味。如果改用"公民的社会"的理论视角,对中国社会的变化可以作出更符合实际的解释。

中国的社会转型,是一个"渐进"的过程。在这个"渐进"过程中,发展"公民的社会"应该成为一个阶段性目标,最理想的形态是形成"彰显服务精神并提供有效服务的国家——具有合作和包容能力的社会——理性的公民"的三角关系。为实现这一目标,培育"理性的公民"已经成为关键性因素,因为在国家与公民结合创造一个适应性的社会的过程中,国家更倚重于个体公民"理性成长"带来的整体效应;而如何培育"理性的公民",则将面临更多的具体问题。我们之所以在前文强调中国从人民向公民的转换还未完成,实际上就是要表明培育

---

① 蔡秀云等:《公共服务视角下的城市社区社会组织发展研究——从政府选择到社会选择的实现路径》,载国家民间组织管理局编《2011年中国社会组织理论研究文集》,中国社会出版社2012年4月版,第100—126页(第102—103页)。

"理性的公民"还需要付出更多的努力,而这正是发展"公民的社会"的核心所在。

七 "公民社会"范式:理想与现实的差距

由于在世界范围内确实出现过"公民社会"政治发展范式,因此可以为中国也"设计"一个这样的范式,即以日渐成熟的公民社会作为中国政治发展的核心因素或主导性因素,可能出现以下变化:经济快速增长大大提高了公民的收入(如人均收入超过 3000 美元),公民的自主意识不断增强;公民的社会组织不断壮大,不仅要求公民的自由和权利得到法律的保障(法治诉求),还要求给予公民更多的参与机会(民主诉求),进而要求改变阻碍公民社会发展的制度(制度诉求),挑战"正统"思想与威权意识(发展新型的公民文化或政治文化),并可能向对抗公民社会的政治力量采取行动(引发社会冲突甚至爆发革命),推动政党和国家快速"转型"(这样的"转型",在第三波民主化中不乏先例,能够得到来自国际力量的支持)。在这样的发展范式中,公共政策的作用并不明显,因为公民社会将不断挑战权威力量对政策的主导权和公正性,并且在要求制度变更中包含了变更政策模式的内容。

对于这样的政治发展范式,首先需要确定的是公民社会能否起到如此重要的作用,对此西方学者已经有不同的看法,如美国学者迈克尔·爱德华兹(Michael Edwards)就提出了以下观点:大多数发展中国家究竟是否存在市民社会,有人对此表示怀疑,他们把西方的热衷看作是把自由民主的价值观散布到其他国家的一个圈套,事实确实如此,是那些西方国家的作家使"市民社会"这个概念通俗化的。发展中国家真正的市民社会是碎片化的,大多数市民只有在危机时才会充满活力,并且各市民机构本身通常都是非民主与非合作的。各市民团体发挥统一的影响力,是一个反权力滥用的堡垒,是改变价值和行为的实践工具,如果事实情况真是如此,他们就必须把自己的事情处理得井井有条,成为他们想要创造的那个社会的真正典型,并更努力地与企业和政府协作,使全社会的价值观较少成为某一社会部门的财产,而是从整体上成为社会的明确特征。这个目标并不仅仅是一个强有力的市民社会，而是一个方方面面真正公正文明的社会。①

基于爱德华兹的看法，我们至少对"公民社会"的政治发展范式持一定的保留态度，因为中国能否发展出真正意义的"公民社会"还难以预言，并且发展出真正意义的"公民社会"，其作用也值得怀疑。更为重要的是，在中国的发展目标中，已经明确了社会建设的地位，但没有给予公民社会以合适的位置，原因在于对公民社会的理论和实践还缺乏认同，甚至有较多的疑虑。这样的问题，在短期内还难以解决。换言之，公民社会能否成为中国政治发展的明确目标，至少在今天得到的还是否定的答案。

经济发展水平与公民社会发展水平之间的关系，并不是十分清晰。在公民的权利意识、政治参与、社会组织等方面，不同区域尤其是经济发达地区与经济欠发达地区确实有差异，但经济发达地区并不是所有指数都高于经济欠发达地区。同样，按收入水平测量公民的权利意识、政治参与水平和加入社会组织的意愿，高收入阶层也不是所有指数都高于低收入阶层。如果说人均收入达到3000—4000美元将有助于公民社会的形成，北京、上海等已经达到了这样的收入标准，但很难说这两个城市已经是成熟的公民社会。对公民社会而言，经济发展应该是一个重要的因素，但经济的快速发展并不一定自然地催生公民社会，公民社会形成还要依赖于其他因素（在这方面，政治因素的作用应大于经济因素，否则中国多年的经济快速发展，早就应该形成公民社会了）。也就是说，即便发展公民社会能够成为明确的目标，对经济条件的要求依然需要作进一步的探讨。

公民社会的发展，如果只从社会组织发展一个维度看，没有高度发达的社会组织，很难发展为成熟的公民社会。何增科从八个方面对中国公民社会发展的制度环境进行评估，主要涉及的就是社会组织（民间组织）的发展问题。他的观点是：（1）中国政权和政治局面的稳定，为非政治性的民间组织发展提供了有利的制度环境，但是需要将控制型的管理转变为培育服务与监督机制并重的能促型管理；（2）中国民间组织管理的相

---

① ［美］迈克尔·爱德华兹：《积极的未来——21世纪的国际合作》，朱宁译，江西人民出版社2006年4月版，第176—178页。

关法律和政策法规还很不健全；（3）与民间组织相关的新、旧法规之间，既有一定的连续性，也有很大的差别；（4）一些政策法规不太适合民间组织的生存和发展，从而构成民间组织发展的制度性障碍；（5）民间组织对于政府管理民间组织的一些具体制度和政策缺乏普遍的认同；（6）民间组织管理的相关制度和政策尚未得到切实执行；（7）由于现行制度的缺陷，中国民间组织尚不完全具备组织性、非政府性、非营利性、自治性和志愿性等基本特征，具有明显的过渡时期组织的特征；（8）制度环境激励机制的缺陷、机会结构的扭曲和约束结构的缺陷，尤其是监管体制以限制和控制为政策取向，制约了民间组织的发展。[①] 受制度环境影响，中国社会组织短期内还难以充分发展，这是多数学者认同的现实状况；即便环境有所改善，使社会组织有较大发展甚至极大发展，但绝大多数组织可能仍然秉承的是与政府合作而不是与政府对抗的宗旨。这样的社会组织形态，确实很难催生出一个"独立于国家"的公民社会。

在中国的各社会群体中，谁是推动公民社会形成的主要力量，中国学者有不同看法，但是有三个群体经常被提及，一是私营企业主和个体经营者，二是中间阶层，三是知识分子群体。

私营企业主和个体经营者应属于两个阶层，但这两个阶层有较多相似特征，所以有人将它们划定在同一社会力量内，并估计这两个阶层在2007年已经达到4000万人。[②] 私营企业主、个体经营者在经济发展方面确实有重要的贡献，但他们是否已经有较强的阶层认同或阶层意识，学者还没有定论。私营企业主、个体经营者在权利意识、政治参与水平和社会组织程度方面是否明显高于其他群体，也还需要作进一步的研究才能得出结论。将私营企业主、个体经营者视为一个推动公民社会发展的重要力量，应能得到较多的赞同，但能否将其看作最主要的社会力量，还会引起争论。

"中间阶层"至今还是一个有争论的概念，并且在"中间阶层"中包括了前述的私营企业主阶层（甚至有人直接将中国的中间阶层对应为私营企业主群体），所以还不能断言"中间阶层"是推动中国公民社会发展的主要力量。尤其是从现实表现看，"中间阶层"并没有主动承担推动民

---

① 何增科：《公民社会与民主治理》，第121—131页。
② 李强：《人民共和国60年的社会分层结构》，第535—541页。

主政治等的发展；所谓"中间阶层"政治参与程度高，具有自动自发的民主意识，文明程度较高，自觉遵守社会公德与道德规范，生活方式比较接近等，都是出自人们对"中间阶层"的想象，而不是现实。① 与"中间阶层"接近的概念是"精英群体"，这一群体由经济精英、政治精英和知识精英组成。改革开放以后，三类精英同步发展，职业化程度和专业化水准越来越高，在社会经济生活中的地位越来越突出，三类精英之间利益结盟现象日渐明显，精英群体呈现出一定的自我封闭化和壁垒化倾向。② "精英群体"比"中间阶层"概念更模糊，并且"精英"在中国已经被一定程度"污名化"，难以被人们广泛接受，所以较少有人直言"精英群体"是推动公民社会的主要力量。

有人将知识分子群体区分为体制内知识分子和体制外知识分子，但是通过问卷调查等数据分析，显示体制内和体制外知识分子的差别远小于他们与非知识分子的差别。从总体上看，知识分子是最支持改革的阶层，并且更注重非物质层面的需求，会常常对政府保持批评姿态。相比之下，体制内知识分子比体制外知识分子和非知识分子的政治积极性高，可能成长为比体制外知识分子更为重要的改革推动力量。③ 如果知识分子群体是最支持改革的阶层，那么这个阶层是否对推动中国公民社会发展有强烈的兴趣，并主动充当建设公民社会主导力量的角色，还是需要深入探讨的问题。需要说明的是，知识分子的大多数亦可能被包括在"中间阶层"内，讨论"中间阶层"时会大量涉及知识分子问题。由此带来的问题是中国现在还有没有一个自我认同度较高的知识分子阶层，如果这样的阶层已经不存在，或者已经裂变为多个群体，就不能简单地以知识分子来笼统地说明其所起的作用。

推动中国公民社会发展的社会力量，还可能有农民工群体、城市居民群体、工人群体等。到底哪个群体在中国公民社会的成长过程中能够发挥更重要的作用，现在还是难以回答的问题，还需要做更长期的观察和更深入的研究。

由于在公民社会的作用、形成公民社会的经济条件、公民社会的组

---

① 沈晖：《当代中国中间阶层认同研究》，中国大百科全书出版社 2008 年 1 月版，第 134 页。

② 吴忠民：《走向公正的中国社会》，第 147—221 页。

③ 唐文方：《中国民意与公民社会》，中山大学出版社 2008 年 1 月版，第 145—169 页。

织形态、推动公民社会发展的主要力量等方面，还存在许多待解决的问题，所以"公民社会"的政治发展范式不仅在过去的三十余年中未被中国所选择，未来的某一时间是否会选择这样的发展范式，主要取决于全社会能否就公民社会的发展目标达成共识。换言之，"中国必将走向公民社会"作为一种理想型的目标，至少要解释清楚中国要什么样的公民社会、达到什么样的标准就能成为公民社会，以及这样的公民社会在中国的政治发展中将扮演什么样的角色等问题。不解决这些问题，公民社会仍然只会是一种与现实有巨大差距的理想，并且似乎是短期内难以实现的理想。

八 政策对社会转型的影响

中国改革开放以来的社会转型，按照我们的解释，正在构建的是"公民的社会"，而不是"公民社会"，那么在这样的转型中，显然不能忽视公共政策的影响。

构建"公民的社会"需要培育"理性公民"，为公民提供权利保障是培育"理性公民"的基础性工作。在讨论公民权利问题时，强调法治和制度的保障功能无疑是重要的，但是不能不看到政策对公民权利的支持功能，如经济政策对经营自主权、财产保护权的支持，社会政策对改变农民"二等公民"地位的支持等，都起了重要的"赋权"作用。甚至可以这样说，在中国公民的"充权"过程中，政策主要承担的是"赋权"作用，制度和法治主要承担的是"赋权"后的保障作用。这样的论点不一定适合所有的公民基本权利，但至少适用于一部分权利。

构建"公民的社会"会带来社会结构的变化。中国学者李强已明确提出了"政策群"主导中国社会结构变化的观点。他指出1978年十一届三中全会后实施的"政策群"，使政治分层的标准逐渐淡化，经济分层的地位上升，社会进行了重新的排列组合，知识分子的社会声望和社会地位全面提升；1992年邓小平南巡后的"政策群"，又使中国的社会结构发生重大变化，不仅形成"倒J字型"的社会结构，还出现了特殊获益者群体、普通获益者群体、利益相对受损群体和社会底层群体；2003年以来的"政策群",相对而言采用的是微调手段,对社会分层的影响还有待观察。[①] 改革开放以来,中国的社会结构发生了重大变化,已经是不争的事实;这种变化如果与政策有关,当然不会是由单一政策主导;引入"政策群"的概念,确实有助于该问题的解释。

提高公民的社会福利待遇和社会保障水平,是否有助于构建"公民的社会",可以从三个方面加以解释。

第一,新社会保障体系的建立,尤其是将农民纳入国家社会保障范围,对改变中国农民"二等公民"地位具有重要作用,而实行无差别的"国民待遇"或"公民待遇",本身就是社会的重大进步,亦可视为构建"公民的社会"的基本工程。

第二,在新社会保障制度下,除了城乡最低生活保障全部由政府提供经费外,其他制度如医疗、养老等,都需要公民个人承担一定的经费,由此使中国的城乡居民已经介入社会保障体系的构建过程,不但受惠于福利性措施,也承担一定的责任,并不断加深对相关政策的认知。在这样的公民与政府的互动关系中,公民不仅要对各种社会保障措施是否得力作出评价,也可能在此基础上,对政府的整体公共服务水平作出评价。从形成"公民的社会"的进程看,公民对政府的满意度高低并不是很重要,重要的是能够允许公民介入政策过程,能够进行选择,能够让公民对政策效果等提出自己的看法并作出自己的评判;新社会保障体系的建立和发展,恰恰是在实践这样的进程。

第三,各种社会福利性措施的推行,对于增强公民权利意识、提高公民参与水平和社会组织水平,并不一定会起到立竿见影的作用。以农民为例,在构建新社会保障体系之后,无论是在村民委员会选举、县乡人大代表选举还是在村民自治的参与方面,并没有出现跨越式的进步,在有些方面还有所退步。这样的现象说明,社会保障体系是"公民的社会"的一种基础性工程,而不是一种动力型工程,它并不一定直接激发民众的参与热情和维权意识,但它会给民众带来逐渐增强的归属感和认同感,而后者对构建"公民的社会"也具有重要的作用。

中国的社会转型需要动力支持,与其将推动中国社会转型的力量锁定

[①] 李强:《国家政策变量对于社会分层结构的重大影响》,"中国社会学网"2010年7月1日载文。

在某一阶层或某一群体（如私营企业主、中间阶层、知识分子群体等），还不如将中国公民看成是推动社会进步的整体力量。中国当代社会各阶层或各群体的利益尽管有所不同，但是在推动社会进步方面可以达成共识，并且每个阶层或群体中都不乏"先进分子"，都能以"精英"带动普通公民的方式助推社会进步，不断为社会发展注入活力。政策可以用不同方式激活社会力量，不断释放"政策活力"：（1）直接刺激个人，为公民个人发展提供政策支持，如以"联产承包制"刺激农民的生产积极性，以发展个体经济刺激城乡居民的创业热情等；（2）直接刺激企业或社会组织，对"优胜劣汰"的竞争给予政策支持，如中小企业改制、国有企业改革等，鼓励相关人员等"以发展谋生存"；（3）直接以"给政策"的方式刺激特定地区发展，如沿海地区开放和进行"特区"建设等，吸引不同社会群体共创发展机会；（4）以政策导向刺激社会，如支持股票市场、住房市场等发展，激发民众的投资热情等。改革开放初期，较多采用的是前三种方式（可以统称为"直接刺激"方式）；进入21世纪后，更多采用的是第四种方式（可以称为"间接刺激"方式）。由政策"直接刺激"或"间接刺激"产生的活力，不仅作用于经济领域，也作用于社会领域（或者可以说是先作用于经济领域，后作用于社会领域），成为社会转型的动力来源。"政策活力"显然不是中国社会某一阶层或某一群体所独有的，而是几乎涉及每个阶层或群体，涉及每个公民。中国社会的转型，尤其是"公民的社会"的发展，应该是社会各种力量（包括各阶层、各群体）"合力"推进的结果，公共政策对形成这样的"合力"，显然起了重要的刺激作用。

第八章 "社会冲突"范式

以"社会冲突"因素作为政治发展的主导性或诱导性因素,既需要关注社会冲突本身的问题,也需要关注政治危机、政治稳定等涉及的问题以及与之相关的政治发展范式。

一 社会冲突研究的几个重要理论视角

在社会冲突研究方面,已经有不少的理论,我们重点关注的是"社会冲突理论"、"社会分歧线理论"、"J 曲线革命爆发理论"、"大众社会理论"、"安全阀理论"等对研究中国社会冲突问题的重要启示。

"社会冲突理论"既关注社会冲突的性质和作用,也关注如何解决社会冲突问题。该理论代表人物之一的英国学者拉尔夫·达仁道夫(Ralf Dahrendorf)就提出了以下看法:"现代的社会冲突是一种应得权利和供给、政治和经济、公民权利和经济增长的对抗,也总是提出要求的群体和得到了满足的群体之间的一种冲突。冲突是由于权力分配引起的,而不是由于经济因素引起的,因此最好的办法是各利益集团各司其事,这样虽时常会有一些小冲突,但却限制了严重冲突的集中爆发。"[①]

"社会分歧线理论"又翻译为"冲突交叉论"或"冲突线理论",是由德国社会学家奇美尔、美国社会学家罗斯(Edward Ross)、美籍德国社

[①] [英] 拉尔夫·达仁道夫:《现代社会冲突》,林荣远译,中国社会科学出版社 2000 年 3 月版,第 3 页。

会学家考斯尔（Lewis A. Coser）发展的一种分析方法，强调的是单一社会分歧线将引起社会分裂和巨大的冲突，社会分歧线越多，社会被沿着许多方向的许多对立撕裂时，陷入暴力冲突和破裂的危险越小。[①]

美国学者戴维斯（James C. Davies）于1962年提出来的"J曲线革命爆发理论"，已经在本书第二章作了介绍。

对大众社会进行研究的有勒庞、阿伦特等，康恩豪斯（William Kornhauser）在1959年出版的《大众社会的政治》提出了"大众社会理论"，核心点是：（1）中间结构和集团的缺乏，使体制精英与社会联系薄弱，且直接受大众运动的渗透，亦使非精英与社会联系薄弱，并直接为大众导向的精英的动员所获。（2）大众文化价值标准的一致和易变，缺乏分殊而稳定的准则使精英和非精英都无所适从。（3）自我疏离的态度提供了个人对大众吁求的易受影响性。大众社会关键的因变量是社会体系对大众政治的易受攻击性。"对大众标志和领袖接受上的差异主要是由于社会联系的力量本身，而不是由于阶级的影响，或任何其他社会地位。"大众运动的各潜在支持者如下：自由流动的知识分子（与整合了的知识分子相对），小商人（与大商人相对），非熟练工人（与熟练工人相对），煤矿工人和渔民（与其他行业的工人相对），贫苦农民和农业工人（与富裕农民相对），年轻人（与年长者相对），政治冷漠者（与政治热情者相对）。[②]

美国学者科塞（Lewis A. Coser）对"安全阀理论"作了系统论证，指出没有一个社会能允许每一种敌对的要求或主张都立刻表达出来，当对抗所出自的社会关系仍保持完好无损时，社会提供了一种引导不满和敌意的机制。这种机制通过"安全阀"制度经常地发生作用。这种制度提供转移敌对感情的替代物，同样也是发泄侵略性倾向的替代物。安全阀制度引起行动者的目标转移，他的目标不再是对不满情形的解决，而只是发泄出由它引起的紧张。安全阀制度可以用来维护社会结构和个人的安全系统，但对二者又不是完全的功能性的，因为它们能够提供给个人的满足程度只是部分的和暂时的。[③]

---

① ［挪威］斯坦因·U. 拉尔森：《政治学理论与方法》，第283—299页。
② 同上书，第246—260页。
③ ［美］科塞：《社会冲突的功能》，孙立平等译，华夏出版社1989年4月版，第137—138页。

二 反映认同与危机关系的政治发展范式

现代化可能带来"现代的社会冲突",① 甚至出现各种危机。"危机"有不同的定义,在涉及政治发展的研究中,我们倾向于采用德国学者哈贝马斯(J. Habermas)对"危机"的定义:"当社会系统结构所能容许解决问题的可能性低于该系统继续生存所必须的限度时,就会产生危机。从这个意义上说,危机就是系统整合的持续失调。"② 需要注意的是,危机与认同有密切的关系,如美国学者派伊认为一个社会要想成为现代化的民族国家,必须成功地解决"发展危机"问题,而"发展危机"应包括认同危机、合法性危机、贯彻危机、参与危机、整合危机、分配危机六个重大危机;③ 哈贝马斯亦认为"认同危机与控制问题紧密相关";"在社会成员感觉到结构变化影响到了继续生存,感觉到他们的社会认同受到威胁时,我们才会说出现了危机";他还将危机划分成经济危机、合理性危机、合法性危机、动机危机等几种类型。④

参照派伊、哈贝马斯等人的论点,可以看到认同以及一些相关因素与危机之间的几种重要关系。

第一种是"身份认同"与"认同危机"的关系。派伊将"认同危机"视为六大危机中"第一个也是最根本的"危机,但是他所说的"认同危机",实际上是一种与"身份认同"有关的危机。正如他所指出的,"一个新国家中的人民必须把他们的国家领土视为家园,他们必须认识到作为个人,他们的人格认同在某种程度上是被其按领土划界的国家的认同定义的";"人们一旦感到处于两个世界之间,感到在社会上处于无根的状态,他们就不可能具有建立一个稳定、现代的民族国家所必需的那种坚定的认同了"。⑤ 阿尔蒙德则从对政体和国家基本忠诚的角度讨论民族自

---

① [英]拉尔夫·达仁道夫:《现代社会冲突》,第3页。
② [德]尤尔根·哈贝马斯:《合法化危机》,刘北成、曹卫东译,上海世纪出版集团2009年11月版,第4页。
③ [美]鲁恂·W. 派伊:《政治发展面面观》,第80—81页。
④ [德]尤尔根·哈贝马斯:《合法化危机》,第4—6、52—57页。
⑤ [美]鲁恂·W. 派伊:《政治发展面面观》,第81页。

豪感和国家认同问题，指出"在政治紧张的时期，这种共同的认同感和国家的历史往往是凝聚人心的纽带"。① 亨廷顿重点关注的是与"国民身份"有关的认同危机问题，认为国家特性/国民身份危机成了一个全球的现象。现代化、经济发展、城市化和全球化使得人民重新思考自己的特性/身份，既出现了将认同窄化到国民层次下的文化身份和地区身份的现象，也出现了广泛化的超国家认同现象。②

第二种是"体制认同"或"制度认同"与"合法性危机"的关系。派伊所指的"合法性危机"主要涉及"权威的合法性质"或"制度问题"，他强调的是"过渡社会里存在着一种深刻的权威危机，因为一切统治的努力都会受到来自不同人不同原因的挑战，领导人无法获得具有合法权威的全面的支配权力"。③ 阿尔蒙德使用的是"政府合法性"或"政治体系的合法性"概念，强调公民可能出于不同的原因承认某个政府的合法性，传统社会的合法性可以基于统治者对王位的继承，现代民主国家的合法性来自选举，其他政治文化国家的合法性可能来自意识形态、公民参与或特定的政策。阿尔蒙德还明确指出，在合法性低的体制中，人们往往诉诸暴力解决政治纠纷。④ 李普塞特强调的是政治制度的合法性，即公民对政治制度的公认程度。他还将"合法性"与"有效性"联系在一起，指出有效性是指实际的行动，即在大多数居民和大企业或武装力量这类有力量的团体看政府的基本功能时，政治系统满足这种功能的程度；合法性是指政治系统使人们产生和坚持现存政治制度是社会的最适宜制度之信仰的能力。有效性主要是工具性的，而合法性是评价性的。合法性的危机是变革的危机，它的根源必须从现代社会变革的性质中去寻求。⑤ 美国学者罗伯特·杰克曼（Robert W. Jackman）同样关注的是制度的合法性问题，他认为合法化的目的就是要使国民形成这样一种广泛认识，那就是对民族国家制度的归属感要和他对其他的组织的感情纽带一样强大，甚至更为强

---

① ［美］阿尔蒙德、多尔顿、鲍威尔、斯特罗姆等：《当代比较政治学：世界视野》，第54页。
② ［美］塞缪尔·亨廷顿：《我们是谁？美国国家特性面临的挑战》，程克雄译，新华出版社2005年1月版，第11—15页；［美］塞缪尔·亨廷顿：《失衡的承诺》，周端译，东方出版社2005年9月版，第27页。
③ ［美］鲁恂·W. 派伊：《政治发展面面观》，第81—82页。
④ ［美］阿尔蒙德、多尔顿、鲍威尔、斯特罗姆等：《当代比较政治学：世界视野》，第54—55页。
⑤ ［美］李普塞特：《政治人——政治的社会基础》，第16、55—60页。

大。用不同的话来说，合法化的目的就是要建立一种国民对民族国家及其制度的认同。①

第三种是"政策认同"与"贯彻危机"的关系。派伊列出的"贯彻危机"，主要涉及"政府深入社会与推行基本政策的问题"，正如他所说，"要推行有意义的发展政策，政府就必须能够深入到乡村的层次并关心人们的日常生活"；"贯彻的问题是政府为正常制度确立效力，以及在统治者与臣民之间建立信任和良好关系的问题"。② 哈贝马斯则将政治危机分为合理性危机与合法性危机两种，认为"政治系统需要尽可能投入不同的大众忠诚，所产出的则是由权力机构贯彻的行政决定。产出危机表现为合理性危机，即行政系统不能成功地协调和履行从经济系统那里获得的控制命令。投入危机则表现为合法性危机，即合法性系统无法在贯彻来自经济系统的控制命令时把大众忠诚维持在必要的水平上"。国家机器同时面临两项任务，一是必须征税并合理使用可供支配的税收，二是有选择的征税、税收使用的明显次序和行政运作本身都应该满足随时出现的合法性需求。如果国家不能完成第一项任务，就会出现行政合理性的欠缺；如果国家不能完成第二项任务，就会出现合法性的欠缺。尽管哈贝马斯明确指出合法性危机是一种直接的认同危机，并认为危机状态表现为社会制度的瓦解，但是他所说的合理性危机和合法性危机与派伊等人的"合法性危机"内容不同，实际上类似派伊的"贯彻危机"，因为哈贝马斯列出的"合理化危机"的特征是"行政系统不能提供必要数量的合理决策"，"合法性危机"的特征是"合法化系统不能提供必要数量的普遍动机机制"，③ 这两个特征实际上都与政府的公共政策有更直接的关系。美国学者戴维·E. 阿普特（David E. Apter）则明确指出了政策与合法性的关系，他认为政治价值可以分为目的价值和工具价值，这两种类型的价值均可以从合法性的角度进行研究。合法性的目的价值可以被描述为团结和认同，合法性的工具价值可以从政策制定的有效性方面进行讨论。④

---

① ［美］杰克曼：《不需暴力的权力——民族国家的政治能力》，欧阳景根译，天津人民出版社 2005 年 5 月版，第 124—128 页。
② ［美］鲁恂·W. 派伊：《政治发展面面观》，第 82—83 页。
③ ［德］尤尔根·哈贝马斯：《合法化危机》，第 5、53—57、68—69 页。
④ ［美］戴维·E. 阿普特：《现代化的政治》，陈尧译，上海世纪出版集团 2011 年 1 月版，第 199 页。

第四种是"文化认同"与"动机危机"的关系。哈贝马斯明确列出了"社会文化危机",并将这样的危机等同于"动机危机"。哈贝马斯认为经济系统和政治系统的危机倾向只有通过社会文化系统才能爆发出来,原因在于一个社会的社会整合依赖于这一系统的产出,直接依赖的是社会文化系统以合法化形式给政治系统提供动机,间接依赖的是社会文化系统向教育和就业系统输送劳动动机。社会文化系统所出现的总是产出危机,其基本特征就是社会文化系统不能产生必要数量的行为动机意义,具体表现是对于维持生存非常重要的传统遭到腐蚀,以及普遍主义的价值系统超载。[①] 亨廷顿则以"文明冲突"的视角看待文化认同问题,认为在后冷战的世界中,人民之间最重要的区别不是意识形态的、政治的或经济的,而是文化的区别。人们不仅用政治来促进他们的利益,而且还用它来界定自己的认同。民族国家仍然是世界事务中的主要因素,它们的行为像过去一样受到权力和财富追求的影响,但也受文化偏好、文化共性和文化差异的影响。文化的共性和差异影响了国家利益、对抗和联合。[②] 美国学者马克·霍华德·罗斯(Marc Howard Ross)亦认为"在许多分析中,文化在解释政治冲突和暴力的水平和形式上发挥了关键作用";"冲突是一种文化行为,因为文化构造着人民为何而斗、如何而斗、同谁而斗,以及冲突如何终结等"。[③]

第五种是"利益"与"整合危机"、"分配危机"的关系。按照派伊的观点,利益问题是与"整合危机"和"分配危机"密切相关的。"整合危机"表现为"在许多过渡体系里会存在许多不同的利益组合,但它们基本上都不是互动的,它们最多是各自向政府提出其独立的要求。政府必须同时对付所有这些要求。而与此同时,政府本身可能就不是很统一的。其结果是,整个政治体系中一般施政水平的低下";"分配危机"所要解决的问题就是"如何运用政府权力,以影响社会中的商品、服务和价值的分配问题",即"什么人将从政府获益,政府要给社会各方面带来更大的福利需要做些什么"。派伊还强调了"利益表达和综合"的重要性,认

[①] [德]尤尔根·哈贝马斯:《合法化危机》,第55—57、82—98页。
[②] [美]塞缪尔·亨廷顿:《文明的冲突与世界秩序的重建》,第6—9页。
[③] [美]马克·霍华德·罗斯:《比较政治分析中的文化和身份》,载[美]利希巴赫、朱克曼编《比较政治:理性、文化和结构》,储建国等译,中国人民大学出版社2008年12月版,第57—108页(第50、76—77页)。

为必须存在一个公开的过程，使利益能够得到表达并综合成为公共政策。① 阿尔蒙德也强调了"利益综合"的作用，认为"如何综合各种利益，是一国之政府为其公民、对其公民做些什么的重要决定因素，政府和政治最令我们感兴趣的诸因素，如稳定、革命、参与、福利、平等、自由、安全，都是利益综合模式的结果"；"利益综合过程的最终含义，可能在于政府的代表性和适应性以及由此产生的政府稳定性"。②

第六种是"政治参与"与"参与危机"的关系。派伊认为大众参与扩大的合理速度不确定，以及新参与进来的力量给现存体系带来严峻考验时，就会发生参与危机。"随着一部分新人进入政治过程，就会产生新的利益和新的问题，以至于原来的政策的连续性中断，这样一来就需要重建政治体系的全部结构了。"③

第七种是"发展认同"与"危机顺序"的关系。派伊认为国家的发展模式在很大程度上依赖于一种顺序，危机爆发也据此得到解决。危机既可以单独爆发，并依照认同危机——合法性危机——贯彻危机——参与危机——整合危机——分配危机的顺序爆发；危机也可能同时爆发或以"无序的模式"爆发。④ 哈贝马斯则认为社会系统的危机不是由于环境的突变，而是由于结构固有的系统命令彼此不能相容，不能按等级整合所造成的。哈贝马斯对于危机发生的逻辑解释是经济危机在前（周期性经济危机减弱为持久性危机），政治危机次之（经济危机被转移到政治系统中，产生合法性或合理性危机），最后是社会文化危机（文化系统不能满足政治系统所需要的动机）。⑤

以认同——冲突——危机的思路构建与"社会冲突"有关的政治发展范式，可能出现两种不同的过程。

第一种是以"革命"为标志的快速变化的过程，应包括以下内容：认同冲突引起全面的社会冲突，社会冲突进而演变为危机，导致革命（既可能是暴力的，也可能是非暴力的；既可能有强大的外力支持或介

---

① ［美］鲁恂·W. 派伊：《政治发展面面观》，第83—84、99—103页。
② ［美］阿尔蒙德、多尔顿、鲍威尔、斯特罗姆等：《当代比较政治学：世界视野》，第92—110页。
③ ［美］鲁恂·W. 派伊：《政治发展面面观》，第83页。
④ 同上书，第84—85、93页。
⑤ ［德］尤尔根·哈贝马斯：《合法化危机》，第4、99—100页。

入,也可能外力支持或介入较弱),革命不成功就不断革命,革命成功后重构制度、法律、社会,并在革命进程中发展政治文化;在这样的过程中,经济发展可能受到较大影响,公共政策的因素可以忽略不计,因为充其量公共政策只是公众不满的对象之一("政策认同"水平过低导致"贯彻危机"的出现),并且很快会把不满集中到制定公共政策的权威力量身上(因"制度认同"、"身份认同"等水平过低,产生总体性的"认同危机"或"合法性危机"等)。

第二种是以"动荡"为标志的慢速变化的过程,应包括以下内容:认同冲突引起一定范围的社会冲突甚至全面的社会冲突,但这样的社会冲突只是接近革命的临界点,还没有引发革命,形成较长时间的社会震荡,弱化既有的制度、法律和政策功能,并且在震荡中寻求出路,或者依赖公民社会成熟,或者依赖外力的介入,或者依赖民族主义的强化,其结果或是走向国家分裂,或是实现"民主化"、"半民主化",也可能走向"独裁"和"专制"。在这样的过程中,如何"重构"公民的认同,是不得不认真考虑的问题。

由冲突和缓解冲突、危机和解决危机组成的政治发展,可能使社会付出过大代价,因此政治稳定成为政治发展中重点研究的问题,因为政治稳定往往是政治发展的目标和条件,政治发展则是实现政治稳定的根本途径。[①] 如何有效地化解或弱化社会冲突,避免各种危机的出现,显然是中国现代化进程中不能不认真对待的问题。因此,有必要对改革开放以来的社会冲突情况作一些基本的梳理。

三 当代中国社会不同种类的冲突

改革开放以来,随着社会利益的多元化,社会冲突也有所发展,形成了不同种类的社会冲突。

经济利益冲突是社会冲突中最重要的一个类别,大量的上访事件和群体性事件与经济利益有直接关系。由于经济利益涉及面相当广泛,处置不当就可能引起纠纷甚至发展成社会冲突,所以经济利益冲突可以包括许多

---

① 燕继荣主编:《发展政治学》(第二版),第 235—236 页。

门类的冲突，但最主要的是四类冲突：（1）与工人经济利益相关的劳动争议等；（2）与农民经济利益相关的土地和集体收入争议等；（3）金融问题导致的争议，包括非法集资、金融机构尤其是地方小型金融机构发生支付危机以及因股市、房市涨落引起的纠纷等；（4）政府不当经济管理行为（如对企业、个体户等乱收费、乱罚款，以及乱收过路过桥费等）引发的争议。

中国当代的社会利益冲突虽然涉及面较广，但也有几种主要的冲突。一是因城市拆迁引起的冲突，不仅可能发生在大、中城市，也可能发生在小城市和城镇，还可能涉及农民的土地等问题。二是近年来中国的环境污染问题日趋严重，空气、水源甚至土地遭受严重污染后，往往变成严重的灾害，不仅引起受害人的强烈不满，还可能因政府处置不当，发展成集体抗议或抗争事件。三是社会治安问题处理不及时或有失公正，引起当事人及其他群众不满，甚至爆发冲突，近年来已经有不少典型案例。四是在社会保障方面，既有保障缺失或保障不到位引起的纠纷，也有社会保障延伸出来的问题引起的纠纷。五是社会利益冲突近年还出现了向"私人领域"渗透的趋势，在涉及个人隐私方面的不当介入，也在一定范围引起了争执。

对司法公正和司法效率的质疑，可能引发司法冲突。司法冲突不仅表现为上访，亦引发了不少群体性事件，已经成为人们不得不关注的重要问题。

民族冲突和宗教冲突也已经引起人们的广泛关注。中国民族之间的冲突，以非政治性的经济冲突、文化冲突（包括生活习俗方面的冲突）为主，主要是针对歧视少数民族的抗争，并且往往因偶发事件引起。这样的冲突，有的可能演变为政治性冲突。此外，国内外民族分裂势力亦会主导一些带有明显政治目的的冲突甚至恐怖袭击事件，危及国家统一、民族团结和社会安定。中国的宗教冲突，既有各宗教内部的教派冲突和不同宗教之间的冲突，也有信教者或不信教者之间的冲突，还有各宗教与宗教管理者之间的冲突，但是这些冲突大多不具有政治冲突的性质。将宗教问题与民族问题糅在一起的冲突，也并不一定带来政治冲突，但是在分裂势力和国外宗教势力影响下，可能转变为政治冲突。[①] 尽管"民族、宗教无小

[①] 对民族冲突和宗教冲突的具体分析，见中国行政管理学会课题组《中国群体性突发事件成因及对策》，国家行政学院出版社2009年7月版，第200—229页。

事",需要密切关注民族、宗教冲突的政治动向,但是过度强调这两种冲突的政治性,不利于社会稳定和政治发展,应在未来的研究中注意扭转这样的趋势。

中国现代社会在政治领域的冲突,除了民族和宗教冲突在一定范围内涉及政治问题外,主要是选举冲突。选举冲突既包括一般的选举中的纠纷(如关于选民资格、候选人资格、竞选方式、投票方式等的争议),也包括贿选、罢免、罢选等容易引起较大规模冲突的事件,还包括黑恶势力介入选举引发的事件等。总体而言,中国选举冲突的几率,直接选举高于间接选举;在各种直接选举中村民委员会选举冲突的几率最高,其次是县、乡人大代表选举,社区居民委员会选举冲突的几率最低。需要注意的是,选举冲突涉及的往往不只是选举中的问题,还会纠缠各种经济、社会因素,一些矛盾会因选举触发或升级,为此类冲突的解决增加了难度。

随着互联网的普及,在计算机网络承载的虚拟空间也出现了各种冲突,除了技术冲突(如网址、户名的冲突)、黑客攻击和涉及个人隐私的冲突外,网络上带有政治意义、社会意义的冲突大致可以分为五类。第一类是学术冲突,主要是因揭露学术腐败、学术不端行为等引起的争执,由于涉及一些学者尤其是知名学者的"名誉"、"道德"、"操守"等问题,往往形成两派甚至多派意见,并且能够在网络上成为热点问题。第二类是政策冲突,在网络上的政策讨论,尤其是涉及房市政策、股市政策、医疗政策、食品安全政策、药品安全政策等的讨论,不仅会出现不同观点,还经常有不同观点的激烈交锋,甚至包含人身攻击等。第三类是监督冲突,网民通过网络揭露腐败行为,揭示政府的不当管理行为,抨击社会不公正现象等,不仅涉及政府或政府部门,还往往大量涉及官员个人的行为,政府、官员的辩解以及网民的"穷追猛打",会导出大大小小的"网络事件",引起社会的关注。第四类是意识冲突,尤其是围绕毛泽东的评价、"文化大革命"的评价、对日本的评价、对美国的评价等,都会在网络上出现不同观点、意识的交锋,并且容易带出极端民族主义、民粹主义情绪和泄愤情感。第五类是上访冲突,由于一些党政部门开通了"网络上访",使网络也卷入了上访之中,并由此带来了三种争执或冲突。第一种是就"网络上访"的作用,有"肯定派"和"否定派"的争辩。第二种是通过"网络上访"揭示的事件,可能引起事件真、假之辩。第三种是以"网络上访"扩大事件的"知名度",有时会遭遇屏蔽与反屏蔽的冲突。需要特别注意的是，计算机网络承载的各种冲突，尤其是不同意见的表达，往往带有鲜明的"政治化"特征。中国的普通民众在现实社会中可以不谈或少谈政治问题，显示出较强的"政治冷漠"，但是在网络创造的虚拟空间中可以大谈政治问题，表现出极高的"政治热情"。这种看似矛盾的现象，一方面是由于现实生活中的意见表达会受到很多约束，在网络上则基本不受约束；另一方面也基本符合中国人不轻易表露自己政治观点的文化特性。但恰恰是这样的现象，使我们更难分析中国人的实际想法，更难对网络的社会作用作出准确的评估。

在分析中国社会冲突时，"官民冲突"是经常看到的词汇。所谓的"官民冲突"，不能只狭隘地理解为民众与政府的冲突，应该更宽泛地理解为管理者与被管理者之间的冲突，既包括各种组织、单位内部管理者与被管理者之间、上下级之间的冲突，也包括各种组织、单位与政府或政府部门的冲突，还包括民众与政府或政府部门的冲突。"官民冲突"既可能涉及经济利益、社会利益，也可能涉及领导者的工作作风、管理效率等问题，还可能因偶发事件引发对抗性行为，但其背后的主导性因素，或是社会公正问题，或是腐败问题，或是社会公正加腐败问题。这样的冲突因为加入了"官"的成分，往往需要更高一级的"官"来处理，不仅提高了解决问题的社会成本，还会出现一些意想不到的叠加问题。

中国的社会冲突，既有"非暴力冲突"的行为方式，包括集会、游行、和平示威、静坐、罢工、罢课、谈判、上访以及近年来新增的"散步"、"郊游"、"行为艺术"等形式；也有"暴力冲突"的行为方式，包括打、砸、抢、烧甚至开枪、杀人行为等。应该看到，"非暴力冲突"仍是主要形态，暴力冲突毕竟是少数，但有一些事件本来是非暴力冲突，最终演变成暴力冲突，就需要做认真研究，搞清楚是什么因素激化了矛盾，使冲突升级。尽管每个案例有所不同，但已有研究者指出，单从管理者——政府的角度反思，有两个事实值得关注，一是不管事件的起因和性质如何，党政权力机关总是成为社会不满的对象；二是政府处理不当，导致事态升级，由"小事"变成了"大事"。①

---

① 燕继荣：《群体事件频发的政治学解读》，《中国公共政策分析，2010 年卷》，第 136—155 页。

四 "积极冲突"与"消极冲突"

在中国社会冲突的研究中，已经有人引入了"工具性冲突"和"价值冲突"的分类方法。工具性冲突目标具体，议题明确，不冲击社会结构，组织资源较弱，没有明确的政治权力诉求，可导致局部性暴力冲突或治安骚乱，持续时间一般较短，可以产生释放敌意、明确社群、调和利益、整合社会等社会影响。价值冲突目标抽象，挑战社会结构与资源分配模式，组织资源较强，具有明确的政治权力诉求，可导致全局性的武装冲突，持续时间长，可以产生动员社群、集中权威、改变体制、重构社会等社会影响。[①]

我们认为还可以引入两个非规范化、学理化的概念，一个是"积极冲突"，另一个是"消极冲突"。

"积极冲突"是指有明确的政策指向、针对社会不公平现象的冲突，这样的冲突不管采用什么方式处理，拖多长时间，冲突中所揭示的问题都需要解决，并且问题的解决总体上说有利于社会进步。也就是说，对有些冲突的形式和冲突中的一些做法可能有人不认同，但是冲突所包含的积极意义不能否定，并且应该认真对待。按照这样的标准，中国当代的大多数或者绝大多数冲突，都应该列入"积极冲突"的范围。换成另一种说法，就是大多数冲突都属于"人民内部矛盾"，是人民根本利益一致基础上的矛盾，处理得好都会化消极因素为积极因素。[②]

"消极冲突"可以分为两种。一种是影响国家安全、国家利益的冲突，例如以分裂国家为主旨的冲突。这种冲突已经不属于"人民内部矛盾"，而是"敌我矛盾"，但是在中国的社会冲突中，这样的冲突毕竟较少。另一种是凸显个人极端利益或极端行为的冲突，如袭杀小学生、杀死家人等事件；这样的冲突虽然不能算作"敌我矛盾"，但是作为对抗社会的激烈行为，基本带来的是消极和负面影响，即便就每个个体而言可能有

---

① 于建嵘：《抗争性政治：中国政治社会学基本问题》，人民出版社2010年8月版，第22—24页。

② 中国行政管理学会课题组：《中国群体性突发事件成因及对策》，第5—6页。

"冤屈"，亦不能因此而纵容此类行为。

区分"积极冲突"与"消极冲突"，与区分人民内部矛盾和敌我矛盾一样，可以使我们对中国的社会冲突有更清晰的认识。在利益多元化的社会中，冲突是一种正常现象，中国改革开放以来社会冲突的加剧，并没有使中国崩溃，也没有因冲突导致"革命"，原因就在于"积极冲突"的正面意义正被越来越多的人所理解，中国社会已越来越适应、越来越包容"积极冲突"，并且对"消极冲突"有了更高的警惕性。

五 中国社会需要的七种安全

在解决社会问题、舒缓社会矛盾、缓解社会冲突方面，需要借鉴"社会冲突理论"，认真解决权利和供给方面存在的问题，并重点考虑为中国公民提供七种"安全"。

第一种是全民社会保障的人身利益安全。中国的社会保障体系，已经逐渐走向全民覆盖，但是失业保障、医疗、养老、住房等方面的"非商业"保障程度还普遍偏低，如何普遍提高"非商业"保障水平，并且有效衔接"非商业"保障和"商业"保障，已经成为不可忽视的问题。建立不带歧视性、普及城乡居民的社会保障体系，保障中国公民的基本人身利益，能否减少因保障缺失或保障不到位引起的纠纷，进而解决社会保障延伸出来的一些问题，还需要作进一步研究。但至少可以作出一个基本判断，就是新的社会保障体系在一定程度上减轻了民众在医疗、教育、养老、生活保障等方面的压力，提高了民众对社会政策的期望值和依赖性，对降低民众的"被剥夺感"或"被抛弃感"等应该起到了正面的作用。

第二种是收入分配保障的经济利益安全。尽管中国民众普遍看好中国经济的发展前景，但多数人认为在经济领域最为严重的问题不是发展速度问题，而是物价和收入分配问题，因为这两个问题都与公民个人有最为密切的关系。在宏观调控中，注重经济增速与物价增长的关系，已成为近年来的重要政策取向，取得了积极的政策效果，但是在收入分配政策方面，直到2010年才开始考虑全面调整各地的最低工资标准，已经凸显决策者对政策问题反应的迟缓；与这种迟缓对应的，就是2010年各地要求增加工资的事件陡然增加。在中国经济发展中，"廉价劳动力"带来增长"红利"曾是一个重要的因素，但是这种"剥夺"劳动者的做法，越来越可能成为引发纠纷或冲突的导火索，要拔掉这样的导火索，最优选择就是为劳动者构建基本经济利益安全保障体系，以最低工资标准保障劳动者在"一次分配"中的基本权益，并以社会保障手段等提高劳动者在"二次分配"中的地位。

第三种是司法公正保障的公民及社会群体安全。以司法公正保障公民及社会各群体的安全，如果与腐败问题联系在一起考虑，需要解决三个方面的问题。一是司法腐败问题，近年来不断发生的质疑甚至挑战司法公正的事件，不仅揭露出了大量的司法腐败现象，严重影响司法机构的公信力，也大大动摇了国民对建立法治社会的信心。二是官员腐败问题，尽管民众普遍认为官员腐败是影响中国社会的严重问题，并且对产生腐败的原因有一定认识，但是对于如何遏制官员腐败，似乎还没有找到最好的办法，因此对有效遏制官员腐败信心明显不足。在腐败问题上，长期以来"重教育"、"重道德约束"、"重个人申报"，对社会监督和司法监督不够重视，缺乏相应的制度安排，这样的局面显然应该改变。三是公民个人的腐败问题，由于公民个人参与"集体腐败"受到惩处的几率过低，使"民间的腐败"已经成为值得注意的现象；解决公民个人的腐败问题，不能完全依赖司法途径，因为这样的腐败往往只是"轻微违法"，但是以法律手段惩处一些腐败分子，至少可以对公民起到必要的警戒作用。

第四种是环境保护保障的公民生存安全。从近年处理的环境污染事件看，至少已经有了五条可用的经验：（1）增加环境保护的投入，逐渐改变环保欠债过多的局面，从整体上改变大气环境，保障用水安全和土壤安全等，在遏制环境继续变坏的同时，也减少了因环境问题引发冲突的几率。（2）建立严格的环境监管标准和有效的环境监督体系，可以起到"防患于未然"的作用，但是这方面的发展还不够理想。（3）已经全面建立的危机管理体系，在处置环境污染事件中发挥了重要的作用，不仅可以降低人们的生命、财产损失，也能在一定程度上减少抱怨，缓解对抗情绪；但是对于一些政府部门面对环境污染的"不作为"或相互推诿，还缺乏必要的惩处机制。（4）使民众享有知情权，对解决环境污染问题至关重要，不少纠纷和冲突都是由于有关人士掩盖事情真相，引起了民众的不满甚至对抗。及时由权威部门发布有关环境污染的真实消息，尤其是污染涉及的范围和危害程度等，不但可以遏制不必要的恐慌，还可以积极调动各方面的力量,共同应对环境危机问题。(5)鼓励民众的参与,除了鼓励环境保护志愿者的行为和加强民众的环保意识外,更重要的是为公民参与环境政策的讨论创造条件,并且对公民的环保维权行动采取包容而不是压制的态度,以谈判、协商、让步、补偿等方式解决问题。能否以公民广泛参与环境保护取代公民因环保问题掀起的集体抗争,关键就在于是否相信民众的自主精神。

第五种是民族团结保障的民族利益安全。因民族和宗教问题引发冲突的危险,对中国社会是严峻的考验。除了高度警惕分裂势力的渗透外,更重要的还是发展问题。为改变中国各少数民族"事实上的不平等"状况,不仅在西藏、新疆需要大量的投入和"对口支援",在其他少数民族地区也需要同样的投入和支援。快速提升各少数民族的经济和社会发展水平,提高少数民族的生活质量,尽快将各少数民族带入现代化门槛,才能夯实国家统一的基础,才能体现发展中的民族团结、民族平等和民族合作。

第六种是责任政府保障的被管理者利益安全。为减少"官民冲突",只强调政府的"服务"显然是不够的,还要强调管理者的"责任"。这样的责任,显然不应该是"压力型体制"下的"对上负责"的责任,而是对公众利益尤其是被管理者利益的"对下负责"的责任,因此小到基层组织和单位,大到各级政府,都有各自的"对民负责"的责任。要建立"对下负责"的责任体系,首先是明确责任,划清各级管理者的管理权限和相应的对下负责的责任;其次是建立履行责任的激励机制和监督机制,尤其是民众能够参与的监督机制;再次是实行有效的责任追究制度,使管理者深刻体会"危险职业"的责任性问题。按这样的要求,中国的"问责制"确实还有很长的路要走。

第七种是维稳系统保障的社会安全。中国已经建立的庞大"维稳系统",在保障社会稳定和公民安全方面发挥了重要作用,显然是值得肯定的。这样的系统除了注重防范危及国家安全、民族团结和重大刑事犯罪等外,还将压低信访数量、减少群体性事件等列入防范体系,甚至形成维稳"一票否决"的指标性压力,但实际效果并不理想,全国的信访量持续上升和群体性事件增密,显示仅靠"防"和"压"难以解决问题。要使"维稳系统"更有效发挥作用,应该有一个重要的转向,就是认真研究中国公共政策中的各种问题,使"维稳系统"中的各级政府和政府部门等了解城市和农村的突出政策问题和化解渠道,能够及时解决权利和供给带来的问题，减少引发冲突的矛盾。现在一些地方的信访部门工作重心"前移"，主动到民间收集情况，了解可能引发上访的问题，已经在"维稳系统"关注政策问题上跨出了重要一步，其他部门在未来的一段时间内，可能也会有相应的举措。换言之，"维稳系统"的"灭火功能"当然不能弱化，但同时还要强化的是该系统的"撤火功能"，而"撤火功能"能否发挥作用，关键就在于对政策的了解和把握。

六　注重社会"安全阀"的作用

借鉴科塞的"安全阀理论"，中国显然需要为社会建立必要的"泄愤"渠道，并保证"出气孔"的畅通。中国的计算机网络，已经在一定程度上承担了"出气孔"的功能，使民众可以在虚拟空间发泄怨气，自然会使网络上的冲突增多，但是这样的冲突与现实中的社会冲突有着相当大的距离，多一些这样的冲突更有益于社会，所以应该继续保持这一途径的畅通。至于以"散步"等方式表达公民意见，只要是平和的，不带有暴力色彩并直接危及其他公民利益，从"减压"的角度看问题，政府部门应该抱以宽容的态度，因为对中国社会而言，民众"泄愤"的渠道不是太多，而是太少；民众自发的和平的"泄愤"方式，应该得到的是保护而不是压制，因为越压制越可能出问题。

考虑中国的现实情况，还应该高度重视公共政策的社会"降压"、"抗压"功能。

公共政策的社会"降压"功能，主要体现在以政策改善公民的生存条件，为公民提供必要的发展条件和基本的生活、社会保障，整体降低民众的不满情绪或"被剥夺感"、"被遗弃感"，以此来化解可能产生重大社会冲突尤其是利益冲突的因素，降低冲突几率。在这方面，不同的公共政策所起的作用有所不同。

经济政策既在宏观上保障经济持续、健康发展，维护市场经济秩序，为整个社会的稳定和总体提高公民生活水平提供经济支持，也在微观上为公民个人在经济领域的发展提供政策支持，吸引更多的公民关注"发展"中的利益而不是"已有"的利益。由于物价政策、货币政策、税收政策等直接影响民众的生活和利益，所以政府在这些政策上始终持审慎态度，尽量避免因政策失误引起普遍不满甚至引起冲突事件。

经济政策较多地表现为以"间接"方式为社会"降压",社会政策则较多地体现为以"直接"方式为社会"降压",并至少可以在以下方面发挥积极作用:

第一,以就业政策干预"就业市场",不仅可以缓解城镇居民的就业压力,还能解决农村闲置劳动力的转移问题;尤其是"就业公平"的政策取向,还可能起到压低"就业歧视"带来不满情绪的作用;与之相应的还有失业救助政策,通过建立失业保险制度等,为失业人员提供政策支持,以减缓失业人员的生活压力等。

第二,以收入分配政策逐步提高公民的收入水平,尤其是普遍确立最低工资标准,保障劳动者的基本收入,尽管不一定能够改变中国社会各阶层的收入结构,但至少可以使低收入群体的状况有一定改变,降低他们的"被剥夺感"。

第三,以社会保障政策整体提高社会福利水平和社会保障水平,一方面用最低生活保障政策和扶贫政策等解决贫困问题,降低了"绝对贫困"导致民怨或民变的几率;另一方面以医疗制度改革、养老制度改革等渐次建立新的保障体系,为公民减轻来自医疗、养老等方面的压力,也可以逐渐减少民众的不满情绪。

第四,以社会安全政策为民众提供较好的社会环境,积极解决食品安全、药品安全、用水安全、商品安全、交通安全、安全生产等方面的问题,并以环境保护政策创造更好的生态环境,可以舒缓因安全、环境等造成的不满情绪。

第五,以教育政策整体提升国民的受教育水平,尤其是大力推行义务教育政策,减轻城乡居民义务教育阶段的教育支出压力,尽管还没有解决"教育公平"问题,但至少已使教育尤其是基础教育问题不再成为社会的焦点问题。

第六,以防灾减灾政策积极应对重大自然灾害,对灾害引发的社会冲突起了重要的遏制作用。

在"三农政策"中,既有经济政策,也有社会政策,对中国农村可能的社会冲突,也是既有"间接降压"作用(如以农业结构调整、最严格的耕地保护、提高农业产品收购价格等刺激农业经济发展),也有"直接降压"作用(如取消农业税、发放三项补贴、将农民纳入国家社会保障体系等）；在"反哺"的政策取向下，既为农民提供了必要的保障，也为农民提供了新的发展机会，缓解了农民因负担过重和收入提高不快产生的不满甚至对抗情绪，在一定程度上缓和了农村的社会矛盾。

其他政策也在一定程度上具有社会"降压"功能，不再一一列举。需要注意的是，公共政策既可能具有社会"降压"功能，也可能具有社会"加压"功能，重大决策失误或失当的公共政策，可能引起社会混乱，成为社会冲突的"加速器"，对此不能不有所警惕。

即便有各种公共政策为社会"降压"，也难免产生局部的社会冲突，所以还需要完整的"维稳体系"，准备应对社会冲突和抗击社会压力。在"维稳体系"中，"政策抗压"应该成为重要因素，并高度关注四个方面的问题。

（1）认清压力来源。社会稳定涉及国家调节社会利益关系和利益冲突政策的正确性。社会失去稳定的特征，一是表现为政府威信的急剧下降和政策的失灵；二是表现为社会生活的失序；三是表现为政府与人民之间的关系紧张；四是法律虚置；五是社会经济生活脱离正常轨道；六是政治话语混乱；七是国家领导集团内部矛盾重重。当了解产生社会不稳定的机制后，就应该对所制定的每一项政策，都要事先很好地研究该项政策执行的结果会在不同的人群中产生什么样的心理反应，这种心理反应又会转化为什么样的政治情绪，而一定的政治情绪在什么样的条件下又会产生影响社会稳定的行为。而要想做到这一点，就必须事先进行深入调查研究，时时掌握社会矛盾冲突的状况和各种人群的社会心理和政治心理的特点。[1]

（2）以适当政策应对压力。决策者不但要积极应对"市场失灵"带来的压力，更要积极应对"政府失灵"带来的压力，及时解决压力带来的冲突问题，以积极姿态而不是消极姿态应对社会压力。

（3）建立"危机防范"政策体系。为应对可能出现的社会压力，尤其是突发事件带来的社会压力，需要以"防患于未然"的姿态建立危机管理政策体系和相应的危机管理体制。2003年以来，中国已经建立了这样的政策体系和管理机制，并在应对突发事件和重大自然灾害方面起了重要的作用。"政策抗压"能否产生积极作用，关键在于准备是否充足。从这一点讲，建立危机管理政策体系具有重要的意义。

---

[1] 李景鹏：《权力政治学》，第209—210页。

（4）使民众了解和支持政策。以公共政策抗击社会压力，离不开民众的信任和支持，而要获得民众信任和支持，使民众享有充分的"知情权"往往是先决条件。2003年中国能够有效地以政策抗击"非典"，一个重要的因素就是信息公开，已经为民众了解和支持政策提供了成功的范例。

公共政策在一定程度上也能够承载"出气孔"的功能，既可以通过广泛吸引民众参与公共政策讨论，听取来自社会的不同意见；也可以在政策执行过程中允许公民参与和鼓励公民监督；更可以为公民的政策评价和政策批评提供多种途径（尤其是为网络的政策评价给予保障），容忍不同意见甚至极端意见，让民众以"开骂"的方式"泄愤"。以公共政策作为"出气孔"，政治风险较小，可"出气"的机会较多（因为政策众多），是一种低成本的"安全阀"制造方法，关键在于主政者是否认识到了这种"安全阀"的作用，能否包容对政策的激烈批评。公共政策的社会"降压"和"抗压"功能，已经在弱化中国社会冲突方面起了重要作用，但是公共政策的"安全阀"作用还不够明显，今后显然应强化这方面的功能。

七 社会冲突影响政治发展的基本认识

达仁道夫曾就中国改革开放以来的社会冲突提出以下看法：中国鼓励经济上的首创精神，又没有同时进行政治改革，应得权利和供给的扩大二者都受到损害。为了扩大人的生存机会，二者都必须抓，而且要同时抓，平行地抓。是否存在着能同时启动政治改革和经济改革的战略性杠杆，这个问题也许是通往自由之路的关键问题。由于社会主义是一种发展中国家现象，现实存在的社会主义过去和现在充其量是通往现代世界的次优道路。而且作为这种次优道路，它本身没有效率。倘若它坚持政治的控制，那么经济就仍旧不发达；倘若它严肃认真地对待经济进步的要求，那么它的政治基础就受到威胁。倘若中国在数十年间建设为发达的国家，它将会找到自己的形式。[①]

中国能够在改革开放的三十余年中有效地避免危机，使与危机有关的

---

① ［英］拉尔夫·达仁道夫：《现代社会冲突》，第136—139页。

政治发展范式未在中国变成现实，就在于能够用"自己的形式"较有效地控制社会冲突。对于这样的形式，我们认为应该有以下的一些基本认识。

第一，改革开放以来中国的社会冲突，主要形态已不是阶级冲突，甚至算不上阶层冲突，而是各种利益关系的冲突，或者说主要是权利与供给的冲突；在这些冲突中，绝大多数是"积极冲突"，只有极少的"消极冲突"。

第二，改革开放以来，中国经济发展虽然有一定波动，但总体上保持了持续向上的趋势，虽曾短暂出现经济发展增速下滑、社会剧烈动荡，但较快被扭转，没有出现突如其来的经济萧条，不具备"J曲线革命爆发理论"所要求的条件，所以未爆发革命。这样的解释显然过于简单，更深层次的原因应是中国民众在经历过"革命"的重大震荡后，对"革命"的幻想已经破灭，对"革命"带来的危害有了一定认识，对社会稳定下的发展抱有更大的期望，在整个社会意识中实际上已经遏制了革命意识的增长。中国多样化的社会冲突，亦使中国存在多条"社会分歧线"，而不是单一"社会分歧线"，分散了社会各部分承担的压力，在客观上降低了革命的可能性。由冲突导致危机，由危机导致革命或中国的瓦解，是一些人的担心，这样的担心也不完全是杞人忧天，提醒我们更应该认真探究中国三十年来为什么没有使冲突演变为革命，以及为了避免未来的革命应进行什么样的改革，可惜这方面的研究成果还太少，还难以得出使人完全信服的结论。

第三，在遏制危机方面，中国民众的认同发挥了重要的作用。2012年的全国性"中国公民政治文化"问卷调查显示，在调查涉及的六种认同（每种认同的分值均为5分）中，全体被调查者的"身份认同"水平最高（4.19分），其次是"发展认同"（3.74分），第三是"政党认同"（3.63分），第四是"政策认同"（3.59分），"文化认同"和"体制认同"水平略低（3.44分）。在"利益认知"和"政治参与行为"两个维度上（每个维度的分值均为10分），全体被调查者的得分分别为5.93分和6.18分，也基本达到了中等偏上的水平。① 从这样的调查结果看，高水平的"身份认同"对于避免"认同危机"应起着不可忽视的作用；较高水平的"发展认同"、"政党认同"（主要表现为对政党权威的认同）、

---

① 见《中国公民政治参与报告（2013）》，第1—36页。

"政策认同"和"体制认同",对于避免出现"合法性危机"、"贯彻危机"应起到了重要的作用;较高水平的"文化认同"则可能产生抑制"动机危机"的作用;中等偏上水平的"利益认知"和"政治参与行为",表明应该警惕"整合危机"、"分配危机"或"参与危机"的发生,但中国的"参与危机"可能不是"过多参与"的危机,而是"参与不足"的危机。

第四,中国的社会冲突,是发展中的冲突;中国社会的稳定,也是发展中的"动态稳定";并不是冲突决定发展,而是发展导致冲突。在政治发展中重视社会冲突因素,并不是因为社会冲突主导了中国政治发展的方向(中国的社会冲突还没有达到这样的层级),而是要透过冲突发现影响政治发展某一领域的问题,不但要解决问题,更重要的是建立解决问题的机制,这才是重视社会冲突的真谛所在。

第五,以社会冲突等理论视角研究中国问题,提醒我们不仅要重视权利和供给的矛盾,还要注重社会"安全阀"的作用;中国学者用其他理论解释中国社会冲突问题,也提出了很多有益的见解,表明在借鉴国外经验方面,还有较大的发展空间。

第九章 "全球化"范式

以"国际因素"或外来因素作为政治发展的核心要素或主导性因素，既需要关注外力介入的发展方式或范式，也需要注意全球化带来的问题。

一 政治发展的外力影响

世界各国、各地区的政治发展或"民主化"，主要依赖于内部诸条件的发育成熟，但外部影响也是推动或阻碍政治发展或"民主化"的重要因素，正如亨廷顿所言，外国政府或机构的行动也许会影响甚至是决定性地影响到一个国家的民主化。外力的影响既可能是示范效应，也可能是间接或直接介入，亨廷顿就列出了美国推动"第三波民主化"的六种手段：（1）政府和媒体对民主思想的大力宣传。（2）经济压力和制裁。（3）外交行动。（4）对民主力量进行物质支持。（5）军事行动。（6）多边的外交。[①]

在世界范围内，外力影响的政治发展，既有不少的理论，也有一些重要的实际例证。

"现代化理论"、"依附论"和"多米诺理论"等，在研究政治发展的国际背景或外力影响方面，提供了不同的理论视角。

"现代化理论"又称为发展理论，以现代社会发展问题作为研究对象，分为经典现代化理论（包括政治现代化理论、经济现代化理论、社会现代化理论、个人现代化理论、文化现代化理论、比较现代化理论等分支和结

---

① ［美］亨廷顿：《第三波——20世纪后期民主化浪潮》，第97页。

构功能学派、过程学派、行为学派、实证学派、历史学派、未来学派等学派)、后现代化理论、第二次现代化理论等。① 在现代化理论中，"趋同论"曾引起学术界的重视。"趋同论"是由布列津斯基、亨廷顿于1963年提出的，他们认为工业化带来了三个以不同方式推动世界走向趋同的后果：(1)工业化和城市化使所有的现代社会出现共同文化；(2)工业化使得社会多样性和复杂性日益增长；(3)工业化产生富足，富足破坏了政治纪律和意识形态传统。这种"使世界变得更加相似"的理论，既可以在"全球化"进程中得到支持，也有人通过实证分析等对其可信性提出了质疑。②

"依附理论"是西方学者研究拉丁美洲政治发展提出的理论，认为资本主义矛盾和资本主义体系的发展已经导致外围卫星国家的欠发达，这些卫星国家的经济剩余被剥夺，而处于资本主义中心的宗主国则因榨取了那些经济剩余而取得了经济发展。③ 依附理论包括不发达理论、拉美经委会发展主义的修正理论、依附发展理论、世界体系理论和不平等交换理论等。

"多米诺理论"是艾森豪维尔于1954年明确提出的遏制苏联的法则，强调一个具有瓦解力的开端，将产生至为深刻的影响，美国必须为此展开行动。多米诺原则作为冷战时期美国采取直接干涉行动的国际政治准则（源于对东南亚美国"盟友"的承诺），尽管受到不少批评，在冷战结束后依然有效，不过是把遏制对象变成了伊斯兰教国家或正在崛起的中国。20世纪80—90年代的东欧剧变和苏联解体，以及后来的一系列"颜色革命"，使多米诺理论在一定程度上得到了验证；④ 但是在"第三波民主化浪潮"退潮后，是否还会出现"多米诺效应"，应当是值得继续关注的问题。因为只要有外力介入的政治发展范式存在，就会有人想要用这样的发展范式来改变中国。

二 "全球化"理论对中国的影响

"全球化"不仅是经济全球化、文化全球化，还有人倡导"全球治

---

① 关于现代化理论的发展问题，见燕继荣《发展政治学》（第二版），第50—76页。
② ［挪威］拉尔森主编：《政治学理论与方法》，第434—450页。
③ 同上书，第451—466页。
④ 同上书，第133—143页。

理"等政治全球化主张。英国学者戴维·赫尔德（David Held）和安东尼·麦克格鲁（Anthony McGrew）认为全球化的研究经历了四波持续性的浪潮：第一波是理论浪潮，一般涉及全球化的概念、主要动力以及作为世界社会变化的世俗进程的系统性和结构性结果。第二波是历史研究浪潮，得益于全球发展的历史社会学，主要涉及现代全球化从哪些方面（如果存在的话）可以被视为新奇或独特的。第三波是制度化研究浪潮，通过关注制度变化和弹性问题，寻求评价全球融合（和分流）的观点。第四波是解构化研究浪潮，反映了跨社会科学领域内后结构主义和建构主义的影响，强调观念、结构、沟通、可能性和常规变化对任何可信的全球化建构、解构和再造的重要性。①

全球化理论的支持者近年主要关注的问题，一是全球化建构中的"组织化暴力"问题。② 二是帝国主义与资本主义世界体系及美国霸权问题，艾里克斯·柯林尼克斯（Alex Callinicos）还特别列举了美国学者等对中国的看法，认为中国经济如果继续保持以惊人的速度增长，中国将在东亚地区成为霸权国家；所以尽管"9.11"事件之后华盛顿与北京的关系得以改善，但是美国安全部门的许多人仍将中国视为对美国全球利益的最严重的中期威胁。③ 三是全球化进程中的"去国家化"问题，由于不满足已有的三种主要观点（第一种观点是国家成为全球化的牺牲品并失去了意义；第二种观点是国家基本上保持了它的原样；第三种观点是国家调整并作出了改变，仍然是关键的行为体），有人提出了第四种观点，即国家参与到全球化进程的实践当中，而不是这些进程的"牺牲品"；在国家当中建立全球内化反过来提供了作为这种国家着手参与进程的特定国家功能与能力的去国家化，国家可能涉及的各种方式原则比今天很大程度上局限于经济全球化要为多样化。④ 四是全球化中的政治经济学问题，有人指出经济全球化为跨国政策的差异带来了更大的压力和动力，但贸易开放

---

① ［英］戴维·赫尔德、安东尼·麦克格鲁主编：《全球化理论——研究路径与理论论争》，王生才译，中国社会科学出版社2009年5月版，"引言"，第7—9页。
② ［英］安东尼·麦克格鲁：《全球化建构（与再造）中的组织化暴力》，载《全球化理论——研究路径与理论论争》，第3—35页。
③ ［英］艾里克斯·柯林尼克斯：《全球化、帝国主义与资本主义世界体系》，载《全球化理论——研究路径与理论论争》，第62—83页。
④ ［美］丝奇雅·沙森（Saskia Sassen）：《全球的场所与空间：一个扩展的分析领域》，载《全球化理论——研究路径与理论论争》，第84—115页。

与公共领域的规模在发展中国家是正相关的,这样的"补偿假设"已被一些研究所证实:发展中国家特别是那些具有竞争性出口部门的国家,可以维持一种高补偿的政策(慷慨的国家福利政策),尤其是如果所提供的公共产品促进了竞争力和经济增长的进一步改善;① 亦有人指出,由于轻易忽略了世界贫困的五个理由,当前全球制度秩序是不公正的,其标准貌似合理并被强制推行,因此给数以亿计的穷人带来了巨大的伤害。② 五是文化全球化理论,约翰·汤姆林森(John Tomlinson)认为把文化全球化的宽泛现象与文化帝国主义混淆自始至终都是错误的。③

社会建构主义对全球化有三项基本贡献,一是基于社会制度主义,将观念与社会因素补充到对全球化的理解之中;二是强调全球化的话语维度,强调交往过程也丰富了对全球化权力维度的理解;三是促成把全球治理作为对全球化进程政治反映的更为完整的论述。④ 美国学者安德鲁·库珀(Andrew Kuper)更明确提出了重新建构全球治理的八项主张:(1)通过界定义务获得权力。(2)将非国家行为体引入治理当中。(3)重新分配责任。(4)推动非选举民主。(5)建立权力的多元性。(6)扩展责任机构。(7)突出义务宪章。(8)重构企业和公民部门。⑤

一些西方学者认为,中国在经济全球化中获益颇多,但是在政治和文化方面对全球化抱怀疑或抵制态度。如雷默所言,在中国,人们对全球化始终存在着极度的不信任;要融合全球的观念,必须先积极地衡量这些观念是否适应当地的需要。⑥ 安德鲁·斯莫(Andrew Small)也指出,中国的"崛起"才刚刚开始,尽管中国的经济形势一片大好,然而在政治层面上,迄今为止其局面还不容乐观。从外部来看,中国从来没有找到更多

---

① [美]莱纳·莫斯利(Layna Mosley):《全球化的政治经济学》,载《全球化理论——研究路径与理论论争》,第116—140页。
② [美]托马斯·博格(Thomas W. Pogge):《重新设计全球经济安全与正义》,载《全球化理论——研究路径与理论论争》,第242—264页。
③ [英]约翰·汤姆林森:《全球化与文化分析》,载《全球化理论——研究路径与理论论争》,第167—192页。
④ [德]托马斯·瑞斯(Thomas Risse):《社会建构主义遭遇全球化》,载《全球化理论——研究路径与理论论争》,第141—166页。
⑤ [美]安德鲁·库珀:《重新建构全球治理:八项革新》,载《全球化理论——研究路径与理论论争》,第265—282页。
⑥ [美]乔舒亚·库珀·雷默:《北京共识》,载乔舒亚·库珀·雷默等《中国形象:外国学者眼里的中国》,第43—93页。

的安全感。从内部来看,中国政府也通常在政治改革问题上保持小心翼翼的姿态,避免随着时间的推移而出现所谓的"中国的颜色革命"。此外,苏联解体仍然萦绕于中国领导人的心头,并对他们的决策产生重要的影响。尽管中国的国际影响将会越来越大,它在相当长的时间里仍将主要关注其国内问题,它用国内视角来关注全球问题的程度要比绝大多数国家都高。中国的主要目标仍将是为其内部发展创造一个安全的国际环境,这就意味着中国领导人对推翻现存的国际体系既不感兴趣,也不希望从中得到什么好处,他们总是力求遵从现存的全球体系,以确保中国能在和平的国际环境中发展自己的经济。①

中国学者更能体会全球化对中国政治发展的影响,并作出了相应的归纳。如俞可平认为一旦在经济上实行对外开放,参与经济全球化进程,国内政治或多或少或迟或早会发生相应的变化。20世纪80年代以来,中国政治的重要变化直接或间接地反映了在全球化浪潮冲击下不断变革的政治文化:一是党和国家开始适度分离;二是公民社会开始出现;三是把建立法治国家作为政治发展的目标;四是扩大直接选举和地方自治的范围;五是政企分开;六是地方政府创新。② 汪晖则认为在全球化背景下,中国的主权独立性和改革自主性非常关键,中国相对完备的主权是通过政党完成的,国家中性化的前提是政党的非中性化,就是说,政党要有自己的价值。政党没有价值——它的政治取向、它的人民性,是不可能产生所谓国家中性化的标准的。③ 仅就政府管理而言,在全球化背景下,中国学者已经看到了责任政府、服务型政府、"治理"、新公共管理等对中国产生的重要影响。

三 "华盛顿共识"与"北京共识"

在全球化的研究中,中国的发展及其在全球化中的地位等,已经成为一个需要认真探讨的问题,并出现了"华盛顿共识"与"北京共识"的

---

① [英]安德鲁·斯莫:《防止重蹈冷战覆辙》,载《中国形象:外国学者眼里的中国》,第135—193页。
② 俞可平:《全球化与政治发展》,社会科学文献出版社2003年4月版,第26—40页。
③ 见潘维、玛雅主编《人民共和国六十年与中国模式》,三联书店2010年2月版,第111—115页。

争论。

"华盛顿共识"是 1990 年为解决拉美国家经济问题提出的基本对策,包括十项内容:(1)加强财政纪律,压缩财政赤字,降低通货膨胀率,稳定宏观经济形势;(2)把政府开支的重点转向经济效益高的领域和有利于改善收入分配的领域;(3)开展税制改革,降低边际税率,扩大税基;(4)金融自由化,实施利率市场化;(5)统一、竞争性的汇率;(6)实施贸易自由化,开放市场;(7)对外直接投资的开放;(8)对国有企业实施私有化;(9)放松政府的管制,消除市场准入和退出的障碍;(10)保护知识产权。由于"华盛顿共识"体现的是"市场原教旨主义"并已遭受失败,戴维·赫尔德认为应该形成"华盛顿共识"的扩充版,在原有内容基础上增加以下内容:(1)法律、政治改革;(2)管制机构;(3)反贪污;(4)劳动力市场弹性;(5)世界贸易组织协定;(6)金融规则和标准;(7)"审慎的"资本账户开放;(8)非中间汇率机制;(9)社会安全网络;(10)消除贫困。①

"北京共识"是美国《时代》周刊前国际版编辑乔舒亚·库珀·雷默(亦译拉莫,Joshua Cooper Ramo)于 2004 年 5 月提出的,既涉及经济变化,也涉及社会变化。"北京共识"涉及三个定理,一是使创新的价值重新定位;二是要求建立一种将可持续性和平等性作为首要考虑而非奢谈的发展模式,超越人均国内生产总值这样的衡量尺度,把重点放在生活质量上;三是强调运用战略杠杆应对霸权大国的自主理论,建造有史以来最大的非对称超级大国。"北京共识"从结构上说无疑是邓小平之后的思想,但是它与邓小平的务实思想密切相关,即实现现代化的最佳途径是"摸着石头过河",而不是采取"休克疗法",实现大跃进。雷默还指出"北京共识"已有两方面的影响:一是不管中国的改革成功与否,"北京共识"已经引出一系列新的思想,这些思想与来自华盛顿的思想截然不同;二是适用于发展的"北京共识"的出现标志着中国的一大变化,一个易受外部影响的不成熟改革进程已经转变成一个自我实现的改革进程,它像连锁反应一样进行,更多地由内部动力决定,而不是靠外部因素推动。②

---

① [英]戴维·赫尔德:《重构全球治理:未来启示或改革》。
② [美]乔舒亚·库珀·雷默:《北京共识》,载乔舒亚·库珀·雷默等《中国形象:外国学者眼里的中国》,第 43—93 页。

雷默在2006年更强调"创新型中国"的重要性，并指出中国的国家形象受到的评价比较低，将中国的国家形象转变为真实可靠、言行一致并且坚定不移的形象，其重要程度不亚于改革正面临的其他严峻挑战。[①]

就"华盛顿共识"对中国等的影响，一些研究全球化的西方学者提出了质疑或否定的看法，如戴维·赫尔德持以下观点：在关注全球挑战中应注意团结、社会公正、民主和政策效率四个因素，"华盛顿共识"和华盛顿安全战略的误导性和有害的政策组合需要被一项新的政策框架所替代，这一框架即社会民主全球化和人类安全议程；世界上最成功的国家（中国、印度、越南、乌干达等）之所以成功，就因为它们并没有追随"华盛顿共识"。[②] 美国学者米歇尔·多伊尔（Michael Doyle）则持以下看法：全球化面临跨界"公害品"、商品化、不平等和不安全等方面的挑战，尤其是全球化从两个方面挑战地缘政治的稳定性，一是美国所称的全球化，在其他国家看来实际上就是美国化；二是全球贸易和投资规模使得中国从其高储蓄率和劳动生产力当中受益，成为世界上经济增长最快的国家。从经济视角看，大量中国消费者和生产者的前景应使每个人都满意；但是从地缘政治视角看，中国的经济增长导致了世界政治权力向东的大幅移动，使美国和欧洲的政治家非常紧张，因为中国还没有民主化。问题是在"民主的世界贸易组织"将中国和其他快速增长的发展中国家排除在外，对全球繁荣和其他问题上的全球合作没有任何好处。[③]

需要注意的是，这些西方学者对"华盛顿共识"的质疑或否定，并不一定表示他们对"北京共识"的支持。

四 国际压力下的中国发展道路选择

无论对全球化或"华盛顿共识"与"北京共识"持何种看法，中国

[①] ［美］乔舒亚·库珀·雷默：《淡色中国》，载《中国形象：外国学者眼里的中国》，第1—42页。

[②] ［英］戴维·赫尔德：《重构全球治理：未来启示或改革》。

[③] ［美］米歇尔·多伊尔：《自由和平、民主责任与全球化的挑战》，载《全球化理论——研究路径与理论论争》，第220—241页。

政治发展面临持续的国际压力是不争的事实,在国际压力下中国选择什么样的发展道路,虽然自改革开放以来就有不断的争论,但是近年来似乎已经形成了一定的共识,就是否定了"全盘西化"和"民主社会主义"两种发展道路。

中国不会选择"全盘西化"的发展道路,不仅在官方话语中有明确的宣示,在学者中也有越来越清晰的表述。赵宝旭的观点可以代表多数学者的看法,他认为当前各国的发展,特别是政治发展,都是在互不相同的历史传统和政治文化的背景下进行的,因此各个不同国家发展所不得不面对而迫切需要解决的问题,也必然千差万别,这就决定了不同国家的发展道路、形式和进程,也无法划一,多元化是各国政治发展中一个无法否认的趋势。20世纪60年代中期,西方政治学家开始对亚非拉诸新兴国家政治现代化问题进行动态研究,从而逐渐拓宽了政治发展理论的研究领域。但令人遗憾的是,在他们的著作中,往往贯穿着一种共同的不正确认识,即认为西方发达国家的政治制度和价值观,一是世界上最优越的,二是可以完全应用于亚非拉发展中国家。不论这些学者是否自觉,他们客观上是在强行推销西方价值观和政治、社会制度与行为模式。然而迄今为止的历史实践已经一再证明,一个落后国家要发展,要实现现代化,照搬他国经验是根本行不通的。①

从2007年开始,在中国围绕"民主社会主义"或"社会民主主义"展开了一场激烈的争论。争论是由谢韬在《炎黄春秋》2007年第2期上发表的《民主社会主义模式与中国前途》引起的。谢韬认为民主社会主义最伟大的成就,就是在老资本主义国家通过生产力的大发展和调节分配,基本上消灭了城乡差别、工农差别和脑体劳动的差别;保留资本主义生产方式,和平地长入社会主义,是《资本论》的最高成果,是马克思主义的主题,是马克思主义的正统,这个正统就是民主社会主义;普通民众的富裕和政府官员的廉洁是民主社会主义的两大亮点;构成民主社会主义模式的是民主宪政、混合私有制、社会市场经济、福利保障制度;民主社会主义的核心是民主,没有民主的保障,其他三项都会异化和变质。②

---

① 赵宝旭:《政治学与和谐社会》,第304—307页。
② 见曹天予编《社会主义还是社会民主主义——中国改革中的"民主社会主义"思潮》,文风出版社2008年4月版,第29—44页。

丁宁宁则认为，正是由于修正主义政党和"灰色"工会的不懈努力，西方国家才废除了公民身份的财产资格限制，实行了"从摇篮到坟墓"的福利国家制度；社会民主党和"费边社"的实践告诉我们，避免阶级冲突的正确途径，是在不断壮大的资本面前坚决地捍卫公民的权利。实践是检验真理的唯一标准。如果实践告诉我们，一党长期执政不利于维护工人阶级利益和社会的稳定，鼓励民主党派独立发展就应当成为我们不二的选择。①

反对将中国引向"民主社会主义"的大致形成了两种意见。一种意见是全面否定社会民主主义，对社会民主主义持彻底批判态度，②认为民主社会主义不是社会主义，更不是社会主义的"正统"；民主社会主义不以马克思主义为指导，主张指导思想多元化；民主社会主义否定工人阶级领导，主张资本主义多党制，否定建立社会主义制度，并且民主社会主义没有包治百病的"灵丹妙药"；即使我们提出的发展多种所有制经济、改善民生、增加社会福利等政策，目的也是为了巩固和发展社会主义，其理论基础是马克思主义，其着眼点是最广大人民，其实现途径是共同富裕，同民主社会主义的思想理论和政策实践有着本质区别。③另一种意见强调民主社会主义与中国特色社会主义是两种完全不同的发展道路，无论从历史还是从现实来看，民主社会主义都不符合中国国情；但是民主社会主义在某些方面如在提倡社会保障、促进社会公平、促进人与自然协调发展方面所积累的经验，对建设中国特色社会主义有一定的借鉴意义。④亦有人指出，在坚持"四项基本原则"的前提下，当代社会民主主义一切对我们有益的理论观点、政策主张、实践经验都可以借鉴，如在政治领域，它的民主与自由观念、平等与公正观念、人权观念、民主选举制度、公民社会自治的模式与经验等；在经济领域，它的混合所有制、社会市场经济、

---

① 丁宁宁：《"劳动（力）产权"难以作为理论创新的出发点》，载《社会主义还是社会民主主义——中国改革中的"民主社会主义"思潮》，第62—73页。
② 见周新城《民主社会主义不是社会主义的一种模式》；张树华：《苏联解体是民主社会主义的破产》；刘国光、杨承训：《坚持基本路线必须澄清错误思想》，载《社会主义还是社会民主主义——中国改革中的"民主社会主义"思潮》，第123—155页。
③ 中共中央宣传部理论局：《六个"为什么"——对几个重大问题的回答》，学习出版社2009年5月版，第36—41页。
④ 徐理：《正确认识民主社会主义，坚定不移地走中国特色社会主义道路》，载《社会主义还是社会民主主义——中国改革中的"民主社会主义"思潮》，第111—116页。

企业特别是国有企业的管理模式与经验、国家干预和政府调控经济的政策、劳资合作与谈判制度等；在社会领域，它的福利政策与社会保障制度、分配政策与就业制度、住房政策与教育制度、社区管理经验等；在国际领域，它的和平与合作主张、环境与发展政策、全球民主治理思想、可持续发展思想等。[①]

虽然有人直斥对民主社会主义的"大批判"代表的是一种"极左"思潮,[②] 但是中国的官方话语体系已经发出"不搞民主社会主义"的明确声音，实际上已经排斥了"民主社会主义化"的发展道路。

在国际压力之下，只是对两种发展道路抱否定态度显然是不够的，我们认为中国需要一个基本的姿态，就是应该继续保持"韬光养晦"的做法，并特别注意以下几个方面的问题。

第一，应谨慎看待各种针对中国的论调。国际上对中国有各种评价，但大致可以分为四类。第一类着重于中国内部的矛盾、冲突和中国发展面临的各种问题，对中国是否能够稳定并持续发展抱怀疑态度，更极端的则形成了"中国灭亡论"、"中国分裂论"等论点。第二类着重于中国崛起后对世界的负面影响，尤其是中国国力增强和军力提升对全球经济、全球政治和全球安全的负面影响，进而构成"中国好战论"、"中国威胁论"等论点。第三类着重于中国介入世界事务的作用，不仅期望中国真正成为"负责任的大国"，甚至认为中国已经成为重要的主导力量之一，于是就有了"G2论"、"金砖四国论"等论点。第四类着重于中国经验的研究，不仅涉及中国的发展能否为发展中国家的现代化进程提供经验，还涉及"中国化"、"本土化"与"美国化"或"西化"的抗衡关系等，曾有一段时间热度较高的"中国模式"的讨论，就属于这一类评价。以"平常心"看待各种不同的评价，至少在国家层面，既不需要"批判式"的回应，也不需要"讨好型"的招徕，而是应该静心研究各种评价的依据，从中得出有益的启示。

第二，警惕极端民族主义和民粹主义倾向。无论是极端民族主义还是

[①] 蒋锐：《关于中国特色社会主义借鉴社会民主主义的问题》，载中央编译局政党研究中心、德国罗莎·卢森堡基金会《"国际比较视阈下的社会主义探索"研讨会会议文集》(2010年9月16—17日)，第50—52页。

[②] 金煊：《丢掉幻想，准备斗争——打退极"左"们的猖狂进攻》，载《社会主义还是社会民主主义——中国改革中的"民主社会主义"思潮》，第237—255页。

民粹主义，在中国都有一定的土壤，尤其是从近代中国的落伍到现代中国的崛起，在中国国民中存在着由"自卑"到"自信"再到"自满"的过渡，极端民族主义和民粹主义在其中往往扮演重要的角色，特别是在涉及国家尊严、主权和领土问题时，都会有充分的表现。在处理国际问题时，不仅需要"理性的政府"，更需要"理性的公民"，应该承认，在培育"理性的公民"方面中国还有许多工作要做。

第三，正视中国转型所面临的困难。近年来，中国从上到下弥漫着乐观情绪，不仅已经出现高估中国国力和发展水平的论点，还越来越难接受来自各方的批评意见。如果任由这样的现象蔓延，将对中国的发展带来严重的危险。正如燕继荣所说，"家家都有本难念的经"，政府主导、集中管理、运动式管理、举国体制、"GDP 锦标主义"等作为"中国模式"的核心要素，有其积极的效用，但也引发了一系列问题，如极化效应、短期行为、贫富悬殊、社会抗议运动频发、公共服务滞后、社会保障不足等，并且在当前发展水平下，面临民生不昌、民力不强、内需不足、环境不支、创新乏力、司法不力、公权滥用等困境。[①] 只有正视这些问题，才能对中国作出符合实际的评估，既不过分悲观，也不盲目乐观，才能认真解决自己的问题，才能真正在或大或小的国际压力下，走好自己选择的道路。

五　应对国际压力的政策范式

有人可能希望中国的政治发展以"国际因素"或外来因素为核心因素或主导性因素，在全球化影响下产生以下变化：在国际压力和国际影响（主要是美国等西方国家的影响）下，或是在中国出现突变型的"颜色革命"，或是渐变型的"党国体制"逐步瓦解，向"西式民主化"的国家形态转型；无论突变还是渐变，在当代国际环境下，都会强烈要求发展民主（可能主要是选举民主），改变制度（包括政党体制），加强法治（尤其是建立宪政体制），发展公民社会，使政治文化全面摆脱意识形态的束缚；

---

① 燕继荣：《中国政府治理方式的反思》，载《国际比较视阈下的社会主义探索》研讨会会议文集》，第 53—54 页。

在这样的基本逻辑关系中,公共政策显然处于无足轻重的地位,并且优先考虑的应是政治问题而不是经济问题。

中国自改革开放以来,既注意吸收政治发展的国际经验,也注意坚持独立自主的政治发展道路,所以"国际因素"或外来因素主导政治发展的基本逻辑不符合中国的实际,不仅中国的政治领导人对外部压力和外国介入主导中国政治发展有高度警惕,越来越多的学者也已经认识到中国"自主"发展道路的重要性。面对国际压力,尤其是"全球化"的压力,中国的公共政策并不是无足轻重,而是地位越来越重要,需要以中国的政策范式应对国际挑战。

改革开放以来,中国公共政策逐渐具有了"自主"、"自为"、"自新"和"自信"的特征。"自主"即始终把握公共政策的自主性,不屈从于外来压力。"自为"既要求对政策问题有所作为,也要求对公共政策的结果负责。"自新"表现为较强的公共政策自我更新能力,依托的是科学解决政策问题的自觉意识。"自信"显示出对公共政策的信心,尤其是相信政策能够得到广大民众的认可和支持。在全球化背景下,面对影响决策的多种因素,要使中国的公共政策继续保持高度的"自主性",就应该努力维系中国公共政策的这些基本特性。

中国国内政策的制定,需要更广阔的国际视野。中国国内政策问题的解决,一方面需要借鉴政策范畴的国际经验,补充或改变中国的政策模式;另一方面需要考虑国际因素对国内政策问题的影响,尤其是汇率、石油价格等波动对国内相关政策的影响,尽量避免因误判国际、国内形势而作出错误的政策选择。

中国的涉外政策,需要重视国际规则、国际标准与政策尺度的把握。由于中国经济实力不断增强,不仅人民币汇率政策、外贸政策、利用外资政策等涉外政策对国际经济变化有一定影响,一些国内政策如证券政策、住房政策、物价政策、产业政策、环境保护政策、食品药品安全政策等,也会产生一定的国际影响;反之,这些政策也会引来国际压力,甚至引发贸易争执、产品召回等纠纷。中国在制定或调整这些政策时,不仅需要重视国际规则和国际标准,还要注重把握政策的尺度,尤其是政府干预市场的尺度。中国政策的成熟性,将越来越多地接受来自国际社会的检验,这对中国来说未必不是好事。

第十章　政党与政策

研究中国的政治发展，必然会涉及"政党因素"，但使用"政党主导的政治发展"或"中国共产党主导的政治发展"等概念，可能过于简单化。将"政党因素"与"政策因素"结合起来，可以对中国共产党在政治发展中的作用作出更清晰的解释。

一　"政策"与"公共政策"

"政策"应该是中国人比较熟悉的概念，"公共政策"则可能是比较生疏的概念。实际上，这是既有联系又有一定区别的两个概念。

"政策"在《辞海》中被定义为"国家、政党为实现一定历史时期的路线和任务而规定的行动准则"，这一定义包含了以下四层内容：(1)政策制定主体是"国家与政党"。(2)政策存在的基本形式是"行动准则（规范）"。(3)政策的目的是"实现路线和任务"。(4)政策的时效是"一定历史时期"。[1]

"公共政策"是 20 世纪 50 年代由西方学者提出的概念，但是对于"公共政策"的定义，无论是西方学者，还是中国学者，都有不同的解释。[2] 但无论如何定义，按照郭巍青等人的看法，对公共政策的理解都应

---

[1] 陈庆云主编：《公共政策分析》，北京大学出版社 2006 年 4 月第 1 版，2008 年 6 月第 6 次印刷本，第 2—3 页。

[2] 如托马斯·戴伊（Thomas R. Dye）认为公共政策就是"政府选择要做或者不做的事"；威廉·詹金斯（William Jenkins）对公共政策的定义是"由政治行动主体或行动主体团体在特定

该包括以下几个方面：（1）制定公共政策的主体是拥有合法权威的政府，包括了立法机关、行政机关、司法机关以及由它们授权的有关机构或部门。（2）制定公共政策的目的是为了解决社会公共问题，这些问题归根到底是一个公共资源分配问题。（3）公共政策可以体现为法律、政令、计划、方案、程序安排等形式，只要它们涉及公共资源的分配。（4）公共政策是选择过程的产物，是由政府做出的"公共选择"。（5）公共政策是知识运用的产物，不仅反映政府的政治立场（利益倾向和价值倾向），还反映政府的知识水平。（6）公共政策是一种行为准则或行为规范，具有明确的作用对象或政策客体，具有一定的政策功能。[①]

"政策"与"公共政策"之间的差别，就体现在"公共"二字上，中国学者陈庆云就此作过以下解释："社会生活中存在着大量的涉及到千百万人利益的公共事务，为规范社会成员的行为，实施有效管理，需要相关主体制定特定的规则。从理论上讲，凡是为解决社会公共事务中的各种问题所制定的政策就是公共政策。在我国，所有制定公共政策的主体中，最基本、最核心的主体是中国共产党和政府。"[②]也就是说，"政策"的概念大于"公共政策"，因为政策不仅包含"公共政策"，也包含"非公共政策"（如私营部门的政策）。[③]但在具体研究中，无论是西方学者还是中国学者，都不一定严格区分"政策"与"公共政策"的差别，或将"政策"作为"公共政策"的同义词，或将"政策"作为"公共政策"的简称。本书所说的"政策"，指的就是"公共政策"，也不再强调两个概念之间的区别。

理解公共政策，不仅是它的定义，还要认识到公共政策是一个完整的过程，这一过程大致包括以下五个阶段：（1）问题认识——议程设定，指的是问题引起政府关注的过程。（2）解决目标——政策规划，指的是政策选择在政府内部形成的过程。（3）解决方案选择——决策，指的是

的情境中制定的一组相关联的决策，包括目标选择、实现目标的手段，这些政策原则上是行动主体力所能及的"；詹姆斯·安德森（James Anderson）把政策描述为"某一行动主体解决问题或相关事务的一个有意识的行动过程"；迈克尔·豪利特、拉米什（M. Ramesh）则认为"公共政策是一种复杂的现象，是由许多个人和组织制定的众多决策组成的"（见迈克尔·豪利特、拉米什《公共政策研究：政策循环与政策子系统》，庞诗等译，三联书店2006年5月版，第7—11页）。

① 郭巍青、卢坤建：《现代公共政策分析》，中山大学出版社2000年1月版，第17—18页。
② 陈庆云主编：《公共政策分析》，第3页。
③ 郭巍青、卢坤建：《现代公共政策分析》，第18页。

政府采用特定行动或无为路线的过程。(4) 使方案产生作用——政策执行，指的是政府政策发生作用的过程。(5) 监控结果——政策评估，指的是由国家和社会行动主体对政策结果监控的过程，评估结果将是政策问题与解决方案的再概念化。① 这五个阶段，根据研究者的偏好，也可以被归并为公共政策的三大过程，即政策制定过程、政策执行过程和政策评估过程。②

除了公共政策的过程外，在观察某项公共政策时，都是既要注意政策的目标或目的，也要关注政策的结果，还要注重实施政策的方法，阿尔蒙德等已就此提出了以下看法：我们将公共政策称为政治体系的输出。通常，选择某些政策或者输出是为了达到某种目的。政策力图促成的最终效果，我们通常称之为政治结果。要实现政策制定者最终所欲求的结果，不同的政策工具或多或少都是有效的方式。因此，我们希望弄清政治输出和政治结果之间的关系，弄清某一结果的好坏，是否最终取决于所谓政治产品和价值的规范性标准；公民和政策制定者的价值和目标，是否真的影响他们对最终实现的政治结果的评估。③

二 公共政策的分类

每个国家都有一个公共政策系统，对于这样的系统，可以有多种不同的分类方法。

第一种分类方法是按照政策的层次或层级，将政策系统划分为总政策（元政策）、基本政策和具体政策（方面政策）三类政策：(1) 总政策

---

① 迈克尔·豪利特、拉米什：《公共政策研究：政策循环与政策子系统》，第17—18页。
② 公共政策的五个阶段，既可以归并为两大过程：一是政策制定过程（包括议程设定、政策规划和决策），二是政策执行过程（包括政策执行和政策评估）；也可以归并为三大过程，有不同的划分方法，较具代表性的是两种方法：一是将政策分为制定、执行、评估三个过程（我们采用的就是这种方法）；二是将政策分为议程设定、政策制定（包括政策规划和决策）、执行与评估三个过程；还可以归纳为四大过程，也有不同的划分方法，较具代表性的是两种方法：一是将政策分为议程设定、制定、执行、评估四个过程；二是将政策分为议程设定、政策规划、决策、执行（包括评估）四个过程。
③ [美] 阿尔蒙德、多尔顿、鲍威尔、斯特罗姆：《当代比较政治学：世界视野》（第8版更新版），杨红伟、吴新叶、方卿、曾纪茂译，上海人民出版社2010年2月版，第143页。

（元政策）是指导和规范政府政策行为的一套理论和方法，是关于政策的政策，涉及的主要问题有公共政策的指导思想、价值标准、行为准则、程序步骤、方式方法等。（2）基本政策是用以指导具体政策（方面政策）的主导性政策，在层次上一般由中央政府或其授权机关制定和发布，在范围上能够覆盖全国，在相当长一段时间内不会发生根本性变化，并具有相当的权威性。（3）具体政策（方面政策）是针对特定而具体的公共政策问题作出的政策规定，总政策（元政策）和基本政策之外的所有政策都可以视为具体政策。[1]

第二种分类方法是根据政策制定主体，将政策划分为政党政策、国家政策、政治团体政策三类：（1）政党政策，直接体现一定阶级的利益。（2）国家政策，在反映统治阶级意志的同时，更多地体现社会的利益。（3）政治团体政策，反映该团体切身利益。[2]

由于政党政策尤其是执政党的政策与国家政策可能出现交叉，所以在第二种分类方法之下，可以采用广义的"政府政策"（包括政党政策和国家政策）概念，并根据中国的实际情况，划分出中央和地方两大类政策：（1）中央政府的政策，由中共中央、国务院、全国人大、全国政协参与制定的政策。（2）地方政府的政策，包括省级政府的政策（由省、自治区、直辖市党委、人民政府、人大、政协参与制定的政策），市级政府的政策（由设区的市、自治州党委、人民政府、人大、政协参与制定的政策），县级政府的政策（由县、自治州县、不设区的市、市辖区党委、人民政府、人大、政协参与制定的政策）和乡级政府的政策（由乡、民族乡、镇党委、政府、人大参与制定的政策）。

第三种分类方法是依据政策涉及的社会领域和社会问题，将政策划分为政治政策、经济政策、社会政策、文化政策等类别：（1）政治政策是政治体系（国家、政府、政党等）得以存续、维持和发展的根本举措，包括外交政策、国防政策、国家安全政策、公共安全政策、人力资源政策、阶级政策、民族政策、政党政策等。（2）经济政策是调整人们的经济关系、经济活动的准则与规范，宏观调控和微观管理是经济政策的两个基本层次；经济政策包括产权与经营权政策、农业政策、工业政策、金融政策、财政

---

[1] 张国庆：《现代公共政策导论》，北京大学出版社 1997 年 9 月版，第 22—25 页。
[2] 陈振明主编：《政策科学》，中国人民大学出版社 1998 年 9 月版，第 94—95 页。

政策、贸易政策、区域发展政策等。（3）社会政策是以解决社会问题，促进社会安全，改善社会环境，增进社会福利为目的，经由国家立法与行政的手段，促进社会各阶层均衡发展的一种途径；社会政策主要包括劳动政策、医疗卫生政策、社会保障政策、公共救助（社会救济）政策、人口政策等。（4）文化政策也可以称为教育、科技、文化政策，包括国民义务教育政策、高等教育政策、职业教育政策、继续教育政策、社会教育政策、大众传播（新闻、出版、广播、电视）政策、文学艺术政策、体育政策、科技管理政策、高新技术开发政策、科技成果转化政策等。[1]

第四种分类方法是根据政府的"输出"，将政策分为提取、分配、管制、象征政策四类，阿尔蒙德对这四类政策作了如下解释：（1）提取政策。从国内和国际环境中提取资源，现代国家最为普遍的资源提取形式是税收和借款。（2）分配政策。政府不仅索取，它还给予，这就是所谓的分配。分配政策包括政府各机构向社会中的个人和集团分配各种各样的金钱、物品、服务、荣誉和机会。（3）管制政策。运用管制和诱导来加强对提取和分配的服从，或者从其他方面鼓励服从行为；政府对行为的控制可以提供物质或者金钱的激励，也可以通过说服或道德训诫。（4）象征政策。政治领导人以象征作为沟通形式，通过增强人们对国家的认同、文明自豪感或对政府的信任来建设共同体；象征输出的意图还在于促进其他方面的行为，使人们更乐意、更诚实地纳税，更忠实地遵守法律，或者接受牺牲、危险和困难。[2]

第五种分类方法是根据政策与公民个人利益的相关性，将政策分为"直接依赖型"和"间接依赖型"两类政策。"间接依赖型"政策（如国防、外交、国家安全等政策）只为公民个人发展提供良好的社会环境，不直接为公民个人发展提供支持。"直接依赖型"政策（如经济政策、社会政策等）不仅可以为个人发展提供良好的社会环境，还可以使公民个人直接受益或为公民个人发展提供必要的政策支持。[3]

---

[1] 宁骚主编：《公共政策学》，高等教育出版社2003年8月版，第221—223页。
[2] [美]阿尔蒙德、多尔顿、鲍威尔、斯特罗姆等：《当代比较政治学：世界视野》（第8版更新版），第144—154页。
[3] 史卫民：《"政策主导型"的渐进式改革——改革开放以来中国政治发展的因素分析》，中国社会科学出版社2011年10月版，第652—655页。

三 政策在政治发展中的关键性作用

政策是政治运行的重要载体，政策的好坏以及政策执行的效力和效率，在一定意义上代表政治发展水平的高低，所以研究政治发展不能不高度重视政策问题，西方学者等人在政治发展研究中注重政策因素，已经是比较普遍的现象。如阿尔蒙德等人不仅认为政治发展是指在社会经济现代化较为广泛的环境中已经和正在发生的一系列相互关联的政治体系、过程和政策的变化，[①] 还明确指出了政策在政治发展中的作用：各种政治体系都有不同的政策特征。现代国家所面临的三大重要挑战共同体建设、促进发展以及保障民主和人权，许多公共政策都完全或者部分地指向这些挑战。政府设计公共政策，通过加强共同语言、共同文化的地位，或者通过促进对共同政治遗产的忠诚，来强化国家认同和共同体意识；同时，许多经济政策的目标都旨在促进经济和社会发展，并在一定程度上广泛地分配其收益；最后，其他政策则力图建立或者完善各种机制（民主制度），使公民能够对政治决策施加控制。[②]

派伊认为政治发展过程的核心是平等、能力和分化三个向量，平等要求大众对政治活动的普遍参与和介入；能力意味着公共政策执行中的效力和效率；分化和专业化使体系中各种政治角色的功能专门性上升，并要求复杂的结构与过程的统一。派伊还就公共政策与政治稳定的关系提出了以下看法：政治稳定的实质是一种实现有目的变迁的能力，因为稳定意味着在对付变迁着的情况时的一种适应能力，与此截然相反的是，政治不稳定则意味着这样一种公共政策，它要么过于僵硬呆板无法促使社会中各种价值的动态平衡，要么就过于游移不定而无法向一种目标前进。[③]

---

① ［美］加布里埃尔·A. 阿尔蒙德、小 G. 宾厄姆·鲍威尔：《比较政治学——体系、过程和政策》，曹沛霖、郑世平、公婷、陈峰译，东方出版社 2007 年 7 月版，第 374 页。
② ［美］阿尔蒙德、多尔顿、鲍威尔、斯特罗姆等：《当代比较政治学：世界视野》（第 8 版更新版），第 144 页。
③ ［美］鲁恂·W. 派伊：《政治发展面面观》，第 93 页。

以公共政策的视角解读中国政治发展,在中国学者中也已经有了一些重要的观点。如李景鹏指出,在中国,社会的一切重大变化都是以党的政策的变化为开端的,政策的变化是中国一切社会变化的原始推动力,这是由中国的政治系统的根本结构及其基本运行方式决定的。① 白钢认为改革开放以来,中国所有重大改革措施几乎都是通过公共政策来推动的。② 徐湘林提出了中国渐进政治改革研究的中层理论,认为可以假设中国政治改革的持续性是由中国政治领导层确定的政策目标和采取的政策策略所决定的,政治改革是一个不断进行政策选择的持续过程,其渐进性特征与政策选择所依据的制度和体制的具体条件相关。运用政策过程的理论框架对这些假设进行实证性检验,将可以得出有意义的新的结论。③ 王绍光指出,中国的政策制定者和政策倡导者利用实践和实验进行学习,获取必要的经验教训,以调整政策目标和政策工具,回应不断变化的环境,这正是中国体制的活力所在。换句话说,善于学习,从不相信"放之四海而皆准"的模式,是中国体制活力的来源。④ 李强认为,中国仍是政府主导型社会,政府的政策对于社会的影响十分巨大;以"政策群"的概念分析政策对社会分层结构的影响,首先是"基调理论",其次是基调理论转化为"大的政策原则",最后是落实为许多具体的政策。⑤ 尽管中国学者的这些说法,有的还缺乏全面论证,但都表明政策对政治发展而言是极为重要的。

我们可以在这些论点的基础上,再推进一步,以"政策主导"来概括中国改革开放以来政策的重要性。以 1977 年为分水岭,中华人民共和国的发展分成了两大时期。1949—1976 年应是"领袖魅力型"的发展,领袖是国家发展的根本性或主导性因素,政策、制度、经济、社会、文化

---

① 李景鹏:《权力政治学》,北京大学出版社 2008 年 3 月版,第 182 页。
② 中国社会科学院公共政策研究中心、香港城市大学公共管理及社会政策研究中心编:《中国公共政策分析,2001 年卷》,中国社会科学出版社 2001 年 1 月版,第 1 页。
③ 徐湘林:《中国渐进政治改革研究的中层理论建构》,载徐湘林主编《渐进政治改革中的政党、政府与社会》,中信出版社 2004 年 9 月版,第 1—20 页。
④ 王绍光:《如何摸着石头过河——从农村医疗融资体制的变迁看中国体制的学习模式与适应能力》,载潘维主编《中国模式:解读人民共和国的 60 年》,中央编译出版社 2009 年 11 月版,第 314—379 页。
⑤ 李强:《国家政策变量对于社会分层结构的重大影响》,"中国社会学网"2010 年 7 月 1 日载文。

等主要由领袖的意志决定。1977年以来应是"政策主导"的发展，政策成为国家发展的根本性或主导性因素，并且不因为政治领导人的更替而改变基本的政策导向。尤其是1978年中国共产党十一届三中全会确定的改革开放政策，作为总政策或元政策，不仅对"领袖魅力型"发展范式向"政策主导型"发展范式转换起了决定性作用，还对直到今天中国的持续发展起着统摄性和方向性的作用。

四 中国共产党的绝对政策主导权

就中国的公共政策而言，最重要的一个特征是中国共产党对政策具有绝对的主导权，这样的主导权主要表现在以下几个方面。

（一）以政策主导国家发展方向

中国共产党作为执政党，除了对国家的思想主导（坚持马克思主义的思想指导地位）和组织领导外，还有一个最重要的任务就是把握国家发展的方向，为国家发展制定方针和政策。中国共产党的决策如果出现重大失误，不仅国家要蒙受重大损失，整个经济社会发展都会受到巨大的影响，"大跃进"和"文化大革命"就是重大决策失误的典型事例。1977年以来，无论是改革开放方针的确定，还是确立构建社会主义市场经济的方向，都是以政策的重大转变主导了国家发展的方向，并且尽量避免出现重大政策的失误。尤其是进入21世纪后，中国共产党更致力于积极规划中国未来的发展目标，如中国共产党第十六次全国代表大会提出建设小康社会的政策目标（2002年），十六届三中全会提出"全面、协调、可持续的发展观"（即"科学发展观"）和完善社会主义市场经济体制的要求（2003年），十六届四中全会强调加强党的执政能力和构建社会主义和谐社会的重要性（2004年），以"六个必须"原则制定十一五规划（2005年），确定构建社会主义和谐社会的基本原则和政策导向（2006年）；以及中国共产党第十七次全国代表大会对2020年全面建成小康社会的明确政策要求和建设服务型政府的要求（2007年），应对全球化金融危机的"保增长、促发展"的政策取向（2008年），十七届四中全会对"学习型政党"科学决策、民主决策、依法决策的要求（2009年），都表明中国共产党本身已经高度认识执政党以政策主导国家发展方向的重要意义，并以"有为"的姿态履行了执政党的这一职责。

中华人民共和国建国后的前30年，中国共产党注重的是"政治路线"、"思想路线"和"组织路线"；后30年继续注重这三大"路线"，但是显然增加了"政策路线"（尽管现在还没有"政策路线"的提法），以四大"路线"并重甚至"政策路线"更为突出，因为"政策路线"不仅关系国家的命运，也关系中国共产党的生命力、创造力和执政能力。"政策路线"以往大多被放置在"政治路线"之下，但是"政治路线"与"政策路线"毕竟有一定的区别，将"政策路线"从"政治路线"中分离出来，应该能被更多的人所接受。

（二）以政策主导社会利益整合与分配

公共政策是依据特定时期的目标，通过对社会中各种利益进行选择与整合，在追求有效增进与公平分配社会利益的过程中所制定的行为准则。[1] 中国共产党通过公共政策的制定、实施，主导全社会的利益整合与分配，是在中华人民共和国建立后开始的，但是1949—1978年中国社会的利益结构表现出高度的整体性，政策成为维系利益整体化的工具，未充分发挥整合与分配社会利益的功能。改革开放后，政策变化不仅带来了利益源泉的多元化，也使原来压抑、控制人们追求利益的力量变得松弛，社会利益结构出现了一系列重大变化，公共政策整合与分配社会利益的作用凸显，一方面使决策者不得不面临一系列"决策困境"，为如何解决社会利益分配中的矛盾大伤脑筋；另一方面也为决策者因主导社会利益整合与分配而进一步巩固自己的地位提供了机会。[2] 面对利益多元化的中国社会，中国共产党以公共政策主导社会利益整合与分配，主要注重的是以下几方面的问题。

第一，从发展全局把握社会利益问题。中国共产党始终强调"大局"观念，不同利益群体问题的解决，都要服从"大局"或"全局"。改革初

---

[1] 陈庆云主编：《公共政策分析》，第10页。
[2] 参见李景鹏《权力政治学》，第177—193页。

期的"大局"是"解放生产力","让一部分人先富起来"就是顺应"大局"的政策选择,部分农民和"个体户"等因此成为受益者;当"建立社会主义市场经济"成为"大局"时,国企改革等就成为顺应"大局"的政策选择,大批下岗工人因此成为利益受损者;"大局"转为"构建社会主义和谐社会","社会主义新农村建设"和以改善民生为重点的社会建设成为顺应"大局"的政策选择,城市和农村居民都可能成为政策受益者。中国共产党强调的"统筹兼顾各方面利益",在不同的时期有不同的重点,只有理解了中国共产党对"大局"的定位,才能真正理解中国共产党利益协调的重心所在。

第二,根据中国的具体国情解决社会利益问题。中国国家大、人口多、底子薄,要解决不同利益群体的问题,不能脱离国家的基本国情,是最浅显的道理。如果在改革开放之初,就提出建立覆盖全体国民的社会保障体系的政策目标,一定会被视为"疯子",因为当时国家并不具备这样的能力。但是当已经有了相当的经济基础和国家财力较为雄厚的时候,还不解决农民的社会保障问题,还把农民当作"二等公民",就会成为"愚笨"的决策者。改革开放以来,中国各项公共政策的推进,不能说没有任何失误,小的甚至中的失误还是有的,但有的"失误"实际上是国情所限,不得已而为之(如农村的税费改革,从今天看应算作政策失误,但在当时的经济环境下,还是减轻农民负担的一种可行办法)。

第三,注重维系地方服从中央的利益格局。改革开放以后,地方保护主义抬头,不仅出现了各地区之间的利益竞争,也出现了地方与中央"抗衡"的现象;为遏制地方保护主义,维系地方服从中央的利益格局,中国共产党不仅有组织、人事手段,还采用了积极的政策手段,1994年实行的"分税制"就是一个典型的例子。改革初期的向地方"放权",改为20世纪90年代中期以来的"中央收权",也是维系地方服从中央利益格局的重大举措。对这样的举措,不少人持批评态度,地方干部亦有颇多的抱怨;但是从中国共产党的角度看,主导社会利益整合与分配的主要权力如果不在中央手里,而是分散给地方各级党委、政府,不仅有"架空"中央的危险,还可能出现"各自为政"的现象,更难解决带全局性的社会利益问题。

第四,注重平衡各利益群体的关系。中国各利益群体之间的关系,总体上说并不紧张(有的地方不同利益群体的关系较为紧张,甚至爆发冲突,并不能引申出全国性的利益群体间关系紧张的结论),就在于中国共产党主导社会利益整合与分配的公共政策成功,如坚持实行计划生育政策降低了中国的人口压力,持续实行扶贫计划大大减少了中国的贫困人口,为失业人员建立"三条保障线",将农民纳入国家社会保障体系,在城镇实行非歧视性的平等就业等,都在降低不同群体的"被剥夺感"或"被抛弃感"方面起了重要的作用;对一些特殊的利益集团,如"先富群体"、"私营企业主群体",则既有一定程度的保护,也有一定程度的防范,尤其是防范"官商勾结"向中央渗透。平衡各利益群体的关系,不等于说中国不存在贫富差距,不存在地区差距,不存在阶层差距,这些差距不仅都存在,而且还有进一步扩大的趋势,缩小差距还要很多年的努力,但关键点是中国共产党能够超脱具体利益群体,不是某一利益群体的代表或特殊眷顾者,而是以全民利益代表者的身份,整合各种利益,平衡各种关系,在社会各利益群体中既充当"保护者"的角色,也充当"调解者"的角色。而要当好这样的角色,既不能用行政命令,也不能只当"道德先生",最有效的方法就是用政策来平衡利益需求,解决利益问题。

第五,构建国家与公民的新型关系。"利益单元的个体化"是中国利益结构变化的重要特征,① 这样的变化要求重构国家、社会与公民个人的关系(如前文所述,我们将这样的重构称为发展"公民的社会")。改革开放以来,重构国家、社会与个人关系始终是学者关注的问题,并已形成不少的看法,甚至有不少争论,但是有一个问题大约不会引起争论,就是国家与公民个人关系重构的主要"推手"是中国共产党(其他组织或阶层可能也发挥了重要的作用,但都无法替代中国共产党"主推手"的地位),中国共产党的主要工具就是公共政策。因政策发展使中国民众正由"人民"向"公民"转变,在本书第七章已有所说明,无须赘述。

(三)对具体政策过程的主导性

在具体政策过程中,中国共产党各级组织都扮演着最重要的角色,彰显"核心"或"主导"作用。

首先,在政策制定过程中,中国共产党的组织虽然不是国家机关,却是中国公共政策的实际决定者,并以四种方式介入政策制定过程:一是中

---

① 李景鹏:《权力政治学》,第184—185页。

国共产党的中央组织就一些重大问题作出决策，使党组织的政策主张成为法规或政令。二是国家与地方的重要决策，均由共产党组织"牵头"，以会议的形式（如中央级的政治局会议，地方层级的党委会、党委扩大会或党政联席会等）讨论通过后，再履行政策发布等其他合法性程序；在这样的决策过程中，党的领导尤其是党"一把手"，起着关键性的作用。三是中国共产党的组织不仅对政策性问题作出实质性决策，有时还与有关国家机关一起，以共同名义联合发布公共政策；中国一些重要的公共政策，大多采用了这种方式。四是中国共产党还可以按照自身的组织系统，通过在国家机关担任领导职务的党员，把党的主张变成具体的公共政策。[1]

其次，在政策执行过程中，执行主体虽然是各级行政机构、准行政组织和社会组织等，但中国共产党的各级组织可以就政策执行提出原则性要求，既要求注意各级党组织在政策执行中的领导和协调作用，也要求注意监督党员尤其是党员干部在政策执行中的行为。在各政策执行主体内设立的中国共产党组织以及由上自下的党的组织系统和组织运行机制，为政策执行提供了重要的保障。[2]

再次，在政策效果评估方面，中国共产党的各级组织一方面在党的系统内对不同的政策实施效果进行评估，另一方面也可由党组织"牵头"，协调行政机关、人大、政协的政策评估。当前中国的政策效果评估，注重的往往是政策的"科学性"而不是政策的"民主性"，就是因为由各级党组织主导的政策评估，主要目的是服务于如何改进共产党的决策，如何提高科学决策的水平，如何防止重大决策失误；在这样的政策评估中，较少涉及民众的政策参与或政策的民主程序，也就不奇怪了。

（四）政策"绝对性"主导的"党国体制"

中国共产党从大到国家发展方向、社会利益整合与分配，小到具体政策过程的深层次介入，不仅整体性地主导着中国的公共政策，并且绝对性地主导着中国的公共政策，因为在当前的中国政治结构中，还没有任何政

---

[1] 白钢、王君：《简论中国公共政策的决策过程》，《中国公共政策分析2003年卷》，中国社会科学出版社2003年1月版，第273—303页。
[2] 王修达：《中国公共政策的执行过程》，《中国公共政策分析2004年卷》，中国社会科学出版社2004年2月版，第277—304页。

党、社会组织或机构可以取代中国共产党对公共政策的主导地位，并且这样的绝对主导地位在改革开放以后，不仅没有弱化，而是更趋强化。在对"党国体制"的讨论中，已经有人注意到了政策因素的重要性，如徐斯俭建构的认知当代中国政治体制的概念架构，由三层变项构成：第一层是政体结构性变项，包括极权体制的遗绪（包含极权体系正当性基础的转变和党国体制的顽强存续两个要素）和以技术官僚为主导、追求经济发展为目标的"发展型国家"倾向；第二层是精英互动关系变项；第三层则是政策影响与后果的变项。① 实际上，中国共产党对公共政策的绝对主导，应当是"党国体制"的一个核心内容。在政体结构方面，党的"一元化领导"作为"党国体制的顽强存续"，在实际运作层面主要表现为对政策的主导，并且在决策、执行和政策评估方面仍保持着高度的"党政不分"，而"极权体系正当性基础的转变"和"发展型国家"等，以及与之相关的精英互动关系，都是这种"党政不分"政策模式下的产物，后面我们还会进一步讨论这些问题。

五 中国共产党决策理念的转变

中国共产党对公共政策的绝对主导权，影响并决定了中国公共政策的发展方向，而中国共产党本身对公共政策的认知和把握，就成了中国公共政策发展的核心问题。中国共产党的决策理念，从总体上看，并不是要改变"党政不分"的政策模式或政策体制，甚至要继续强化这种政策模式或政策体制，要改变的是政策意识和政策方法。

中国共产党在改革开放之后，首先强调的是科学决策和民主决策；② 而公共政策的科学化，就在于符合社会发展规律，符合本国实际情况，符合人民群众利益，有利于提高社会生产力，有利于提高国家综合国力，有利于提高人民生活水平；公共政策的民主化，则应包括决策根本利益取向

---

① 徐斯俭：《党国蜕变：中共政权的精英与政策》，载徐斯俭、吴玉山主编《党国蜕变：中共政权的精英与政策》，五南图书出版股份有限公司2007年4月版，第1—6页。
② 1994年召开的中共十四届四中全会，即明确提出"要建立健全领导、专家、群众相结合的决策机制，逐步完善民主科学决策机制"，见白钢、王君《简论中国公共政策的决策过程》，第299页。

的民主化、决策社会参与机制的民主化、决策制定和执行程序的民主化等。① 近年又增加的依法决策的内容，则是从公共政策角度对"依法治国"的理念作重要的补充，强调公共政策应遵循"法治化"路径。实行科学决策，既要认真区分经验决策和科学决策的使用范围（经验决策主要用于常规性决策，科学决策主要用于非常规性决策），并在科学决策中注重信息和"外脑"的作用；② 还要注意防止唯意志论、感觉论、机械论、"一点论"等非科学决策方式，注意理性决策和非理性决策的区别；在民主决策方面，则要防止决策从原则上讲不是代表全体人民或多数人的利益，从运作上讲不是依靠固定的制度、机制和程序，而是凭借个人主观意志、情感或经验的非民主决策。③ 向党员尤其是党的领导干部灌输科学决策、民主决策、依法决策的政策意识，转变漠视政策或随意操弄政策的思想观念，显然是一个重大的转变和进步，并将中国公共政策的根本指导思想确定为以经济建设为中心、建设有中国特色社会主义，以实事求是、调查研究、从群众来到群众中去、民主集中制、政策检验以实践及生产力为标准等作为中国公共政策的原则或基本方法。④

为防止信息失真导致决策失误、以"拍脑瓜"方式决策、个人决策或少数人决策、决策者对决策失误不负责任等现象的蔓延，⑤ 中国共产党高度重视党内民主决策机制的完善，并在中共十七届四中全会上提出了更完整的要求：一是党的各级委员会按照集体领导、民主集中、个别酝酿、会议决定的原则决定重大事项；二是发挥全委会对重大问题的决策作用，推行和完善地方党委决定重大问题和任用重要干部的票决制；三是加强党委决策咨询工作，做好重大问题前瞻性、对策性研究，广泛听取党员、群众、基层干部意见和建议，发挥咨询研究机构、专家学者、社会听证在决策过程中的作用；四是落实重大决策报告制度，健全决策失误纠错机制和责任追究制度；五是完善集体领导与个人分工相结合的制度，防止个人或

---

① 王邦佐等主编：《新政治学概要》，复旦大学出版社1998年9月版，第289—290页。
② 王惠岩：《当代政治学基本理论》，天津人民出版社1998年3月版，第251—267页；周光辉：《论公共权力的合法性》，第224—227页。
③ 俞可平主编：《政治学通论》，当代世界出版社2002年10月版，第310—318页。
④ 陈振明：《政治学前沿》，第204—205页；陈家刚：《改革和完善科学决策机制，促进民主化、科学化决策》，载何增科等《中国政治体制改革研究》，第102—138页。
⑤ 见《中国公共政策分析2001年卷》，中国社会科学出版社2001年1月版，"导论"，第9—12页。

少数人说了算。①

在如何维系政策的权威性方面，中国共产党主要关注的是三方面的问题。一是维系中国共产党的基本方针、政策，尤其是坚持改革开放政策，已成为自邓小平以来几代领导人对全党的共同要求，反对或试图改变基本方针、政策的人，都不能再担任党的领导职务。二是维护中央权威，尤其是最高决策权威，如江泽民在中国共产党第十四届五中全会提出的"领导干部一定要讲政治"，其中一个重要内容就是维护中央权威，而所谓中央权威，是指关系国家前途命运的全局性问题中央的决策权。而这种决策权，不只是指决策的制定，更重要的是还包括政策的执行过程。② 三是以党的组织目标、组织体制、组织作风、人事制度、成员结构、与军队关系等保障执政党的地位，不仅仅着力于经济建设和改革开放，亦时刻注意执政党自身的建设，③ 并继续坚持以马克思主义认识论为指导，发展科学的决策理论。

六　自觉意识与精英体制

中国的改革开放，无论是政策选择还是政策执行，都体现了中国共产党的自觉意识和自我更新能力。之所以中国共产党具有这样的自觉意识和自我更新能力，追溯邓小平20世纪70年代末和80年代初的一些重要论述，可以看出主要基于以下几点认识。

第一，避免再犯"文化大革命"的错误。"文化大革命"对中国共产党来说是严重的、全局性的错误。④ 为避免再犯同样的错误，中国共产党一方面要认真吸取家长制作风导致"文化大革命"的深刻历史教训，注重防止"一言堂、个人决定重大问题、个人崇拜、个人凌驾于组织之上

---

① 《中共中央关于加强和改进新形势下党的建设若干重大问题的决定》（2009年9月18日中国共产党第十七届中央委员会第四次全体会议通过），载《中国共产党第十七届中央委员会第四次全体会议文件汇编》，人民出版社2009年9月版，第18页。
② 王惠岩：《当代政治学基本理论》，第267—271页。
③ 施雪华：《政治现代化比较研究》，第228—239页。
④ 邓小平：《对起草〈关于建国以来党的若干历史问题的决议〉的意见》，《邓小平文选》第2卷，人民出版社1994年10月第2版，第302—303页。

一类家长制作风";① 另一方面需要顺从民意,认识到"经常搞运动,实际上就安不下心来搞建设",人民对大规模的运动已经厌烦了,只有一心一意搞四化建设,才能得到人民拥护,才能使"文化大革命"不再重复出现。②

第二,认真面对中国已经"落后"的现实,使改革开放成为自觉行为。受"文化大革命"的影响,中国已经严重落后,正如邓小平所说,"世界天天发生变化,新的事物不断出现,新的问题不断出现,我们关起门来不行,不动脑筋永远陷于落后不行。现在在世界上我们算贫困的国家,就是在第三世界,我们也属于比较不发达的那部分"。③ 面对这一严峻的现实,邓小平不仅强调"落后是要受人欺负的",④ 还强调"认识落后,才能改变落后。学习先进,才有可能赶超先进",并指出"我们祖先的成就,只能用来坚定我们赶超世界先进水平的信心,而不能用来安慰我们现实的落后";⑤ "我们的做法是,好的传统必须保留,但是根据新的情况来确定新的政策";⑥ "实现四个现代化必须有一个正确的开放的对外政策"。⑦

第三,只有解放思想,才能实现"现代化"。邓小平对"现代化"的重要性作过如下说明:"不搞现代化,科学技术水平不提高,社会生产力不发达,国家的实力得不到加强,人民的物质文化生活得不到改善,那么,我们的社会主义政治制度和经济制度就不能充分巩固,我们国家的安全就没有可靠的保障。"⑧ 要实现现代化,必须坚持思想解放。"不打破思想僵化,不大大解放干部和群众的思想,四个现代化就没有希望";⑨ "不解放思想,不实事求是,不从实际出发,理论与实践不相结合,不可能有现在的一套方针、政策,不可能把人民的积极性统统调动起来,也就不可

---

① 邓小平:《党和国家领导制度的改革》,《邓小平文选》第2卷,第329—330页。
② 邓小平:《答意大利记者奥琳埃娜·法拉奇问》,《邓小平文选》第2卷,第349页。
③ 邓小平:《高举毛泽东思想旗帜,坚持实事求是的原则》,《邓小平文选》第2卷,第128页。
④ 邓小平:《中国本世纪的目标是实现小康》,《邓小平文选》第2卷,第237页。
⑤ 邓小平:《在全国科学大会开幕式上的讲话》,《邓小平文选》第2卷,第90—91页。
⑥ 邓小平:《实行开放政策,学习世界先进科学技术》,《邓小平文选》第2卷,第133页。
⑦ 邓小平:《社会主义也可以搞市场经济》,《邓小平文选》第2卷,第233页。
⑧ 邓小平:《在全国科学大会开幕式上的讲话》,《邓小平文选》第2卷,第86页。
⑨ 邓小平:《解放思想、实事求是,团结一致向前看》,《邓小平文选》第2卷,第143页。

能搞好现代化建设，显示出社会主义制度的优越性"。①

　　第四，少说多做的自觉行为。邓小平除了强调中国共产党的思想路线是实事求是、理论联系实际、一切从实际出发；政治路线是搞社会主义现代化建设；组织路线尤其是选干部主要注意两条标准，一条是拥护三中全会的政治路线和思想路线，一条是讲党性，不搞派性；②还强调为实现中国的四个现代化，"我们的方针政策已经明确，我们的口号是少说空话，多做工作"。③

　　20世纪80年代中期以后，中国共产党将自觉意识和自我更新能力理论化，如与自觉意识相关的是完善社会主义市场经济体制、构建社会主义和谐社会、建设服务型政府、科学发展观以及公共政策的科学化、民主化、法治化等；与自我更新能力相关的则是加强党的执政能力建设，要求不断提高驾驭社会主义市场经济的能力、发展社会主义民主政治的能力、建设社会主义先进文化的能力、构建社会主义和谐社会的能力、应对国际局势和处理国际事务的能力。在这一过程中，中国共产党还注意到了两大问题：一是鉴于苏联解体的教训，高度警惕"颜色革命"和危及国家统一、领土完整、民族团结的各种图谋；二是鉴于经济发展对中国的重要性，始终密切关注经济发展问题，尤其是关注经济发展速度，防止经济突然下滑给社会带来巨大的冲击。无论领导人如何更替，这种引领中国发展的自觉意识和自我更新能力，都被传承了下来。

　　支撑中国共产党自觉意识和自我更新能力的，是改革开放以来不断得到强化的精英体制。首先，中国共产党作为中国工人阶级的先锋队以及中国人民和中华民族的先锋队，本身就是不断发现人才、培养人才和吸纳人才的庞大组织系统，并凝聚成为中国最大的精英群体。其次，中国共产党为精英的成长提供了政策支持，典型的例子就是在农村改革政策下出现了一大批农村经济精英，在城市改革政策下出现了一大批城市经济精英，恢复高考和重视教育、科技政策推动了中国知识精英的发展，重视"第三梯队"培养等造就了中国的政治精英，鼓励海外留学人员回国创业政策催生了"海归"精英等；尤其是当前正在全面推进

---

　　① 邓小平：《思想路线政治路线的实现要靠组织路线来保证》，《邓小平文选》第2卷，第191页。
　　② 同上书，第190—192页。
　　③ 邓小平：《实现四化，永不称霸》，《邓小平文选》第2卷，第111—112页。

的"人才战略",更是着眼于未来的"精英战略"。再次,中国共产党构建了精英合作机制,不仅注重党内精英与党外精英的合作,中央精英与地方精英的合作,也注意到了政治精英、经济精英、知识精英之间的合作问题,尤其是在政策层面上的合作问题,以合作来平衡各种精英之间的关系(尤其是利益关系)。当然,精英之间的合作,尤其是精英之间的利益勾联,可能有损社会公平,可能滋生腐败,甚至可能对一些政策形成挑战,但在"党政不分"的政策体系内,精英互动甚至精英之间的竞争,都要服从"基本利益一致"的前提,在重大决策方面不得不采用服从或合作的态度,而不是持强硬的对抗态度。换言之,中国的精英体制是由中国共产党培育和主导的,无论党内精英还是党外精英,都认可中国共产党的政策主导性,所以到目前为止,中国还没有出现自主性极强的精英群体。

七 政策的"合法性"和"认授性"

按照夸克(Jean—Marc Coicaud)的解释,合法性是对被统治者与统治者关系的评价,是政治权力和其遵从者证明自身合法性的过程,是对统治权力的认可。这种认可是建立在一系列条件基础之上的,而这些条件主要与认同、价值观及同一性和法律有关,它也对政治权力的行使和作用在责任感和社会化方面产生了一些约束。如果上述因素能够很好地结合,那么政府在制定规章制度的时候,合法性带来的将不仅仅是秩序和效率,还有司法的公正。[1] 合法性不仅与正当性有一定的区别,[2] 也与正义及相关概念的解释密不可分。中国学者不仅关心政治合法性概念的解释,更关心政治合法性的来源,并形成了不同的看法。

第一种看法强调选举对政治合法性的作用。李景鹏认为,现代政治文明将授权性的选举作为政治权威产生合法性的首要的、也是最基本的体现。如何建立和完善各种选举制度,使人民对政治权威的授权合理化、科

---

[1] [法]夸克:《合法性与政治》,佟心平、王远飞译,中央编译出版社2002年5月版,"中译本序",第1页。

[2] 周濂:《现代政治的正当性基础》,三联书店2008年5月版,第184—193页。

学化、法制化、规范化，就成为现代政治文明的一个重要的衡量指标。①

第二种看法强调制度对政治合法性的作用。燕继荣指出，政治合法性是政治统治的正当性和合理性，它可以通过民众对政权的认可和拥护程度表现出来。一个政权赢得民众支持和认可的因素很多，有的是因为根本制度合理，有的是因为某个政治领袖受人拥戴，有的是因为某种意识形态受到偏爱，有的是因为某一届政府受到欢迎，有的则是因为某一政策使民众受益。从长远发展和政权持久延续的角度看，对于维护政治统治来说，因为制度合理而受到民众认同，显然比因为某个领袖、某个政策和某届政府受人欢迎更加根本，也比意识形态的感召更加切实。②徐湘林亦指出，中国当前政治改革的课题是如何在政绩合法性弱化的同时，通过各项政策和措施维护社会公正，并加快民主与法治的改革进程，建立制度合法性的基础。③杨宏山也认为，中国改革开放以来，首先倚重的是以经济绩效为基础的政绩合法性，后来又发展出了以"依法治国"为基础的法治合法性，今后应发展的是民主政府基础上的制度合法性。④

第三种看法强调选举、政策、沟通、法制对政治合法性的作用。周光辉认为政治权力的合法化方式主要包括四个方面的内容：一是现代政治权力主体（政府）一般是通过选举产生的，这是政治权力主体合法化的首要方式。二是政治权力主体的行为和决策要充分体现和表达社会"公"意，这是政治权力在运行过程中获得合法性的根本方法；政治权力主体既要通过保障公民权利不受侵犯，来维护公共秩序和安全；也要通过合理地调整和分配社会价值，来维护社会公正，实现公共利益；只有当政治权力体现了这种公共性质，它才能获得合法性。三是建立多渠道、多方面、多层次的政治权力主体与客体间的双向沟通机制，这是政治权力合法化的一种保障机制。四是法制化，为了保证一定的政治权力关系能够长久地持续下去，就必须使这种关系制度化。⑤

第四种看法偏重于政策合法性对当前中国政治的重要性。景跃进指

---

① 李景鹏：《权力政治学》，第 215 页。
② 燕继荣：《政治学十五讲》，北京大学出版社 2004 年 7 月版，第 144—145 页。
③ 徐湘林：《八十年代以来的中国渐进政治改革》，载徐湘林等主编《民主、政治秩序与社会变革》，第 133—146 页。
④ 杨宏山：《中国政治改革的成效与展望——以政治合法性为视角》，载徐湘林主编《渐进政治改革中的政党、政府与社会》，中信出版社 2004 年 9 月版，第 44—55 页。
⑤ 周光辉：《论公共权力的合法性》，第 155—157 页。

出，政治合法性的来源和形式是多样的。在基层政治层面，四种类型的合法性显得尤其重要，亦即绩效合法性、政策合法性、程序合法性与选举合法性。从理论上说，缘由政府工作绩效而产生的合法性最为直接，但稳定性最低；政策合法性或程序合法性稳定性明显升高，因为即使政策效果不是非常理想，但由于民众参与了决策而共同分担责任风险；相比之下，选举合法性的稳定性最高。在现阶段政府对合法性的诉求基本上可以通过自身的工作绩效来得到满足（这是改革开放以来的基本现实），但仅仅基于绩效的合法性从长期来看是脆弱的，也是危险的（谁也无法保障绩效的线性趋势），因此在高层合法性不能一步到位的情况下，关于政策合法性和程序合法性的建设显然是明智之举。[①]

就中国共产党而言，在各种合法性问题中最重视的应该是"政策合法性"。正如邓小平所言，"对内搞活经济，对外经济开放，这不是短期的政策，是个长期的政策，最少五十年到七十年不会变"；[②]"我们现在的路线、方针、政策是在总结了成功时期的经验、失败时期的经验和遭受挫折时期的经验后制定的。历史上成功的经验是宝贵财富，错误的经验、失败的经验也是宝贵财富。这样来制定方针政策，就能统一全党思想，达到新的团结。……人民有自己的亲身经历，眼睛是雪亮的。过去吃不饱，穿不暖，现在不仅吃饱穿暖，而且有现代化生活用品，人民是高兴的。既然如此，我们的政策还能不稳定？政策的稳定反映了党的稳定"；[③]"新的领导机构要坚持做几件改革开放的事情，证明你们起码是坚持改革开放，是真正执行十一届三中全会以来的改革开放政策的，这样人民就可以放心了"。[④] 从这些论述可以看出，邓小平尽管没有明确提到政策的"合法性"，但强调了人民拥护政策的"认授性"，实际上涉及的就是合法性问题。这样的认识，不仅被后来党的领导人所继承，还有所发展，如江泽民强调一定要像邓小平要求的那样，把"人民拥护不拥护"、"人民赞成不赞成"、"人民高兴不高兴"、"人民答应不答应"，作为各项工作的出发点

[①] 景跃进：《行政民主：意义与局限——温岭"民主恳谈会"的启示》，载慕毅飞主编《民主恳谈：温岭人的创造》，中央编译出版社2005年5月版，第47—55页。

[②] 邓小平：《我们的宏伟目标和根本政策》，《邓小平文选》第3卷，人民出版社1993年10月版，第79页。

[③] 邓小平：《改革开放使中国真正活跃起来》，《邓小平文选》第3卷，第234—235页。

[④] 邓小平：《组成一个实行改革的有希望的领导集体》，《邓小平文选》第3卷，第299页。

和归宿；① 胡锦涛强调中国共产党必须坚持以人为本，始终把实现好、维护好、发展好最广大人民的根本利益作为党和国家一切工作的出发点和落脚点；② 都是从"认授性"的角度继续强化对"政策合法性"的认识。

　　需要注意的是，在中国现行的政治体制下，一切重大的社会政治经济的变化都是以党的政策的变化为前提的，而党的政策的变化又是与党内占主导地位的领导人的选择密切相关；中国政治改革实际上是一个不断进行政策选择的过程，而进行选择的主体是党的领袖和领导层。③ 中国共产党几代领导人对"政策合法性"的关注和阐释，反映的不仅仅是领导人如何进行政策选择，更重要的是领导人已经认识到了公共政策在中国政治发展中所起的根本性作用，并以这样的认识来影响全党，从而使中国共产党始终能够保持对公共政策的绝对主导权。

---

　　① 《江泽民论加强和改进执政党建设（专题摘编）》，中央文献出版社、研究出版社2004年12月版，第446页。
　　② 胡锦涛：《高举中国特色社会主义伟大旗帜，为夺取全面建设小康社会新胜利而奋斗》（在中国共产党第十七次全国代表大会上的讲话），第17页。
　　③ 徐湘林：《八十年代以来的中国渐进政治改革》，第135页。

第十一章 "政策主导"范式

以"政策因素"作为政治发展的主导性或决定性作用，对应的是"政策主导"的政治发展范式，我们认为中国改革开放以来选择的就是这样的发展范式，由此不仅需要对"政策主导"范式本身作出解释，还要说明该范式与其他范式的不同，解释中国为什么选择"政策主导"范式以及维系这一范式需要的各种条件。

一 中国民众的"政策依赖性"

民众对公共政策有较强的依赖性，应当是"政策主导"政治发展范式的重要基础。中国民众是否认可公共政策的重要性，并且是否已经形成对公共政策的依赖性，可以利用各种问卷调查的数据，作出比较明确的回答。

（一）民众对公共政策重要性的认知

20 世纪 80 年代，已经有学者关注民众对政策重要性的认知情况，如闵琦 1987 年主持的"中国公民政治心理调查"，显示农民已经将政策放在了比较重要的位置上（对于"农民在农村办事主要靠什么"的问题，受访者 30.07% 选择"靠人情"，23.78% 选择"按党的政策办"，23.78% 选择"靠请客送礼",14.92%选择"按领导意图",6.76%选择"根据法律")。①

20世纪90年代,继续有学者关注政策的重要性问题,如夏勇1993—1995年主持的"中国公民权利和义务抽样问卷调查",显示民众对政策的重要性已经有较高的认知(对于"改革开放以来,您的财产和机会有所增加,如果今后要保持或加速这种势头,您认为最可信的保障是什么"的问题,受访者44.7%选择"共产党的政策英明、正确",39.8%选择"诚实劳动、拼命干活",8.9%选择"宪法和法律具有至高无上的权威",6.7%选择"和上下左右的人搞好关系")。②

中国社会科学院政治学研究所与中国社会科学院调查与数据信息中心2011年下半年联合进行的全国性"中国公民政策参与"问卷调查显示,不仅有79.91的受访者认可公共政策"非常重要",还有56.56%的受访者从个人角度而不是从国家角度对公共政策的重要性给予了肯定(受访者对于"您对公共政策重要性的看法"的问题,51.16%选择"非常重要,因为它与公民个人生活有密切关系",28.75%选择"非常重要,因为它与国家的经济社会发展有密切关系",9.64%选择"不重要,因为总是上有政策,下有对策",5.40%选择"与我个人有关的公共政策重要,其他政策我不关心",5.05%选择"不重要,因为与我的关系不大")。③ 这样的调查结果给出了一个重要的信息,就是有较多中国普通民众(50%以上)重视的是政策与公民个人的关系,这对于中国公民是否有较强的"政策依赖性",显然已经构成了一个重要的前提条件。

(二) 民众最关注哪类公共政策

如果将中国的公共政策分为政治建设、经济建设、社会建设、文化建设、生态建设五大类政策,普通民众最关心的是哪类政策,2011年的全国性"中国公民政策参与"问卷调查给出的回答是民众最关注经济建设

---

① 闵琦:《中国政治文化——民主政治难产的社会心理因素》,云南人民出版社1989年2月版,第102页。
② 夏勇主编:《走向权利的时代——中国公民权利发展研究》,中国政法大学出版社2000年1月版,第754—755页。
③ 史卫民、郑建君、李国强、涂锋:《中国公民政策参与研究——基于2011年全国问卷调查数据》,第26—27页。

政策（受访者对于"您最关心以下哪类建设方面的政策"的问题，47.09%选择"经济建设政策"，19.40%选择"社会建设政策"，14.11%选择"政治建设政策"，9.88%选择"文化建设政策"，9.52%选择"生态建设政策"）。[1]

公民个人重点关注的政策，应该与其本人的利益有直接的关系。正如迈克尔·豪利特（Michael Howlett）、拉米什（M. Ramesh）所言："在政策过程中积极的行动主体因政策部门的不同而不同，因为通常情况下每项政策只牵涉到在当前问题中有直接利益的群体。"[2] 利益的相关性，在微观层面可能带来某一群体对某项政策的"依赖性"（依赖政策解决这一群体的特定问题），在宏观层面可能因政策能够满足公众的普遍性需求（如发展经济和改善生活的基本需求），形成民众对政策整体的"依赖性"。中国公民往往将生活水平的提高和幸福指数上升等归因于"好政策"或"政策对头"，呈现的就是微观或宏观层面的"政策依赖性"，即个人乃至国家的发展，在很大程度上依赖于政策。利益相关性决定公民个体"政策依赖性"的强弱：政策与公民个人的直接利益越密切，公民对政策的"依赖性"越强（主要表现为微观层面的"直接依赖"）；反之，政策与公民个人的直接利益越不密切，公民对政策的"依赖性"越弱（主要表现为宏观层面的"间接依赖"）；由此可以将政策划分为两大类，一类是"直接依赖型"，另一类是"间接依赖型"政策。在中国的五类政策中，经济建设政策与社会建设政策的绝大多数具体政策与公民个人的直接利益密切相关，这两类政策应属于"直接依赖型"政策的范畴；政治建设政策、文化建设政策和生态建设政策的多数具体政策与国家和社会发展关系密切，与公民个人直接利益的关系密切程度低于经济建设政策与社会建设政策，这三类政策应当属于"间接依赖型"政策的范畴。从调查结果看，关注"直接依赖型"政策的公民（66.49%的受访者最关注的是经济建设政策和社会建设政策），远多于关注"间接依赖型"政策的公民（33.51%的受访者最关注的是政治建设政策、文化建设政策和生态建设政策）。也就是说，中国民众确实有一定的"政策依赖性"，并主要表现

---

[1] 史卫民、郑建君、李国强、涂锋：《中国公民政策参与研究——基于2011年全国问卷调查数据》，第46页。

[2] 迈克尔·豪利特、拉米什：《公共政策研究：政策循环与政策子系统》，第346页。

为对"直接依赖型"政策的关注。

(三) 民众最依赖什么样的决策者

在中国的中央、省、市、县、乡五级政府中,哪一级政府制定的政策与普通民众的关系最为密切,2011年的全国性"中国公民政策参与"问卷调查给出的回答是地市级政府制定的政策与普通民众的关系最为密切(受访者对于"您认为,哪一级政府制定的政策与您的关系最密切"的问题,31.12%选择"地市级政府",22.30%选择"中央政府",16.09%选择"乡镇政府",15.57%选择"省级政府",14.92%选择"县级政府")。①

对于这样的调查结果,可以从三个方面作进一步的解释。

一是将五级政府分为中央政府和地方政府(省、市、县、乡政府)两大类,可以看出民众的政策"依赖性"明显偏向于地方政府(77.70%的受访者认为地方政府的政策与自己关系最密切,只有22.30%的受访者认为中央政府的政策与自己关系最密切)。这样的调查结果应与受访者对"直接依赖型"政策与"间接依赖型"政策的选择有一定的一致性关系。中央政府的政策虽然重要,但是中央政府既出台大量的"直接依赖型"政策,也出台大量的"间接依赖型"政策,并且侧重于出台与国家、社会发展密切相关的政策,尤其是宏观的政策;从公民个人的角度看,中央政府与公民个人的政策互动性可能相对偏弱。相比之下,地方政府要落实中央政策,必须与民众发生直接联系,至少使一部分民众感觉地方政府与自己的政策关系更为直接。更为重要的是,地方政府出台的主要是与本地民众直接利益相关的政策,这些政策更容易被本地民众所认知,并可能由此增强了民众对地方政府政策的"依赖性"。

二是民众是否对离自己"最近"的政府的"政策依赖性"最强,问卷调查基本给出了肯定的回答。由于在全国性"中国公民政策参与"问卷调查中,具有城镇户口的受访者较多(占全体受访者的68.83%),具有农村户口的受访者较少(占全体受访者的31.17%),而城镇户口的受

---

① 史卫民、郑建君、李国强、涂锋:《中国公民政策参与研究——基于2011年全国问卷调查数据》,第51页。

访者一般倾向于与"市"(在一般民众眼里,直辖市、设区的市、不设区的市都是"市",没有太大的区别)政府的距离或关系"最近",而不是与县、乡政府的距离或关系"最近"。在全体受访者中,之所以选择"地市级政府"制定的政策与自己关系最密切的人最多,显然与城镇户口受访者较多有密切的关系。农村户口的受访者,并不一定留在农村,也不能与"务农人员"画等号(如相当多的"在校学生"还是农村户口,"工商业人员"中也有不少是农村户口);反映在调查数据中,虽然农村户口受访者占全体受访者的31.17%,但是"务农人员"只占全体受访者的16.84%。从"务农人员"的选择情况看,认为乡级政府制定的政策与自己关系最为密切的人最多,占29.11%;其次是中央政府,占25.80%;第三是县级政府,占18.91%;第四是市级政府,占15.03%;选择省级政府的被试者最少,占11.15%。[①] 也就是说,"务农人员"对离自己"最近"和"较近"的乡级政府和县级政府的"政策依赖性"(48.02%的受访者认为乡、县政府政策与自己关系最密切)不仅高于离自己"较远"的市级政府和省级政府(26.18%的受访者认为市、省政府政策与自己关系最密切),亦高于离自己"最远"的中央政府(25.80%的受访者认为中央政府政策与自己关系最密切)。

三是在中国的各级政府中,省级政府在政策方面与公民的关系较为疏远,原因在于省级政府(可能主要指省和自治区的政府,在民众眼里,不一定包括直辖市政府)与公民个人的距离比市、县、乡政府远,在宏观性的政策影响方面又不及中央政府,所以只有少量的民众认为省级政府的与个人的关系最密切。

通过以上的分析可以看出,中国公民对政策的"依赖性",除了体现在政策内容方面的"直接依赖型"与"间接依赖型"政策外,还体现在公民个人与制定政策的五级政府的"距离"上,并且大致呈现的是公民对与自己距离较近的政府"政策依赖性"较强的特征。

再增加一些"决策者",了解民众如果有政策建议,最愿意向什么样的"决策者"提出,2011年的全国性"中国公民政策参与"问卷调查给出的回答是最愿意向地方政府提出(受访者对于"假如您对某项政策有

[①] 史卫民、郑建君、李国强、涂锋:《中国公民政策参与研究——基于2011年全国问卷调查数据》,第53—54页。

意见或建议，您最愿意向谁提出"的问题，34.87%选择"地方政府"，27.16%选择"村民委员会、居民委员会"，20.91%选择"中央政府"，17.06%选择"工会、妇联等人民团体"）。①

这样的调查结果，表明"决策者"与公民个人之间的"距离"，在政策过程中确实具有不可忽视的作用。就全体受访者而言，地方政府相对中央政府离民众较近，因此有较多的民众愿意向地方政府提出政策建议。具体到某些群体，如"务农人员"，距离"最近"的是村民委员会或居民委员会等"群众组织"，而不是地方政府，所以"务农人员"受访者中愿意向村民委员会或居民委员会等"群众组织"提出政策建议的最多，占33.96%；其次是向地方政府提出政策建议，占29.42%；再次是向中央政府提出政策建议，占24.32%；愿意向工会、妇联等人民团体提出建议的人最少，占12.30%。②工会、妇联等人民团体尽管与公民的距离"较近"，但是在政策过程中发挥的作用往往不及各级政府和"群众组织"，所以只有少部分的人最愿意向人民团体提出政策建议。

什么样的"决策者"能够对一般民众关心的政策问题及时作出反应，2011年的全国性"中国公民政策参与"问卷调查给出的回答是基层群众组织对一般民众关心的政策问题最能及时作出反应（受访者对于"您认为，对一般民众所关心的政策问题，最能及时作出反应的是谁"的问题，31.53%选择"村民委员会、居民委员会"，30.60%选择"地方政府"，20.48%选择"中央政府"，17.39%选择"工会、妇联等人民团体"）。③

从全体受访者的选择情况看，民众的政策建议去向和"决策者"的反馈有一点差异，但大体上还是呈现出了"一致性"的特征。具体到职业群体，政策建议去向和"决策者"的反馈的"一致性"更为明显。如"务农人员"愿意向村民委员会或居民委员会等"群众组织"提出政策建议的人最多（占33.96%），认为"群众组织"最能对民众关心的政策问题及时作出反应的人也最多（占39.22%）；"工商业人员"愿意向地方政府提出政策建议的人最多（占37.16%），认为地方政府最能对民众关心的政策问题及时作出反应的人也最多（占31.99%）；"技术人员"愿

---

① 史卫民、郑建君、李国强、涂锋：《中国公民政策参与研究——基于2011年全国问卷调查数据》，第79—80页。
② 同上书，第80—81页。
③ 同上。

意向地方政府提出政策建议的人最多（占38.38%），认为地方政府最能对民众关心的政策问题及时作出反应的人也最多（占33.97%）；"公务员"愿意向地方政府提出政策建议的人最多（占40.15%），认为地方政府最能对民众关心的政策问题及时作出反应的人也最多（占31.92%）；"在校学生"愿意向地方政府提出政策建议的人最多（占41.18%），认为地方政府最能对民众关心的政策问题及时作出反应的人也最多（占31.55%）；"其他职业人员"愿意向村民委员会或居民委员会等"群众组织"提出政策建议的人最多（占34.13%），认为"群众组织"最能对民众关心的政策问题及时作出反应的人也最多（占36.88%）。①也就是说，公民对"决策者"的"距离"依赖，也主要表现为对距离自己最近或较近"决策者"的依赖。

本章所要说明的是公共政策对于改革开放以来的中国的重要性，这样的重要性不仅体现在国家发展层面，也体现在中国公民个人发展层面。只有对公共政策重要性有所了解，才能理解为什么中国会出现"政策主导"政治发展范式。

二 "政策主导"政治发展范式

"政策主导"政治发展范式，既是基于政治发展因素相关关系归纳出来的一种理论范式，也是通过经验性观察可以看到的一种实践范式。

"政策主导"作为一种理论上的政治发展范式，在概念上注重的是四个层面的解释。

第一，突出"政策"的重要性，强调"政策因素"在中国政治发展中具有最重要的地位，其他因素的重要性都不能与之相比。

第二，从两个方面强调"政策"的"主导性"，一是在影响中国政治发展的各因素中，是"政策因素"主导其他因素，而不是其他因素主导"政策因素"（或"政策因素"的重要性大大高于其他因素）；二是中国共产党对中国的公共政策具有绝对主导权，并通过主导公共政策引领中国

---

① 史卫民、郑建君、李国强、涂锋：《中国公民政策参与研究——基于2011年全国问卷调查数据》，第84—85页。

的政治发展。

第三，注重"政策"以及与之相关的政治发展范式的"渐进性"，表明改革开放以来中国的发展是一个"渐变"过程，而不是一个"突变"或"激进"过程。

第四，这样的政治发展范式带来的是"改革"，而不是"革命"，更不是因循守旧的"走回头路"。

分析"政策因素"与其他因素的关系，可以对"政策主导"政治发展范式所包含的内容作进一步说明。

在中国的政治发展中，"政策因素"与"政党因素"是一种结合或"一体化"的关系，一方面中国共产党通过主导公共政策推动国家发展，另一方面公共政策又要求中国共产党自身作出必要的调整，尤其要避免重大的政策失误。

"政策因素"与"经济因素"之间，表现出极强的主导与被主导的关系。中国的改革开放，始于经济政策的"放开"；中国经济的持续快速增长，也主要依赖政策的"保驾护航"。由于公共政策直接作用于中国的经济发展，使经济发展对政策的依赖性极强，甚至可以说中国是一种"政策主导型"经济发展模式。

"政策因素"与"制度因素"之间，是一种"需求与引导"的关系。一方面中国的制度形态基本稳定，为各项政策的推行提供了基本的制度保障；另一方面也有一定的制度变化，其主旨就是为政策实施扫除"制度性障碍"。换言之，中国已经出现的制度变化，主要基于政策诱因，形成的是"政策主导制度变化"（局部变化）的基本格局。

"政策因素"与"民主因素"之间，可能不是谁主导谁的关系，而是哪一因素对中国的政治发展更为重要。尤其是在考虑"选举民主"与"政策民主"孰更重要的问题时（详见本书第十二章），"政策民主"可能被放在更重要的位置上，因为发展"政策民主"，对于执政的中国共产党而言，安全系数显然要高于发展"选举民主"。

"政策因素"与"法治因素"之间，也是一种"需求与引导"的关系。一方面中国各项政策的实施，需要法律和法治的保障；另一方面"先政策，后法律"的经验式模式，不仅彰显了政策对法治的基础性作用，也大大充实了法治的内容。

"政策因素"与政治文化之间的关系，是一种比较松散的影响与被影响关系。公共政策体现的人文关怀和道德取向，具有重要的文化意义，不仅可以承载历史传统和文化精华，还可以将主流价值观、道德观输向全社会，使之成为中国当代政治文化发展的重要因子。

"政策因素"与"社会因素"之间，表现出较强的主导与被主导的关系。恰恰是由于改革开放以来政策的"放开"，带来了中国社会的巨大变化，使中国出现了由"臣民社会"向"公民的社会"的转型。这样的"转型"虽然还未完成，但是由政策主导社会转型的思路已经越来越清晰。

"政策因素"与"社会冲突因素"之间呈现的是一种"控制"关系。以公共政策体系维系社会稳定、和谐，缓解社会压力，降低社会冲突风险的功能，正逐渐强化而不是弱化。面对多元化的利益群体和不断出现的社会矛盾，在体制和机制方面确实需要进一步的调整，但是这样的调整可以在现有的公共政策体系中完成，而不需要另起炉灶，以其他体系取代这一体系。

"政策因素"与"国际影响因素"之间是一种内、外的关系。中国的政治发展虽然有一定的国际影响，尤其是全球化的影响，但基本上是"内因"起主导作用，公共政策在"内因"方面起了决定性的作用，不仅具有强烈的"自主"、"自为"、"自新"特征，并以此来应对全球化的挑战，抵御外来势力的渗透。外在的压力不仅可以使中国越来越熟悉国际规则，把握内外政策的灵活尺度；亦可以将"治理"、"问责"等有效的国际经验引入国内；还可以培育"负责任大国"的公民意识，避免"极端民族主义"和"民粹主义"等倾向。

"政策因素"与"发展方式因素"之间是一种选择性关系。激进、快速的政策变化会带来较为激进甚至革命式的发展方式，和缓、渐进的政策变化会带来渐进的带有改革或改良特征的发展方式。中国在改革开放之后奉行的是渐进性的政策变化，并由此限定了发展方式的"非革命性"和"渐进性"。

经验性的观察可以证实中国改革开放以来确实存在"政策主导"政治发展范式，并可以将范式的发展划分为三个阶段。

1978—1992年是"政策主导"政治发展范式的第一个发展阶段，这一阶段中国公共政策的主要形态是以"政策松绑"的形式应对各种政策问题，带有明显的"被动回应"特征，但已奠定了政策主导政治发展的基本格局。1978年中央领导层政策思维的重大变化和随后改革开放总体政策框架的形成，首先作用于经济领域，"以政策搞活经济"，对解放生产力具有重要意义，使中国经济开始较快发展。经济领域的变化传导到社会，不仅增强了社会的流动性，也开始改变中国的社会结构，出现了一些新的社会阶层。经济体制改革和社会变革要求制度和法制保障，在制度恢复和重视法制的进程中，制度因应政策的需求和经济社会的变化，不仅有一些重要的调整（如建立乡镇政府、建立公务员制度和政府机构改革等），亦开始尝试建立一些新的制度（如基层群众自治制度）。中国的经济社会变化以及打开国门后其他文化因素流入中国，不仅使中国的政治文化开始走向多元化，也使中国在1989—1990年经历了一次重大的社会震荡，使人们不得不再次检视中国的民主发展问题，并将其就位于坚持和保障渐进式的改革开放政策的基本路径之下。

1993—2002年是"政策主导"政治发展范式的第二个发展阶段，这一阶段中国公共政策的主要形态是在建立社会主义市场经济的基本政策导向下，主动应对各种政策问题，对各种政策作重大调整，带有明显的"主动回应"特征。明确建立社会主义市场经济体制的政策目标后，1993—2002年不仅注重以宏观调控政策等保证中国经济快速发展，还注意因应政策变化以及经济全球化和加入世界贸易组织的需求，一方面为市场经济发展扫除"制度性障碍"，在机构改革的基础上，展开行政审批制度等改革，并通过一系列发展民主的试点，固化了基层群众自治等制度；另一方面强调法治的保障性功能，积极发挥"先政策，后法律"的经验模式的作用。在多种因素作用下，中国的社会转型加速，与利益多元化相关的社会冲突增多，计算机、手机等新技术手段也开始对中国的政治文化产生重要作用。

2003—2012年是"政策主导"政治发展范式的第三个发展阶段，这一阶段中国公共政策的主要形态是以科学发展观"规划"各种政策问题，带有明显的"积极进取"特征，政策主导政治发展的优势正被越来越多的人所认知和认可。在科学发展观指导下的政策"规划"，将前两个发展阶段"重经济，轻社会"的基本政策取向改为经济、社会并重的基本政策取向，并以相应的制度建设（如服务型政府、责任型政府的制度建设等）和法治建设（如强调司法公正等）保障经济、社会的良性发展。在经济发展方面，既注意以政策推动中国经济转型，亦积极应对全球金融危机的挑战。在社会发展方面，注重以公民为基点的社会建设，除了构建公民权利保障机制和缓解社会冲突的各种机制外，还在社会建设中引入民主机制，扩大公民参与，并以提高公民的幸福感和满意度等影响公民政治文化的发展。

2012年中国共产党第十八次全国代表大会之后，是延续"政策主导"政治发展范式的第三个发展阶段，还是很快开启第四个发展阶段，还需要进一步的观察。

三 "政策主导"政治发展范式与其他范式的不同

"政策主导"政治发展范式与本书列出的其他政治发展范式有明显的不同。说明不同范式之间的差别，实际上也就说明了中国为什么选择的是"政策主导"的政治发展范式，而不是其他范式。

与"政策主导"政治发展范式相比，有人可能更喜欢用"政党主导"的政治发展范式、"中国共产党主导的政治发展"甚至"党国体制转型"的政治发展范式等概念。应该承认，研究中国的政治发展，必然会涉及"政党因素"，使用"政党主导"的政治发展范式等概念，凸显政党的核心作用，确实是值得重视的研究思路。但是这些概念既可能过于空泛，泛言共产党的"领导核心"作用或中国共产党确定的发展方向的正确性，忽视了中国共产党以政策为核心因素主导中国政治发展的重要内容；也可能过于简单化，将所有政治发展的问题全部归结于政党，并使所有研究都变成了只针对政党甚至政党领导人的研究；还可能出现片面理解，将中国的政治发展理解为以党为核心的自上而下的推进过程，忽略了政治发展实际上是自上而下与自下而上相结合的过程，因为在发展问题上中国共产党必须与民众形成基本的"共识"，没有这样的"共识"就没有发展，而公共政策正是这种"共识"的集中代表。在"政策主导"政治发展范式中，强调了政策因素与政党因素的结合与"一体化"，可以更全面地反映政治发展的现实，比单纯强调"政党主导"更具有解释力。

"政策主导"政治发展范式与"经济决定论"或"经济诱导型"政治发展范式最重要的差别在于，在政治发展中是强调"经济因素"的"可控性"，还是强调"经济因素"的"不可控性"。"政策主导"政治发展范式将经济作为"可控性"因素，显示可以用政策来规划和调控经济，尽可能保持经济"理性发展"的态势，并能够适时转变"经济高于一切"的发展范式，比着重于经济因素"不可控性"并强调经济因素对其他因素主导性作用的"经济决定论"或"经济诱导型"政治发展范式，更符合中国的发展实际。

"政策主导"政治发展范式与"制度化"政治发展范式的最大不同体现在制度形态变化的选择上，是要"制度改良"，还是要"制度革命"。"政策主导"政治发展范式要求的是制度体系基本稳定下的"制度改良"，"制度化"政治发展范式则要求彻底改变现有的制度体系，进行革命性的制度再造。中国未来可能出现"制度化"政治发展范式，但至少改革开放三十余年，呈现的还是"制度改良"的基本态势。

"政策主导"政治发展范式与"民主化"政治发展范式都要求发展民主，但在民主发展的取向上有所不同。一般意义的"民主化"着重于发展"选举民主"，强调以"选举民主"带动其他民主的发展。"政策主导"政治发展范式不强烈要求以"选举民主"带动其他民主发展，而是要求"选举民主"、"组织型民主"、"协商民主"、"政策民主"乃至"充权民主"、"网络民主"各自发展，并明确提出了公共政策科学化、民主化、法治化的目标，既要求改变决策者的思维定式，主动听取、吸纳和包容政策讨论中的不同意见，也要求扩大政策参与领域，尽可能以民主而不是强制或压制的方式解决政策问题。这两种范式带来的民主发展结果也有较大的差异，在"政策主导"政治发展范式下，可能是民主的多方面但比较缓慢的进步，不会给社会带来较大的冲击和压力；在"民主化"政治发展范式下，一般是"选举民主"突破带来的民主快速进步，可能对社会带来急剧的震动，并不得不进行快速的调整。

"政策主导"政治发展范式与"法治化"政治发展范式的明显不同，在于这两种范式的时间形态不同。"政策主导"政治发展范式代表的是当前形态，也可以称为法治发展的初级阶段，在"宪政"缺位的状态下，加强法治的实际内容主要体现为政策与法治的结合。"法治化"政治发展范式代表的是未来形态，在解决宪政等问题后，"政策主导"政治发展范式就可能过渡为"法治化"政治发展范式。

"政策主导"政治发展范式与"文化决定论"政治发展范式的差异应主要体现在意识形态上。"政策主导"政治发展范式要求的是"居中"的意识形态，既要防止意识形态偏"右"或"极右"，更要防止意识形态偏"左"或"极左"。"文化决定论"政治发展范式一定要倚重于某种"一元"的思想体系，在意识形态上表现出"复古"、"左偏"或"右偏"的明确导向。经过"真理标准讨论"后，中国在意识形态方面基本保持"居中"性，希望不要因为"左"、"右"之争干扰中国的发展（相关的争论，实际上一直存在，只是不再进行全国或全党的讨论），因此使得"文化决定论"政治发展范式难以变成现实，但还是有一些人（尤其是推崇"复兴国学"的文化学者）希望将这样的范式论证为一种现实存在。

"政策主导"政治发展范式与"公民社会"政治发展范式都要求"社会转型"，但"转型"的目标不同。"政策主导"政治发展范式要求的是发展基于国家、社会、个人（公民）三角关系的"公民的社会"。"公民社会"政治发展范式要求的是发展基于国家与公民社会或者基于国家、市场、公民社会三角关系的"公民社会"，而这样的"公民社会"，往往是以西方国家的"公民社会"作为基本的模板。如果承认发展"公民的社会"比"公民社会"更适应于中国的社会转型，也就理解了中国为什么不选择"公民社会"政治发展范式。

"政策主导"政治发展范式与"社会冲突"政治发展范式都关注社会冲突因素，但着重点明显不同。"政策主导"政治发展范式着重于如何避免社会冲突引发危机甚至引起革命。"社会冲突"政治发展范式则着重于危机或革命已经爆发的现实，研究如何重建政治秩序和政治稳定问题。换言之，"社会冲突"政治发展范式对于快速发展的中国社会而言，确实存在一定的"可能性"，而我们的努力就是尽量使"可能"成为"不可能"。

"政策主导"政治发展范式与"全球化"政治发展范式的最大不同在于，"政策主导"政治发展的政治发展范式强调"自主"，"全球化"政治发展范式着重"介入"尤其是西方国家的"介入"。在"自主"与"介入"之间，中国人已经明确选择了"自主"，相信未来也不会放弃这样的选择。

"政策主导"政治发展范式与其他范式的不同，还可以用以下的一些公式作出更概括性的说明：

（1）政策主导的政治发展 ≠ 政党主导的政治发展——突出政策因素而非政党因素。

（2）依赖政策的经济发展 ≠ "经济决定论"或"经济诱导型"的政治发展——重点关注政策对经济的主导性作用。

（3）政策主导的制度变化（局部变化）≠ "制度化"的政治发展——强调政策对制度局部变化的诱导或主导性作用。

（4）"政策主导"的民主发展 ≠ "民主化"的政治发展——注重更符合中国实际的民主发展道路。

（5）"先政策，后法律"的经验式模式 ≠ "法治化"的政治发展——注重法治的阶段性发展。

（6）政策影响文化转型 ≠ "文化决定论"的政治发展——注重政策对政治文化的影响。

（7）政策主导的社会转型 ≠ "公民社会型"的政治发展——重点发展"公民的社会"。

（8）以政策作为社会"减压阀" = 政治稳定状态下的政治发展——强调公共政策在降低社会冲突压力方面的作用。

（9）应对国际压力的政策范式 ≠ 全球化影响的政治发展——强调中国政治发展的自主性。

（10）政策主导的渐进式改革 ≠ "激进"或"革命"的政治发展方式——强调中国政治发展的改革与渐进性特征

四 "政策主导"政治发展范式的积极意义与消极意义

改革开放以来中国的"政策主导"政治发展范式，并不是一种经过精心设计、规划后才采用的范式，而是"自然"选择的产物。改革开放之初，并没有在多种政治发展范式中作出选择和规划，只是就政策变动提出一些近期的政治改革目标，甚至较少人关注政治发展范式问题，但是"政策主导"政治发展范式已经产生并开始发挥作用。1989年的政治风波后，在国内和国际的各种压力下，中国面临政治发展范式的重要抉择，在坚持改革开放政策的前提下，中国选择"自主"的发展范式，实际上是对"政策主导"政治发展范式的延续。至改革开放30年前后，随着"中国模式"讨论的升温，中国政治发展范式成为学术界关注的问题，公共政策科学化、民主化、法治化亦引起中共中央的高度关注，"政策主导"

政治发展范式不仅在实践层面继续发展,其理论意义也开始被学术界所认知。也就是说,"政策主导"政治发展范式作为一种实践形式已经存在了三十余年,只是未被认知。只有对"政策主导"政治发展范式有全面了解,才能以这样的范式来规划中国未来的发展。我们的一个重要任务,就是让越来越多的人认识"政策主导"政治发展范式,并了解这一范式对中国现代化进程的意义。

我们认为,"政策主导"政治发展范式在中国现代化进程中,应具有安全性、可控性、灵活性、适应性、可验性五个方面的积极意义。

中国的政治发展,有三个重要的前提:一是坚持和保证中国共产党的领导,而不是弱化或取代中国共产党的领导;二是维护社会的基本稳定,而不是带来政治危机;三是维系中国既有的制度体系,而不是颠覆或再造制度体系。"政策主导"政治发展范式可以满足这三个前提,并在这样的前提下推进改革。换言之,对改革开放的中国而言,"经济诱导型"、"制度化"、"民主化"、"公民社会"、"社会冲突"、"全球化"等政治发展范式,都难以完全满足中国政治发展的三个前提,都可能对中国共产党的领导、社会稳定或制度体系构成威胁,只有"政策主导"政治发展范式没有这样的威胁,采用这样的范式实际上是一种最"安全"的选择。

中国的改革与现代化进程,带有较强的"可控性"特征,尽可能避免"失控"或"无序"的发展,由此不仅要求"控制"改革目标和改革进程,更要求"控制"各种社会力量。"政策主导"政治发展范式至少可以从以下七个方面支持或彰显这样的"可控性":(1)政策本身是可控的,并且中国共产党对政策具有绝对的主导权。(2)政策目标是可控的,无论是宏观政策还是微观政策,控制政策目标都是决策者必须作出的选择;由于中国发展范式上凸显的是"政策主导",控制了政策目标(尤其是宏观的政策目标),也就控制了改革的目标和方向。(3)政策过程是可控的,无论是政策制定、政策执行,还是政策评估、政策监督,在中国现有的制度体系内,都能基本满足有序和有效两方面的要求。(4)政策可以兼顾不同利益群体的需求,对不同政策目标群体采用不同的政策,以解决政策问题的方式对各种社会力量进行"柔性"控制,可以在一定程度上降低社会冲突的压力。(5)中国公民的政策参与是可控的,决策者不仅可以控制政策参与的议题、范围和参与方式,还可以有效防止政策参与的"溢出"效应,避免因政策参与和政策讨论引发全面的不满和反抗。(6)在政治发展范式上,"政策因素"与"政党因素"结合,可以主导或制约经济、制度、民主、法治、政治文化、社会、冲突及国际影响等因素,相关情况已经在前面作了说明。(7)以政策渐进式发展的方式实现中国的现代化,使相应的改革都是"渐进式"的,而不是"激进式"的,并使得中国可以在社会基本稳定的形态下跨入现代化的门槛。

改革开放会带来一些新的问题,僵化的思维和传统的"管制"办法难以应对,需要用比较灵活的方式解决各种问题。"政策主导"政治发展范式在"灵活性"方面具有三个特征。一是政策本身的灵活性,无论是宏观政策还是一些具体政策,都可以根据政策问题的变化,对政策进行调整或出台新的政策。二是政策执行机制的灵活性,可以根据不同的政策或不同的政策对象,采用不同的执行机制。三是"创新空间"的灵活性,在政策的推进过程中,为破除"制度性障碍",需要"创新性"的试点,并可能在合适的时机推广试点经验,形成一些新的制度规范;"政策主导"的政治发展范式为创新留出了一定的空间,尤其是允许地方政府较灵活地开展各种创新试点,使这一范式能够保持一定的活力。

中国人要选择适应中国国情的政治发展范式,是毋庸置疑的。在理论上我们已经通过多种政治发展范式的比较,说明"政策主导"政治发展范式最适应改革开放以来的中国现代化进程。在实践层面,中国民众是否已经适应这样的发展范式,可以用中国公民是否有较强的"政策依赖性"来加以说明。从本章第一节列出的调查结果看,中国公民确实有较强的"政策依赖性",主要表现在三个方面:一是多数民众认为公共政策重要,并着重于从个人角度肯定公共政策的重要性,而不是从国家发展角度肯定公共政策的重要性。二是多数民众关注的是"直接依赖型"政策,而不是"间接依赖型"政策;三是公民对与自己距离较近的政府"政策依赖性"较强。"政策依赖性"表现出的政策与公民个人的关系,说明公民不仅已经适应政策带来的变化,并且适应政策的运作方式,还可以在政策提供的环境下寻找自己的发展机会。

某种政治发展范式是否会被执政者及民众认同或接受,在很大程度上取决于该种范式能否通过及时的检验来展现其已经取得的成果。在各种政治发展范式中,"政策主导"政治发展范式成果的"可验性"应该是最强的，因为政策效果的检验往往需要及时进行，政策对整个社会的影响也会较快反映出来，甚至可以较快出现"量化"的形态（如经济政策对经济发展的影响，社会政策对社会发展的影响等，都可以用具体数据来加以说明）。相比之下，制度、法治以及文化等方面的变化，往往需要较长的时间检验，才能大致说明其成果何在，并且较难以"量化"的形态来描述这些成果。

我们既要肯定"政策主导"政治发展范式的积极意义，也要注意这样的发展范式的一些消极意义。

"政策主导"政治发展范式最容易引起质疑和争议的是，可能有人以此为借口，认为中国当前的政治发展范式是最好的，不再需要改革，尤其是不需要"伤筋动骨"的政治体制改革。换言之，"政策主导"政治发展范式可能成为中国"法治化"、"民主化"和走向"公民社会"的最大障碍。应该承认，不管对"法治化"、"民主化"、"公民社会"等作何种理解，中国需要在法治、民主和社会转型等方面不断的进步，应该是多数人能够认同的。"政策主导"政治发展范式在推动法治、民主和社会转型方面，所起的重要作用是值得肯定的，但是主观上认为只要"政策对头"，只要现在的政治发展范式有效，就可以解决一切问题，不仅可能产生改革的"惰性"，还可能将现有的政治发展范式与政治体制改革视为对立关系，确实是需要引起注意的一种消极倾向。

不可否认的是，"政策主导"政治发展范式还带有一定的"人治"特征，尤其是中国共产党对政策具有绝对主导权，既可能出现"一言堂"的现象（特别是在地方层级），也可能出现过大的"自由裁量权"，使积极意义的"灵活性"变成"政策随意性"，对应该具有科学性、民主性的政策过程带来一定的消极意义。

"政策主导"政治发展范式还可能因为过于相信政策的效力，滋生自满甚至骄傲情绪。尤其是在世界性的金融危机和经济衰落的情况下，中国似乎"风景独好"，不仅可能使领导者产生过于自信的心理，不再以谨慎的心态关注亟需解决的各种问题；也可能使国民产生错觉，以为今天的中国作为一个大国，可以傲视世界上的所有国家。对中国的发展有一定的信心，显然是必要的，但是过于自信并发展到骄傲自满，对中国的未来发展绝对不是好事。

五 维系"政策主导"政治发展范式的重要条件

"政策主导"政治发展范式符合中国改革开放的需要，使之成为中国人的一个重要的选择，尽管这样的选择是一个"自然发生"的过程，而不是经过缜密论证后的选择。在未来的一段时间里，中国可能还会维系这样的政治发展范式，不一定会轻易改变范式，但是面对未来的发展，要维系"政策主导"政治发展范式，最大化地发挥范式的积极意义，遏制范式的消极意义，需要一些重要的条件。

第一个重要条件是在重大政策选择方面不能出现重大失误，因为"政策主导"政治发展范式的核心要素是政策，一旦政策尤其是政策方向出了问题，将带来"满盘皆输"的直接后果。由此所要求的，不仅是在宏观经济政策上不能犯错误，在社会政策、文化政策等方面也要少犯错误，并且要尽量避免意识形态的"左"、"右"摇摆干扰政策的选择。公共政策的科学化、民主化、法治化，显然不能只是一种"原则"或"口号"，而是需要建立一套完整的避免重大政策错误选择的机制，并且还应建立必要的"纠错"机制，一旦真正发生错误的政策选择，大家就会知道应该由什么样的人（或组织、机构）用什么样的方式来纠正错误。

第二个重要条件是更加重视公共政策的"公正性"，避免在政策过程中出现"愚蠢"行为。具有代表性的"愚蠢"行为有三种：一是所设计的政策有明显的利益受损者，违反了公共政策"有人受益而无人有明显的利益受损"的重要原则，引起利益受损者对政策的质疑或反对。二是处理政策过程中出现的问题或解决政策引起的纠纷时，隐瞒真相，在公众的"穷追猛打"下，才不得不道出部分真相，并由此形成政府与政策公信力的双重损失。三是"明知不可为而硬为之"，一些地方官员"好大喜功"，不顾本地实际条件，强行制定一些难以实现的政策目标，并不惜耗费巨大的人力、物力去实现这样的目标，最终给当地带来的不是发展，而是劫难。应该承认，在"政策主导"政治发展范式下，确实出现过一些"愚蠢"行为，今后未必不再出现，但最好不要频繁或重复这样的行为。

第三个重要条件是逐步改变中国的政策模式。中国的公共政策模式，

第十一章 "政策主导"范式　175

无论是中央政府的政策模式，还是地方政府的政策模式，都带有较强的"封闭性"特征。尽管近年来已经开始尝试一些"开放性"或"半开放性"的政策模式，但进步的步伐并不是很大。① 中国公共政策模式由"封闭性"走向"开放性"，应该是"政策主导"政治发展范式未来阶段的重要任务，为完成这一任务，不仅需要进一步的制度变革，更需要来自法治的保障。甚至可以说，这一任务完成的好坏和完成时间的长短，将决定"政策主导"政治发展范式能否延续和怎样延续的重大问题。

第四个重要条件是改变公民政策参与的方式。当前中国公民的政策参与，还远未达到美国学者约翰·克莱顿·托马斯所提倡的"与公众分享公共政策权力"的水平。② 如何提升公民政策参与的实际水平，并以此来推动"政策民主"的发展，已经成为不能不认真讨论和研究的问题。

第五个重要条件是巩固和发展"政策主导"政治发展范式的五个保障机制。"政策主导"政治发展范式之所以能够有效运行，五个保障机制发挥了关键性的作用。一是动力机制，"政策主导"政治发展范式以政策为主要杠杆，将政治领导人的政策思维传递给社会，激活各种社会力量，尤其是为激励公民个人发展提供政策支持，形成了持续推动经济发展和社会进步的活力。中国之所以能够以较快速度发展，仰仗的就是这样的动力机制。二是协调机制，"政策主导"政治发展范式以政策掌控社会利益分配，协调多元社会的多方利益，平衡各种利益关系，控制社会冲突，并且在社会积累达到一定水平后，开始建立覆盖全体国民的社会保障体系，以解决影响中国持续、健康发展的深层次问题。未来的发展，将更倚重于这种协调机制。三是目标与规划机制，"政策主导"政治发展范式有较明确的发展目标，既包括和平发展或和平崛起的长远目标，也包括实现小康社会等中期目标，还包括各种具体的政策目标。为实现这些目标，需要不断的规划，尤其需要的是不同于计划经济体制的政策规划体制。从"摸着石头过河"到科学制定"十一五"、"十二五"规划，显示中国的政策规划体制已渐趋完善，未来还要进一步完善。四是自我保护机制，"政策主

---

① 对中国政策模式的具体解释，见史卫民《"政策主导型"的渐进式改革——改革开放以来中国政治发展的因素分析》，第606—621页。
② [美]约翰·克莱顿·托马斯：《公共决策中的公民参与》，第48—60页。

导"政治发展范式强调"自主性"发展，以中国共产党对公共政策的绝对主导为核心，民众的认同和支持为基础，构成了外力难以介入的自我保护体系。中国政治发展之所以能"走自己的路"，在很大程度上得益于这样的自我保护机制。五是凝聚共识机制，中国的改革和发展需要牢固的共识基础，以政策引导共识基础的建立，已经被证明是一种有效的办法，需要注意的是，改革开放前三十年我们可以用政策的实际效果来凝聚共识，后三十年则可能需要以"政策民主"来凝聚共识，因为中国的民众确实需要在更高的层次上考虑国家发展与个人的关系。

第六个重要条件是加强政策教育。为维系"政策主导"政治发展范式，需要进行广泛的政策教育。中国共产党既需要在党内进行全面的政策教育，也需要在国民教育或公民教育中对政策教育进行全面的规划，并组织实施这样的教育。应该承认，中国现在还缺乏公民教育，不仅缺乏公民的权利、义务及现代公民行为意识、行为准则等教育，更缺乏公共政策知识的教育。要维系一种政治发展范式，需要让维系者了解和支持这样的范式，而范式的维系者，既有各级领导者，也有普通的群众，所以政策教育的任务是繁重的，并且最好能"从娃娃抓起"。

第十二章 "政策民主"与政治体制改革

如果说中国在未来的一段时间里还会维系"政策主导"政治发展范式,那么这样的范式应该有所更新和发展,并且最重要的发展,在我们看来,应该是以"政策民主"来规划中国的政治体制改革。

一 "政策民主"的基本定义

"政策民主"是一种程序性的民主,要求以民主的方式改变封闭性的政策过程,使公共政策能够获得更好的民意基础。

"政策民主"重点强调的是政策过程的民主化和公民的政策参与。在政策过程的民主化方面,注重的是政策问题建构的民意基础、民主的决策方式、有效监督政策责任的政策执行方式和引入多种机制的政策评估方式。在公民的政策参与方面,不仅注重民众的决策参与、监督参与、评估参与,还强调建立有效的政策意见表达、政策批评、政策讨论等政策沟通途径或机制,并要求对公民的政策参与提供必要的法律保障。

"政策民主"与政策的科学化、法治化有密切的联系,按照"政策民主"要求建立的规范性程序,是实现"科学决策"的重要路径,并且需要得到来自法治的支持和保障。

"政策民主"与其他民主概念,可能既有联系也有区别,可以就几种主要的关系作概要的说明。

"政策民主"与"选举民主"都要求公民参与,但是在以下几个方面表现出了明显的不同:(1)参与目的的不同。"选举民主"是通过公民的选举参与，选出当政者、管理者、民意代表等，或者如美国学者熊彼特（Joseph Alois Schumpeter）所说"选举作出政治决定的人"。① "政策民主"则是针对政策的参与，关注的重点不是当政者、管理者、民意代表本身是如何产生的，而是他们的决策是如何作出的。（2）参与形式不同。"选举民主"主要体现的是民众的"投票行为"，几乎所有的竞争都围绕争取选票展开。"政策民主"主要体现的是民众的"政策意见表达和综合的行为"，重点表现为不同意见之间的争论或竞争，并且在大多数情况下不需要进行"票决"（只是在意见分歧无法作出政策决定时，有些国家或地区才采取"全民公决"的形式）。（3）参与依据的权利不同。"选举民主"主要依据的是公民的政治权利，尤其是选举权与被选举权。"政策民主"是更为广泛的参与，除了依据政治权利（主要是自由表达意见的权利）外，可能还要倚重法律权利、经济权利、社会权利乃至文化权利，因为就各种权利产生的问题，都可能成为需要解决的政策问题。（4）参与效果不同。"选举民主"体现的是"赢者通吃"的参与效果，"政策民主"则往往不以"输赢"论结果，强调的是各种意见的相互吸纳和综合，没有明显的"赢家"或是"输家"。（5）参与频率不同。选举是周期性的参与行为，任何国家、地区都会限定选举的时间，不可能天天都进行选举。政策则随时可能出台，已经出台的政策也可能随时面临新的问题；由于政策涉猎的范围相当广泛，因此政策参与没有时间的限定，每天甚至每时都可以参与。（6）制度依赖不同。"选举民主"主要依赖的是选举制度，不同的选举制度可以产生不同的选举生态。"政策民主"主要依赖的是与政策过程有关的制度安排或"政策模式"，政策过程的差异性（如公开的政策过程、半公开的政策过程、封闭的政策过程）或"政策模式"的不同，会产生不同的政策参与形态或政策参与模型。

"政策民主"可能包括一定范围的协商甚至各种意见之间的博弈，但是除协商之外，"政策民主"还有其他重要内容，如对政策的监督、评估等，因此与"协商民主"有所不同。本书第四章已经说明，就中国的"协商民主"而言，一方面指政治协商制度，另一方面指"基层民主协商"。这样的"协商民主"与"政策民主"的不同，主要体现在四个方

---

① ［美］熊彼特：《资本主义、社会主义与民主》，吴良健译，商务印书馆1999年2月版，第395—396页。

面：(1) 参与的主体和客体有一定差别。在政治协商制度下，参与的主、客体是中国共产党与各民主党派、人民团体和民主人士等。"基层民主协商"参与的主、客体是多样化的，但是受协商事项的限制，往往要限定参与的范围和人数。"政策民主"要求的参与，主、客体同样是多样化的，并且可以没有参与范围和人数的限定（即便是以听证会的形式征求意见并限定参加听证会的人数，也难以限制听证会以外的政策意见表达）。(2) 参与途径、方式有一定的差异。政治协商制度和"基层民主协商"的基本参与形式是会议，"政策民主"要求的参与除了依托会议形式外，还有网络、媒体甚至政策维权行为等参与形式。(3) 参与目标不同。政治协商制度和"基层民主协商"的"协商"内容不同，但是有一个共同的特征，就是针对"结果"展开的协商，即一定要协商出一个具体的结果。"政策民主"要求的参与重点往往是"表达"而不是"结果"，强调的是在政策过程中能否有表达不同意见或不同看法的机会，而不一定在意这样的表达能否有"结果"，因为在广泛的参与之下，很难指出哪一个意见对最终的"结果"起了决定性的作用。(4) 参与规则不同。尽管"协商民主"和"政策民主"都可能表现为不同意见的交锋，但是只要参与协商民主，无论是"政治协商"还是"基层民主协商"，都有既定的规则，按照规则开展协商；"政策民主"要求的参与，有的已经确立了规则（如政策听证会、公布政策方案征求意见等），有的则还缺乏明确的规则（如网络的政策讨论、媒体的政策讨论以及反映政策问题或政策意见的非暴力或暴力行为等）。

"政策民主"与各种"组织型民主"既有区别也有联系。"人民民主"、"党内民主"和"政策民主"都关注权力和权利问题，但"人民民主"和"党内民主"偏重于权力（如人民民主强调主权在民，党内民主强调党内的权力制衡），政策民主偏重于权利（在政策过程中注重公民权利保障）。在参与形式上，"人民民主"和"党内民主"依托既有的组织和制度形态，主要呈现的是公民的"集体参与"形式；"政策民主"在既有的政策模式下，可以吸纳不同渠道的意见，允许各种方式的意见表达，主要呈现的是公民的"个人参与"形式。"政策民主"与"人民民主"、"党内民主"还可能形成一种相互包容的关系，既可以在"人民民主"和"党内民主"中包含"政策民主"的形式和内容，也可以用"政策民主"把"人民民主"和"党内民主"结合或协调在一起（因为中国的政策过程往往涉及党、人大、政协、政府四大系统,在"民主的政策过程"中,不仅可以体现"党内民主"和"人民民主",还可以体现"协商民主"和"行政民主")。"政策民主"与基层群众"自治"性的民主主要区别在于,基层群众"自治"强调的民主决策、民主管理和民主监督等,主要针对的是自治体内的事务,彰显的是普通群众与自治体管理者的关系,即便涉及公共政策问题,也主要是政策执行问题和监督问题;"政策民主"涉及的是政策过程,彰显的是公民与国家的关系,所涉猎的问题和所参与的领域,比基层群众"自治"更为宽泛和复杂。

"政策民主"可能借助互联网表达意见和展开争论等,成为"网络民主"的一项重要内容,但是"政策民主"还有其他公民参与形式和其他民主程序,与只依靠互联网是有所不同的;"网络民主"也不仅涉及政策问题,还可能涉及选举问题和其他问题,亦与"政策民主"重点讨论政策问题是有所不同的。

二 "政策民主"与"选举民主"之间的优先选择

在中国的现代化进程中,可能产生不同的民主发展取向,在本书第四章已经作了介绍。在增加了"政策民主"的取向后,应该进一步讨论的问题是在"选举民主"与"政策民主"之间进行选择,应该优先发展哪种民主,因为这样的选择可能对中国的政治发展范式起着重要的作用。

对中国的"选举民主"和"政策民主"作比较,可以看出中国的"选举民主"的总体水平不是很高,"政策民主"的总体水平更大大低于"选举民主",但是这样的现状只能说明过去比较关注"选举民主",比较忽视"政策民主",而在未来的一段时间内,这样的状况可能发生变化,中国可能将发展"政策民主"放在优先位置上,并对发展"选举民主"持相对冷漠的态度。为什么会发生这样的变化,我们认为有以下几条重要的理由。

第一,在"政策民主"和"选举民主"两种民主方式中,"政策民主"主要涉及政策问题,不但不对执政党的地位构成"安全"威胁,还能充分表现执政党对不同意见甚至极端意见的包容性,并可以及时得到民众的积极回应和正面肯定,对主政者的"合法性"有极重要的保障作用。

"选举民主"涉及的改革,无论是党内选举改革、人大代表选举改革,还是各级国家机关领导人员选举改革,终极目标都可能指向"多党竞争",对执政的共产党构成威胁。因此,从"安全性"上考虑,主政者应该更倾向于积极发展"政策民主",而不是积极发展"选举民主"。近年来中国共产党对公共政策科学化、民主化、法治化的高度重视,实际上已经在一定程度上反映出主政者对"政策民主"的偏好。主政者的偏好对两种民主方式的发展具有决定性的作用,绝对不能低估这种作用。

第二,如前所述,选举是一种周期性的公民政治参与方式,尤其将各级人大代表选举的时间统一为五年一次后,公民参与选举的密度已大大下降。政策参与则较少受时间限制(就某一具体政策而言,民众的参与会受到政策过程的制约,有一定的时间限制,但是政策参与并不局限于某一政策),公民可以随时参与不同政策的讨论,并对政策效果等作出自己的评估。从发展公民参与的角度看,更多地提供持续性参与机会(政策参与),其重要性至少应该与周期性参与(选举参与)持平。政策参与的机会多于选举参与这样的事实一旦被民众广泛认知,可能会大大推动"政策民主"的发展。

第三,中国"选举民主"中的公民参与,带有一定的"动员性"和"被动性"特征,并且这样的"动员性"和"被动性"受既有选举制度的限制,在短期内还难以改变。中国"政策民主"中的公民参与,尽管参与者还不是太多,但"主动参与"应是政策参与者的普遍特征。"主动参与"的积极性越高,范围越大,越能体现民主的真实性,使"政策民主"在未来可能越来越多地承载"民主真实性"的指标性功能(这样的指标性功能本来应该由"选举民主"承载,但至少到目前中国的"选举民主"还无法充分展示这一功能)。

第四,选举参与和政策参与都是一个选择过程,选举参与在候选人之间进行选择(在中国的选举中,较少涉及候选人所持政策的选择);政策参与既可能是不同政策方案的选择,也可能是政策细节的抉择。体现选择过程的两种参与,都会涉及开放性和竞争性问题。中国的选举,总体而言竞争程度较低,开放性不够(尤其是间接选举)。中国的政策过程,同样存在开放性不够和竞争程度较低的问题,但近年来政策开放性和竞争性的增强,是选举所无法与之相比的;如果这一趋势能够延续下去,将大大提升"政策民主"的地位。

第五，从两种民主的"有效性"看，由于选举中的当选人很难真正代表选民的利益，因此在普通民众中容易滋长"选举无用"的负面情绪，对"选举民主"的有效性产生质疑；在政策过程中的各种意见表达，也未必都能被决策者接受，在普通民众中也容易滋长"政策参与无用"的情绪，对"政策民主"的有效性产生质疑；但是民众表达强烈的意见一旦被决策者接受（如在近年讨论个税起征点时，民众普遍反映政策方案中的起征点太低，最终使决策者决定上调起征点），就会成为一个"参与有用"或"参与有效"的案例，产生较强的示范效应。近几年"政策参与有效"的案例不断出现，实际上起的是提升"政策民主"有效性的重要作用，在这方面"选举民主"的前景显然不如"政策民主"。

基于以上理由，我们认为在中国政治发展尤其是民主发展的光谱中，"政策民主"已经越来越靠近核心位置，"选举民主"则可能越来越靠近"边缘位置"。以"政策民主"规划"中国的民主化"，可能只是时间问题了，因此需要讨论一些与未来发展相关的问题。

三 中国政策模式的基本特征

改革开放以来，中国已经形成了中央政府的典型政策模式、危机管理政策模式、"引进型"政策模式和地方政府的执行中央政策模式、典型决策模式、"维稳"政策模式，[①]并大致形成了四个基本特征。

一是纵向分割的决策权。中国的各级政府，具有不同的决策权，并由此形成了纵向分割的决策权体系。全国统一实行的政策，尤其是总政策（元政策）和基本政策，决策权属于中央政府，地方政府没有决策权。在具体政策方面，中央政府亦倾向于政策的同一性，主要采用的是中央决策而不是地方决策的方式。地方各级政府除了执行中央的统一政策外，可以在本身职权范围内，就经济社会发展等作出具体决策，彰显一定的决策"自主性"。尤其是在经济发展、基础设施建设方面，不同层级的政府都

[①] 中央政府的三种政策模式，见史卫民《"政策主导型"的渐进式改革——改革开放以来中国政治发展的因素分析》，第606—619页；地方政府的三种政策模式，见史卫民《"政策主导型"的县政发展》，中国社会科学出版社2013年5月版，第256—272页。

会较积极地行使决策权。需要注意的是，在省、市、县、乡四级地方政府中，未必是政府层级越低，自主决策的范围越窄。自主决策范围的宽窄，既可能受经济发展水平的制约，也可能受地方政府主要领导人的影响，所以即便是县、乡政府，也有大小不等的决策空间。

二是凸显部门利益的横向结合决策机制。在中国各级政府的决策中，政府各部门往往是政策的具体制定者，并且在制定政策时经常带有一定的部门利益；如果政策涉及其他部门，则需要不同部门之间的协调或协商（也包括一定的利益协调）。部门之间在政策方面的横向结合或合作，往往会突出强势部门的作用（如财政部门、发展与改革委员会等），但多部门包括不少弱势部门共同规划一个政策，不仅在中央经常见到，在省、市、县三级政府中也已经是常态现象。需要注意的是，在中国的"条块结构"中，政府部门的横向结合决策机制代表的是"块"（中国按照政府层级，分为中央、省、市、县、乡五"块"），在不同的"块"可以采用相同的方法进行决策；而不是代表"条"（由中央到地方的相同部门组成的"条"的系统，如各级政府民政部门构成的民政系统，各级政府公安部门构成的公安系统等），尽管部门制定政策会考虑本部门所属"条"系统的基本利益诉求，但更需要考虑的是本级政府的需求。

三是不同政策"输出"带来不同的政策运作空间。中央政府和地方政府都可能采用提取、分配、管制和象征政策，并因政策性质的不同，产生不同的做法和不同的政策运作空间。

在提取政策方面，由中央政府统一规定的提取政策，尤其是税收政策，主要采用的是中央政府与地方政府的比例分成方式，由中央政府确定提取项目和数额，地方政府负责提取，并按照比例上缴和留成。中央政府允许地方政府自行实施的提取政策，地方各级政府或采用比例分成方式，或采用本级政府专收专用方式。在提取政策方面，"收权"与"放权"已经成为一个持久性的问题。改革开放初期，为调动地方政府的积极性，中央政府向地方政府下放了部分资源的提取权，但是20世纪90年代，中央政府逐步将下放的提取权上收，并在21世纪的第一个10年中对地方政府的提取权作出了严格的限定，尤其是对地方政府的"任意提取"保持高度的警惕。各级地方政府特别是省、市、县级政府，一般倾向于向上级政府争取更多的提取权，为本级政府多留一些"财路"，并降低上级政府的"提取"分成比例；对下级政府，则往往效仿中央政府的做法，主要是

"收权"而不是"放权"。

在分配政策方面,中央政府主导的分配政策,尤其是各种社会保障政策,可以采用既给政策又给钱的政策方式推动政策执行,也可以采用只推行政策不给钱的方式,把"政策负担"转嫁给地方政府,还可以用"放开政策"的方式,鼓励地方政府自行实施分配政策。省、市政府也大多采用与中央政府相同的做法,对下级政府给钱或"给政策"。由于各地、各级政府财力状况不同,在分配政策方面往往有一定的差距,中央政府一方面认可这样的差距,另一方面也会注意分配政策的统一性,对中央强力推行的分配政策或采用全部由中央给钱的方式,或确定最低分配标准、严格要求地方政府在政策执行过程中不得低于这样的标准。一般而言,政府层级越高,越有能力推行分配政策,但有能力并不一定意味着有推行分配政策的积极性。有的分配政策中央政府积极,地方政府不积极。有的分配政策则是地方政府(尤其是经济发达地区的政府)积极,中央政府不积极。分配政策应该体现的公平性,目前只能达到相对公平的水平,原因就在于中央政府不能包揽分配政策,不得不在一定程度上依赖地方政府的介入,并给予地方政府一定的自由裁量权。

在管制政策方面,无论是市场经济秩序的管制,还是社会秩序、社会安全、安全生产、环境保护等方面的管制,主要采用的方式是中央政府确定基本政策框架,地方政府制定具体细则或办法,并在由上自下的责任体制内实施各种管制。如果说提取政策着重的是合理问题,分配政策着重的是公平问题,管制政策着重的则是实效问题。为提高管制政策的实效,中国在一定程度上保留了"政治运动"的遗风,时而进行"运动"式的"集中整治",如"整顿市场秩序"、"扫黄打黑"等,都要求在一定的时间内显示"管制"成效,但"集中整治"后,相应的问题未必能够真正解决,因此如何加强常态化的"管制",已经成为急需解决的问题。

在象征政策方面。中央政府的象征政策,如政治文明建设、精神文明建设、构建和谐社会等,着重于影响全国民众,高度关注的是政治方向和道德导向等。地方政府的象征政策,则往往更注重实用性,着力于塑造自身的"品牌"(既可能是经济品牌,也可能是文化品牌,还可能是"政治改革"等品牌)。中央政府与地方政府的象征政策,既可能有一定的重合,也可能有一定的差异,但过于明显的差异(如着力塑造地方领导人的个人形象)一般难以持久。

四是政策参与带有强烈的"精英"色彩。在中国的政策过程中,尤其是中央政府的政策过程中,既有"制度性精英"的参与(人大代表、政协委员以及各民主党派、人民团体参与政策讨论、决定),也有"知识精英"的参与(主要表现为专家学者参加政策咨询或参与政策制定等);在地方政府决策过程中,除了"制度性精英"和"知识精英"的参与外,还可能有"利益集团"代表人物的参与等。也就是说,相对于一般民众而言,各个层级的"精英"("利益集团"代表人物亦应属于"精英"群体)往往有更多的政策参与机会;尽管一般民众能够通过计算机网络等途径表达政策关注意愿或对政策表达不同意见,但所起的作用远不及"精英"的参与。

需要注意的是,在中国现有的政策模式下,"精英"的政策参与主要体现为"集体参与"方式,而不是"个人参与"方式。换言之,"精英"个人的政策意见,往往是在"精英集体"(集体可大可小)的讨论中得以表达,并最终汇总为"集体意见"。在这样的参与方式下,任何"精英"个人都可能起一定的作用甚至比较重要的作用,但是就整个政策过程而言,"精英"个人不仅无法驾驭决策过程,更难以介入政策的执行过程,所以不可能对政策的发展起主导性或关键性的作用。

四 中国公民的政策参与

从发展"政策民主"的角度看,中国的政策过程,显然不仅需要"精英"的政策参与,还需要民众一定程度的政策参与,因此应对中国公民政策参与的基本状况有基本的认识。

中国公民的政策参与状况,可以用2011年中国社会科学院政治学研究所与中国社会科学院调查与数据信息中心进行的全国性"中国公民政策参与"问卷调查的情况作概要说明。问卷调查以五个一级指标测量被调查者的政策参与客观情况,按10分的标准,政策参与客观状况总体得分为4.21分,处于中等偏下水平;但是五个一级指标的得分显示,被调查者在政策参与认知层面的得分相对较高("政策重要性认知"分值1分,得分为0.53分;"权利与途径认知"分值1.50分,得分为0.97分;"政策内容认知"分值2.50分,得分为1.18分;"政策过程认知"分值3

分，得分为 1.31 分），在政策参与行为层面的得分较低（"实际政策参与"分值 2 分，得分为 0.22 分）。问卷调查以三个指标测量被调查者的政策参与主观情况（每个指标的分值均为 5.00 分），显示出"政策参与意愿"得分相对较高（3.37 分），"政策参与效能"得分居中（3.15 分），"政策参与满意度"得分相对较低（2.80 分）。在四种实际政策参与行为（每种行为的分值均为 0.50 分）中，被调查者得分最高的是"参与网络和媒体的政策讨论"（0.07 分），"参与政策听证会或政策咨询会"、"参与政府政策方案意见征求活动"和"以书信等方式主动表达个人政策意见"的得分相同（均为 0.05 分）。[①]

美国学者约翰·克莱顿·托马斯（John Clayton Thomas）认为，政策问题不同，公民参与的收益和成本之间的权衡不同。界定公民参与的适宜度主要取决于最终决策中政策质量要求和政策可接受性要求之间的相互限制。对政策质量期望越高的公共问题，对公民参与的需求程度就越少；对政策接受性期望越高的公共问题，对吸纳公民参与的需求程度和分享权力的需求程度就越大。[②] 综合 2001 年全国性"中国公民政策参与"的问卷调查数据，可以对中国公民的政策参与形态作出以下说明。

第一，中国公民政策参与客观状况反映出的公民"政策参与认知"水平，大大高于公民"政策参与行为"水平，显示当前中国的公民政策参与，应是一种以"接受政策"为基本特征的参与。尤其是在政策参与范畴的限定下，对政策本身的"了解和接受"，应是支撑公民中等水平的"政策参与满意度"的重要因素。

第二，在中国公民的政策参与中，缺乏的可能不是"参与途径"，而是"参与动力"。中国公民尽管有较高的政策参与意愿，但是狭义的参与行为（只指"实际政策参与行为"）较少，"参与动力"的缺失显然是值得关注的问题。

第三，中国现有的制度形态，尤其是与政府政策过程相关的制度建构，对公民的政策参与，既有积极的影响，也有消极的影响。积极的影响主要表现为公民"了解和接受公共政策"提供较多机会和各种便利条件，

[①] 史卫民、郑建君、李国强、涂锋《中国公民政策参与研究——基于 2011 年全国问卷调查数据》，第 15—16、24—25、195 页。

[②] ［美］约翰·克莱顿·托马斯：《公共决策中的公民参与》，孙柏瑛等译，中国人民大学出版社 2010 年 9 月版，第 24—25 页。

以较强的"制度供给"支持公民的"接受型政策参与"。消极的影响主要表现为缺乏利益相关者参与决策尤其是影响决策的制度安排，或者是已有的制度安排（如政策听证会、政策方案意见征求）实际作用不大，在一定程度上强化而不是弱化了政策过程（尤其是决策过程）的"模糊性"，并使公民的政策参与基本停留在"解决问题"和"增进政策接受性"的水平上，较难提升到"改变政策"或"增加民众对政策尤其是决策的影响力"的水平。

第四，公民政策参与要求的"开放性"，与中国目前政策过程较强的"封闭性"有一定的矛盾；积极推进公民的政策参与，对于逐步打破"封闭性"具有积极的意义。

第五，以"政策民主"的视角检视中国公民的政策参与，可以看出广义的"政策参与"作为一个民主过程，已经体现出了"学习与实践"的重要性（无论是"了解和接受公共政策的参与行为"，还是"实际政策参与行为"，都需要学习和实践）。公民确实可以在这样的过程中实现自己的参与意愿，对参与作出客观的评判，并由此提升个人的效能感。问题的关键是民众有没有充足的"学习与实践"的机会，一方面要求"决策者"为公民提供更多的机会和相应的制度保障，另一方面则是民众能否有效地利用机会。应该承认，在这两方面都还有较大的改进空间。[①]

五 "政策民主"导向的政治体制改革

基于"政策民主"与其他民主的关系，尤其是优先发展"政策民主"而不是"选举民主"的基本选择，确定"政策民主"导向的政治体制改革思路，可以说是"政策主导"政治发展范式的合理发展。

"政策民主"导向的政治体制改革，核心内容是按照政策模式转换的要求，设计和实施一系列的改革；这样的改革既要求"市场取向"的体制或制度变化，也要求"民主与法治"取向的体制或制度变化。

在中国已有的政策模式的基础上，可以转换（或者"再造"）出一种

[①] 关于中国公民政策参与模式的全面解释，见史卫民、郑建君、李国强、涂锋《中国公民政策参与研究——基本2011年全国问卷调查数据》，第334—366页。

新的政策模式，即彰显"政策民主"的政策模式。这样的政策模式可以称为"开放型政策模式"，以显示与各种带有一定封闭性特征的政策模式的不同。

"开放型政策模式"强调政策过程的开放性和参与性，需要在政策制定、政策执行、政策评估中引入一些新的做法，建立新的程序或规则。

在政策制定过程中，需要建立五种机制：（1）科学的政策问题选择机制。在确定政策问题时，既可以通过公开向民众征求意见或媒体调查、问卷调查等方式，找出民众最需要解决的问题（如果需要可以采用投票方式，对政策实施的重点方向或重点内容形成基本共识）；也可以通过专家咨询、智库咨询等方式，收集并整理各种热点、难点问题；还可以在政府各系统、各部门之间建立规范的"政策问题规划"制度。（2）多途径的政策方案形成机制。除了政府或政府部门设计不同的政策方案外，还可以委托专家或专业机构等独立设计政策方案，形成可供选择的多个政策方案而不是单一政策方案。（3）公众选择机制。及时公布可供选择的政策方案以及与决策有关的各种信息，通过互联网、媒体等广泛收集来自不同渠道的意见，依据民意进行方案选择。（4）方案咨询或民主协商机制。为选定的政策方案确定政策咨询对象或政策协商范围，按规范的程序进行咨询或协商；参与咨询或协商的，既可以是人大代表、政协委员、专家和民众代表，也可以是企业或公司（注重"市场"代表的参与）、基层组织或社会组织（注重"组织"代表的参与）和事业单位（注重"单位"代表的参与），还可以是公民个人（注重"公民"的参与）。（5）政策辩论和票决机制。为决定政策的"核心会议"增加政策说明、辩论和投票表决等内容，无论是党的会议、政府会议、人大会议，还是党政联席会议等，在政策讨论和表决过程中，都需要增加相应的规范性程序。

在政策执行过程中，需要建立五种机制：（1）政策问责机制。确定决策者和政策执行者应负的政策责任，建立相应的政策问责体系，对责任者在政策过程中的行为进行监督和问责，并赋予监督者启动罢免程序的权力和纠正政策执行的"偏差"的权力。（2）政策执行分责机制。明确划分省、市、县、乡的政策执行职责，确定基层群众组织、企事业单位等协助政策执行事项和具体职责，并明确规定在何种情况下，下级政府、基层群众组织、企事业单位等可以行使"拒绝权"。（3）契约化执行机制。政府委托基层群众组织、社会组织、企事业单位等的行政管理事项和政策执行任务，以及政府购买公共服务，都实行契约化管理方式，签订"委托书"或购买合同等。(4) 政策信息公开机制。采用多种形式公开政策信息，主动将政策执行置于社会监督之下。(5) 政策维权机制。针对政策执行过程中可能出现的侵犯公民权利的行为，区分行政干预范畴和司法干预范畴，并建立相应的诉讼和法律救助机制。

在政策评估过程中，需要建立三种机制：(1) 建立科学的政策评估指标体系。政府可以与学术部门、专业机构等合作，设立政策评估指标体系，并在实践中不断修正和完善指标体系，使其成为政府绩效考核的重要指标。(2) 多方参与的政策评估机制。提升各级人民代表大会、各级政协政策评估水平，鼓励民众以各种方式进行政策评估，推动媒体积极参与政策评估。(3) 评估结果公开机制。政策主管部门根据各种政策评估，形成政策评估报告等，正式向社会公布，并形成常态的政策评估结果公开制度。

"开放型政策模式"需要建立的各种机制，针对的是中国政治体制的一些深层次问题，因此建立"开放型政策模式"，无异于进行一次深刻的政治体制改革，并且至少要求在以下四个方面对现有体系进行调整或进行比较彻底的改革。

第一个方面的改革应该是针对权力的，改革的目标是在分清职责的基础上建立政策"问责制"，使"责任型政府"具有更清晰的指向。在这样的改革中，应该有四项重要的任务。一是理清政策权力和政策责任，不仅要明确区分中国共产党各级组织、各级政府、各级人大的决策权力和政策责任，还要在政策执行过程中理清政府与企事业单位、基层群众自治组织、社会组织之间的权力和责任关系。二是逐步实行决策权、执行权、监督权的分离，对行政机构的设置进行必要的调整，由不同的部门实施不同的权力，建立规范的权力制衡制度。三是以契约制对权力进行控制，在政策执行和购买公共服务中引入契约化的管理机制，以行政委托契约、公共服务契约等规范各种政策行为。四是逐步建立严密的政策问责体系，将决策权和执行权都纳入问责体系，对于重大的决策失误和政策执行失误，按责任系统问责，如党的领导由党的代表大会问责，政府领导由人民代表大会问责等；政策问责不仅可以使各级党政干部增强政策责任意识，还能够以制度化的形态遏制"自由裁量权"带来的各种腐败。

第二个方面的改革应该是针对"关系"和几种重要民主发展的，改革的目标是建构中国共产党、人大、政府、政协之间的新型政策关系，以"政策民主"统合"党内民主"、"人民民主"、"协商民主"的协调和发展，为社会主义民主的发展开创一个新的局面。这样的改革实际上是将文本意义的中国共产党决策、政协政策协商、人大决定、政府执行的基本政策关系变成现实政策过程的制度性程序，重点是以"党内民主"改变不民主的决策方式，以"协商民主"真正发挥政协的政策咨询和讨论功能（尤其是各民主党派和民主人士等，都有一定的专业领域或专业知识，应赋予他们批评政策甚至规划政策建议的权利），以落实人大代表的政策表决权彰显"人民民主"的作用，以法治手段规范政府的政策执行行为。在这样的改革中，需要建立两种机制。一种是辩论机制，无论是党的决策、政府决策，还是政协的政策咨询，人大的政策讨论，都应该建立规范的辩论制度，对政策涉及的重点、难点问题等展开辩论，并且可以就质疑较多的政策方案暂缓作出最终政策决定。另一种是逐项表决机制，对于财政预算、重大项目建设等政策性开支和项目，改变过去的"一揽子"投票表决方式，实行逐项表决，未表决通过的项目重新进行政策规划；这样的表决方式不仅能够真正发挥政策参与者（主要是各级人大代表）的作用，也能在一定程度上减少政策漏洞和产生腐败的机会。

　　第三个方面的改革应该是针对政策过程"封闭性"的，改革的目标是逐步达到政策过程的全部"开放"，并以此来彰显政府的"透明"、"公开"、"公正"、"服务"特征。这样的改革所涉及的重点内容，一是建立政策信息公开的常态化、规范化制度；二是改变政府垄断政策方案的做法，逐步建立多种渠道或多种方式的政策问题选择和政策方案制定机制；三是建立政策讨论公开化、常态化机制，不仅为政府的政策听证会、政策方案意见全民讨论等建立必要的规范性制度，还要为互联网、平面媒体以及各种社会组织参与的政策讨论或辩论建立必要的规制；四是建立政策评估公开化机制，明确社会参与政策评估的途径和基本规则，并逐步形成政策评估结果定期公布的机制；五是建立政策问题回应机制，对于政策中出现的问题以及突发性的问题，积极给予真实的回应，并对隐瞒真相的信息发布者按规范化的程序进行问责和处罚。

　　第四个方面的改革应该是针对公民的政策参与的，改革的目标是为公民政策参与创造良好的体制环境和法治保障，使中国公民不仅"有权"参与政策，还能够"有序"和"有效"地参与政策。这样的改革所涉及的重点内容，一是加强公民的政策教育，不仅要进行权利教育（使公民知道自己享有什么权利，如何正确地行使自己的权利），还要进行政策知识教育和政策参与行为规范教育，尤其是要教育公民尊重持不同意见的公民，并且了解政策讨论就是协商、妥协甚至让步的过程，而不是进行相互攻击的战场；二是以法律保障公民发表政策意见、参与政策讨论和政策评估的权利，尤其是要对政策参与行为的"免责"与"不免责"作出明确区分，使公民清楚法律保障的范围，并需要对在政策参与中的侵权行为如何处置作出明确的规定；三是为政府与民众的政策沟通建立有效、畅通的渠道，既应继续发挥信访、政策听证等途径的作用，也应发挥互联网、平面媒体的信息"传播"和意见交流作用，并且在政策沟通中体现政府的"真诚"而不是"作秀"，使民众的较高政策参与意愿转换为积极的政策参与；四是以公民的政策参与作为政治稳定的"安全阀"，对政策中的问题（无论是决策问题还是政策执行问题），允许公民批评、指责甚至嘲讽、谩骂，当政者应该清楚，来自公民的批评既可以使决策者认真审视政策是否需要调整，也可以使政策争执成为社会热点问题和"泄愤"方式，在一定程度上起着为社会"减压"而不是"加压"的作用；因为政府不但不会在对政策的"骂声"中倒下（如果真的倒下了，那么这样的政府已经到了极端脆弱、不可救药的地步），还会适应在政策"骂声"中如何调整自己，并相信存在着"越骂越开放"、"越骂越稳定"的基本逻辑。

建立"开放型政策模式"并不是"空穴来风"，而是在中国已有的改革和创新基础上，提出来的一种带有"综合性"、"全面性"特征的改革设想。这样的改革设想，既涉及中国共产党决策体制和领导体制的改革，也涉及人大制度、政协制度以及基层群众自治制度的改革，还涉及行政管理体制改革和一定程度的司法改革。这些改革还会包含一些更具体的内容，需要对新引入的机制进行认真推敲，我们只不过是提出了一些基本的方向性的设想，并且这样的设想也只是中国政治发展的"短期规划"，即基于继续维系"政策主导"政治发展范式的规划。我们前面已经说过，"法治化"政治发展范式是中国未来的发展范式，现在就对未来范式作出政治体制改革的规划可能为时过早，但我们相信"政策民主"的发展，应该能够成为向"法治化"政治发展范式转变的一个重要的甚至不可缺少的阶段。

中国的问题是复杂的，中国的改革尤其是政治体制改革确实面临不少的难题。正是因为复杂和困难，才需要不断的探讨和拿出新的思路。我们之所以强调中国在各种政治发展范式中选择了"政策主导"政治发展范式，并且以"政策民主"为导向提出了政治体制改革的一些基本设想，就是希望以此来引起读者对中国未来政治发展的关注，并与我们一起讨论相关的问题，因此真诚地欢迎读者对本书的论点进行批评。批评和讨论不仅有助于民众对当前的中国有更准确的看法，更有助于对未来中国政治发展的科学规划。

主要参考书目

1. 中文著作

白钢、林广华：《宪政通论》，社会科学文献出版社 2005 年 5 月版。

白钢、史卫民主编《中国公共政策分析，2006 年卷》，中国社会科学出版社 2006 年 1 月版。

白钢、史卫民主编：《中国公共政策分析，2010 年卷》，中国社会科学出版社 2011 年 7 月版。

曹天予编：《社会主义还是社会民主主义——中国改革中的"民主社会主义"思潮》，文风出版社 2008 年 4 月版。

陈庆云主编：《公共政策分析》，北京大学出版社 2006 年 4 月第 1 版，2008 年 6 月第 6 次印刷本。

陈丽华等：《公共视角下的危机管理》，中国社会科学出版社 2009 年 6 月版。

陈振明主编：《政治学——概念、理论和方法》，中国社会科学出版社 2006 年 1 月第 2 版。

陈义平：《政治人：模铸与发展——中国社会转型期的公民政治分析》，安徽大学出版社 2002 年 9 月版。

丛日云、庞金友主编：《中西政治思想与政治文化》，社会科学文献出版社 2009 年 8 月版。

房宁：《民主政治十论：中国特色社会主义民主理论与实践的若干重大问题》，中国社会科学出版社 2007 年 7 月版。

高全喜：《现代政制五论》，法律出版社 2008 年 12 月版。

郭道晖：《社会权力与公民社会》，凤凰传媒出版集团、译林出版社 2009 年 12 月版。

国家民间组织管理局编：《2011 年中国社会组织理论研究文集》，中国社会出版社 2012 年 4 月版。

何包钢：《民主理论：困境和出路》，法律出版社 2008 年 3 月版。

何俊志、任军锋、朱德米编译：《新制度主义政治学译文精选》，天津人民出版社 2007 年 4 月版。

何增科：《公民社会与民主治理》，中央编译出版社 2007 年 11 月版。

何增科等：《中国政治体制改革研究》，中央编译出版社 2008 年 4 月版。

黄建钢：《政治民主与群体心态》，中信出版社 2003 年 8 月版。

黄卫平、汪永成主编《当代中国政治研究报告》第 7 辑，社会科学文献出版社 2009 年 12 月版。

黄晓勇主编：《中国民间组织报告（2008）》，社会科学文献 2008 年 9 月版。

贾西津主编：《中国公民参与案例与模式》，社会科学文献出版社 2008 年 10 月版。

金太军、王庆五：《中国传统政治文化新论》，社会科学文献出版社 2006 年 8 月版。

李景鹏：《权力政治学》，北京大学出版社 2008 年 3 月版。

李景治、熊光清等：《当代中国政治发展与制度创新》，中国人民大学出版社 2009 年 8 月版。

李铁映：《论民主》，人民出版社、中国社会科学出版社 2001 年 8 月版。

李艳丽：《政治亚文化：影响当代中国政治发展的特殊因素分析》，武汉大学出版社 2008 年 7 月版。

林尚立等：《政治建设与国家成长》，中国大百科全书出版社 2008 年 4 月版。

刘建军：《中国现代政治的成长》，天津人民出版社 2003 年 1 月版。

刘军宁编：《民主与民主化》，商务印书馆 1999 年 12 月版。

刘山鹰：《中国的宪政选择——1945 年前后》，北京大学出版社 2005 年 10 月版。

刘涛：《中国世纪》，新华出版社 2010 年 10 月版。

陆学艺主编：《当代中国社会阶层研究报告》，社会科学文献出版社 2002 年 1 月版。

陆学艺主编：《当代中国社会流动》，社会科学文献出版社 2004 年 7 月版。

慕毅飞主编：《民主恳谈：温岭人的创造》，中央编译出版社 2005 年 5 月版。

潘维主编：《中国模式：解读人民共和国的 60 年》，中央编译出版社 2009 年 11 月版。

潘维、玛雅主编：《人民共和国六十年与中国模式》，三联书店 2010 年 2 月版。

戚珩等：《政治意识论》，浙江人民出版社 1995 年 12 月版。

邱家军：《代表谁？——选民与代表》，复旦大学出版社 2010 年 3 月版。

任剑涛：《为政之道：1978—2008 中国改革开放的理论综观》，中山大学出版社 2008 年 10 月版。

桑玉成：《政治发展与政治学》，上海世纪出版集团、上海人民出版社 2009 年 12 月版。

沈晖：《当代中国中间阶层认同研究》，中国大百科全书出版社 2008 年 1 月版。

沈明明等：《中国公民意识调查数据报告（2008）》，社会科学文献出版社 2009 年 9 月版。

石亚军主编：《中国政治建设与发展研究》，中国人民大学出版社 2009 年 9 月版。

施雪华：《政治现代化比较研究》，武汉大学出版社 2006 年 1 月版。

史卫民：《"政策主导型"的渐进式改革——改革开放以来中国政治发展的因素分析》，中国社会科学出版社 2011 年 10 月版。

史卫民、郭巍青、刘智：《中国选举进展报告》，中国社会科学出版社 2009 年 12 月版。

史卫民、郭巍青、郑建君、涂锋、陈晓运：《中国公民的政策参与——北京、广东大学生问卷调查数据报告》，中国社会科学出版社 2012 年 5 月版。

史卫民、郑建君、李国强、涂锋：《中国公民政策参与研究：基于2011年全国问卷调查数据》，中国社会科学出版社2013年3月版。

唐文方：《中国民意与公民社会》，中山大学出版社2008年1月版。

佟玉华、马继东、徐琦：《社会转型期政治发展与民主政治建设》，中国社会科学出版社2009年6月版。

王邦佐等主编：《新政治学概要》，复旦大学出版社1998年9月版。

王沪宁主编：《政治的逻辑：马克思主义政治学原理》，上海人民出版社1994年12月版。

王惠岩：《当代政治学基本理论》，天津人民出版社1998年3月版。

王惠岩主编：《政治学原理》，高等教育出版社1999年5月版。

王科主编：《当代中国政治发展的价值取向和价值体系》，四川出版集团、四川人民出版社2009年11月版。

王绍光：《民主四讲》，生活·读书·新知三联书店2008年8月版。

吴爱民、刘文杰：《政府改革：中国行政改革模式与经验》，新华出版社2010年3月版。

吴忠民：《走向公正的中国社会》，山东人民出版社2008年4月版。

徐家良：《社会团体导论》，中国社会出版社2011年2月版。

徐久刚、冯进成、刘润民：《中国民主政治研究》，人民出版社2006年6月版。

徐斯俭、吴玉山主编：《党国蜕变：中共政权的精英与政策》，五南图书出版股份有限公司2007年4月版。

徐湘林等主编：《民主、政治秩序与社会变革》，中信出版社2003年8月版。

徐湘林主编：《渐进政治改革中的政党、政府与社会》，中信出版社2004年9月版。

徐宗华：《现代化的政治文化维度》，人民出版社2007年5月版。

严洁等：《公民文化与和谐社会调查数据报告》，社会科学文献出版社2010年8月版。

燕继荣：《政治学十五讲》，北京大学出版社2004年7月版。

燕继荣主编：《发展政治学》，北京大学出版社2010年6月第二版。

于建嵘：《抗争性政治：中国政治社会学基本问题》，人民出版社2010年8月版。

俞可平：《全球化与政治发展》，社会科学文献出版社 2003 年 4 月版。

俞可平：《民主与陀螺》，北京大学出版社 2006 年 1 月版，2008 年 1 月第 2 次印刷本。

俞可平主编：《政治学通论》，当代世界出版社 2002 年 10 月版。

俞可平主编：《中国学者论民主与法治》，重庆出版集团、重庆出版社 2008 年 6 月版。

赵宝煦：《政治学与和谐社会》，北京大学出版社 2009 年 7 月版。

张小劲、景跃进：《比较政治学导论》，中国人民大学出版社 2001 年 11 月第 1 版，2004 年 5 月第 3 次印刷本。

张宇主编：《中国模式：改革开放三十年以来的中国经济》，中国经济出版社 2008 年 9 月版。

郑永年：《中国模式——经验与困局》，浙江人民出版社 2010 年 1 月版，2010 年 3 月第 2 次印刷本。

中共中央宣传部理论局：《六个"为什么"——对几个重大问题的回答》，学习出版社 2009 年 5 月版。

中共中央党史研究室：《中国共产党历史》第二卷（1949—1978），中央党史出版社 2011 年 1 月版。

中国行政管理学会课题组：《中国群体性突发事件成因及对策》，国家行政学院出版社 2009 年 7 月版。

中华人民共和国统计局编：《中国统计年鉴，2005》，中国统计出版社 2005 年 9 月版。

中华人民共和国统计局编：《中国统计年鉴，2011》，中国统计出版社 2011 年 9 月版。

周光辉：《论公共权力的合法性》，吉林出版集团有限责任公司 2007 年 12 月版。

周濂：《现代政治的正当性基础》，三联书店 2008 年 5 月版。

2. 英文译著

Gabriel A. Almond and Sidney Verba, *The Civic Culture: Political Attitudes and Democracy in Five Nations*（阿尔蒙德、维巴：《公民文化——五个国家的政治态度和民主制》，徐湘林等译，东方出版社 2008 年 2 月版）。

Gabriel A. Almond, G. Bingham Powell, *Comparative Politics*: *System, Process, and Policy*（加布里埃尔·A. 阿尔蒙德、小 G. 宾厄姆·鲍威尔：《比较政治学——体系、过程和政策》，曹沛霖、郑世平、公婷、陈峰译，东方出版社 2007 年 7 月版）。

Gabriel A. Almond, Russell J. Dalton, G. Bingham Powell and Kaare Strom, *Comparative Politics Today*: *A World View*（加布里埃尔·阿尔蒙德、拉塞尔·多尔顿、小 G. 宾厄姆·鲍威尔、卡雷·斯特罗姆等：《当代比较政治学：世界视野》，第 8 版更新版，杨红伟、吴新叶、方卿、曾纪茂译，上海人民出版社 2010 年 2 月版）。

Eric C. Anderson, *China Restored*: *The Middle Kingdom Looks to 2020 and Beyond*（埃里克·安德森：《中国预言：2020 年及以后的中央帝国》，葛雪蕾、洪漫、李莎译，新华出版社 2011 年 1 月版）。

Lewis A. Coser, *The Function of Social Conflict*（科塞：《社会冲突的功能》，孙立平等译，华夏出版社 1989 年 4 月版）。

Robert A. Dahl, *On Democracy*（达尔：《论民主》，李柏光、林猛译，商务印书馆 1999 年 11 月版）。

Ralf Dahrendorf, *The Modern Social Conflict*（拉尔夫·达仁道夫：《现代社会冲突》，林荣远译，中国社会科学出版社 2000 年 3 月版）。

Michael Edwards, *Future Positive*: *International Co - operation in the 21st Century*（迈克尔·爱德华兹：《积极的未来——21 世纪的国际合作》，朱宁译，江西人民出版社 2006 年 4 月版）。

Keith Faulks, *Political Sociology*（基思·福克斯：《政治社会学》，陈崎、耿喜梅、肖咏梅译，华夏出版社 2008 年 4 月版）。

Milton Friedman, *Capitalism and Freedom*（米尔顿·弗里德曼：《资本主义与自由》，张瑞玉译，商务印书馆 1986 年 3 月第 1 版，2004 年 7 月第 2 版，2007 年 11 月第 7 次印刷本）。

Robert E. Goodin and Hans - Dieter Klingemann, ed. *A New Handbook of Political Science*（罗伯特·古丁、汉斯—迪特尔·克林格曼主编：《政治科学新手册》，钟开斌、王洛忠、任炳强等译，三联书店 2006 年 5 月版）

Rod Hagueand Martin Harrop, *Comparative Government and Politics*: *A Introduction*, *Fifth Edition*（罗德·黑格、马丁·哈罗普：《比较政府与政治导论》，张小劲、丁韶彬、李姿姿译，中国人民大学出版社 2007 年 6 月版）。

俞可平：《全球化与政治发展》，社会科学文献出版社 2003 年 4 月版。

俞可平：《民主与陀螺》，北京大学出版社 2006 年 1 月版，2008 年 1 月第 2 次印刷本。

俞可平主编：《政治学通论》，当代世界出版社 2002 年 10 月版。

俞可平主编：《中国学者论民主与法治》，重庆出版集团、重庆出版社 2008 年 6 月版。

赵宝煦：《政治学与和谐社会》，北京大学出版社 2009 年 7 月版。

张小劲、景跃进：《比较政治学导论》，中国人民大学出版社 2001 年 11 月第 1 版，2004 年 5 月第 3 次印刷本。

张宇主编：《中国模式：改革开放三十年以来的中国经济》，中国经济出版社 2008 年 9 月版。

郑永年：《中国模式——经验与困局》，浙江人民出版社 2010 年 1 月版，2010 年 3 月第 2 次印刷本。

中共中央宣传部理论局：《六个"为什么"——对几个重大问题的回答》，学习出版社 2009 年 5 月版。

中共中央党史研究室：《中国共产党历史》第二卷（1949—1978），中央党史出版社 2011 年 1 月版。

中国行政管理学会课题组：《中国群体性突发事件成因及对策》，国家行政学院出版社 2009 年 7 月版。

中华人民共和国统计局编：《中国统计年鉴，2005》，中国统计出版社 2005 年 9 月版。

中华人民共和国统计局编：《中国统计年鉴，2011》，中国统计出版社 2011 年 9 月版。

周光辉：《论公共权力的合法性》，吉林出版集团有限责任公司 2007 年 12 月版。

周濂：《现代政治的正当性基础》，三联书店 2008 年 5 月版。

2. 英文译著

Gabriel A. Almond and Sidney Verba, *The Civic Culture：Political Attitudes and Democracy in Five Nations*（阿尔蒙德、维巴：《公民文化——五个国家的政治态度和民主制》，徐湘林等译，东方出版社 2008 年 2 月版）。

Gabriel A. Almond, G. Bingham Powell, *Comparative Politics: System, Process, and Policy*（加布里埃尔·A. 阿尔蒙德、小 G. 宾厄姆·鲍威尔：《比较政治学——体系、过程和政策》，曹沛霖、郑世平、公婷、陈峰译，东方出版社 2007 年 7 月版）。

Gabriel A. Almond, Russell J. Dalton, G. Bingham Powell and Kaare Strom, *Comparative Politics Today: A World View*（加布里埃尔·阿尔蒙德、拉塞尔·多尔顿、小 G. 宾厄姆·鲍威尔、卡雷·斯特罗姆等：《当代比较政治学：世界视野》，第 8 版更新版，杨红伟、吴新叶、方卿、曾纪茂译，上海人民出版社 2010 年 2 月版）。

Eric C. Anderson, *China Restored: The Middle Kingdom Looks to 2020 and Beyond*（埃里克·安德森：《中国预言：2020 年及以后的中央帝国》，葛雪蕾、洪漫、李莎译，新华出版社 2011 年 1 月版）。

Lewis A. Coser, *The Function of Social Conflict*（科塞：《社会冲突的功能》，孙立平等译，华夏出版社 1989 年 4 月版）。

Robert A. Dahl, *On Democracy*（达尔：《论民主》，李柏光、林猛译，商务印书馆 1999 年 11 月版）。

Ralf Dahrendorf, *The Modern Social Conflict*（拉尔夫·达仁道夫：《现代社会冲突》，林荣远译，中国社会科学出版社 2000 年 3 月版）。

Michael Edwards, *Future Positive: International Co-operation in the 21st Century*（迈克尔·爱德华兹：《积极的未来——21 世纪的国际合作》，朱宁译，江西人民出版社 2006 年 4 月版）。

Keith Faulks, *Political Sociology*（基思·福克斯：《政治社会学》，陈崎、耿喜梅、肖咏梅译，华夏出版社 2008 年 4 月版）。

Milton Friedman, *Capitalism and Freedom*（米尔顿·弗里德曼：《资本主义与自由》，张瑞玉译，商务印书馆 1986 年 3 月第 1 版，2004 年 7 月第 2 版，2007 年 11 月第 7 次印刷本）。

Robert E. Goodin and Hans-Dieter Klingemann, ed. *A New Handbook of Political Science*（罗伯特·古丁、汉斯—迪特尔·克林格曼主编：《政治科学新手册》，钟开斌、王洛忠、任炳强等译，三联书店 2006 年 5 月版）

Rod Hagueand Martin Harrop, *Comparative Government and Politics: A Introduction, Fifth Edition*（罗德·黑格、马丁·哈罗普：《比较政府与政治导论》，张小劲、丁韶彬、李姿姿译，中国人民大学出版社 2007 年 6 月版）。

David Held & Anthony McGrew, *Globalization Theory: Approaches and Controversies*（戴维·赫尔德、安东尼·麦克格鲁主编：《全球化理论——研究路径与理论论争》，王生才译，社会科学出版社2009年5月版）。

Michael Howlettand M. Ramesh, *Studying Public Policy: Policy Cycles and Policy Subsystems*（迈克尔·豪利特、拉米什：《公共政策研究：政策循环与政策子系统》，庞诗等译，三联书店2006年5月第1版，2006年8月第2次印刷本）。

Samuel P. Huntington, *The Third Wave Democratization in the late Twentieth Century*（塞缪尔·P.亨廷顿：《第三波——20世纪后期民主化浪潮》，刘军宁译，上海三联书店1998年10月版）。

Samuel P. Huntington, *Political Order in Changing Societies*（塞缪尔·P.亨廷顿：《变化社会中的政治秩序》，王冠华、刘为等译，沈宗美校，世纪出版集团上海人民出版社2008年7月版）。

Samuel P. Huntington, *The Clash of Civilizations and the Remaking of World Order*（塞缪尔·P.亨廷顿：《文明的冲突与世界秩序的重建》，周琪等翻译，新华出版社2002年1月第3版）。

Stein Ugelvik Larsen, *Theory and Methods in Political Science*（拉尔森主编：《政治学理论与方法》，任晓等译，上海世纪出版集团2006年8月版）。

Kenneth Lieberthal, *Governing China: From Revolution Through Reform*（李侃如：《治理中国：从革命到改革》，胡国成、赵梅译，中国社会科学出版社2010年1月版）。

Juan J. Linz & Alfred Stepan, *Problems of Democratic Transition and Consolidation: South Europe, South America, and Post - Communist Europe*（胡安·林茨、阿尔弗莱德·斯泰潘：《民主转型与巩固的问题：南欧、南美和后共产主义欧洲》，孙龙等译，浙江人民出版社2008年1月版）。

Seymour Martin Lipset, *Political Man: The Social Bases of Politics*（李普塞特：《政治人——政治的社会基础》，张绍宗译，上海人民出版社1997年9月第1版，1998年3月第2次印刷本）。

Bruce Bueno De Mesquita and Hilton L. Root, ed. *Governing for Prosperity*（布鲁斯·布恩诺·德·梅斯奎塔、希尔顿·鲁特主编《繁荣的治理之道》，叶娟丽、王鑫等译，中国人民大学出版社2007年6月版）。

Lawrence C. Mayer、John H. Burnett and Suzanne Ogden, *Comparative*

Politics: *Nations and Theories in a Changing World*（劳伦斯·迈耶、约翰·伯内特、苏珊·奥格登：《比较政治学——变化世界中的国家和理论》，罗飞、张丽梅、胡泳浩、冯涛译，华夏出版社 2001 年 5 月版）。

Lucian M. Pye, *Aspects of Political Development*（鲁恂·W. 派伊：《政治发展面面观》，任晓、王元译，天津人民出版社 2009 年 4 月版）。

Joshua Cooper Ramo, *China's Image: The Country in the Eyes of Foreign Scholars*（乔舒亚·库珀·雷默等：《中国形象：外国学者眼里的中国》，沈晓雷等译，社会科学文献出版社 2008 年 6 月第 2 版）。

John Clayton Thomas, *Public Participation in Public Decisions*（约翰·克莱顿·托马斯：《公共决策中的公民参与》，孙柏瑛等译，中国人民大学出版社 2010 年 9 月版）。

Howard J. Wiarda, *Political Development in Emerging Nations – Is There Still a Third World*（霍华德·威亚尔达：《新兴国家的政治发展——第三世界还存在吗》，刘青、牛可译，北京大学出版社 2005 年 6 月版）。

James Q. Wilson, *Bureaucracy: What Government Agencies Do and Why They Do It*（詹姆斯·威尔逊：《官僚机构：政府机构的作为及其原因》，孙艳等译，生活·读书·新知三联书店 2006 年 3 月版）。